"十四五"职业教育国家规划教材

成本计算与管理

CHENGBEN JISUAN YU GUANLI

（第二版）

新准则 新税率

主　编　罗平实　杨秀梅　王　颖
副主编　朱先琳　张志勇　雷　霞
张　军　胡　翠

新形态教材

本书另配：教学课件
教　　案
习题答案

中国教育出版传媒集团
高等教育出版社·北京

内容提要

本书是"十四五"职业教育国家规划教材。

本书根据国家最新企业会计准则，结合高等职业教育人才培养目标编写，有针对性地介绍了成本计算与管理的基本原理、核算方法和分析思路。本书主要内容包括：成本计算入门、归集与分配要素费用、归集与分配综合费用、分配完工产品与在产品的成本、运用品种法计算产品成本、运用分批法计算产品成本、运用分步法计算产品成本、运用辅助方法计算产品成本、编制并分析成本报表。为利教便学，部分学习资源（如微课视频、在线测试）以二维码形式提供在相关内容旁，读者可扫码获取。此外，本书另配有教学课件、教案、习题答案等教学资源，供教师教学使用。

本书既可作为高等职业本科院校、高等职业专科院校和成人教育财务会计类及相关专业的教学用书，也可作为在职财会人员的岗位培训用书。

图书在版编目(CIP)数据

成本计算与管理 / 罗平实，杨秀梅，王颖主编. 2版. — 北京 ：高等教育出版社，2024.7 — ISBN 978-7-04-062379-6

Ⅰ. F231.2；F275.3

中国国家版本馆 CIP 数据核字第 20241CB557 号

策划编辑 钱力颖　刘智豪　**责任编辑** 刘智豪　钱力颖　**封面设计** 张文豪　**责任印制** 高忠富

出版发行	高等教育出版社	**网　　址**	http://www.hep.edu.cn
社　　址	北京市西城区德外大街4号		http://www.hep.com.cn
邮政编码	100120	**网上订购**	http://www.hepmall.com.cn
印　　刷	上海叶大印务发展有限公司		http://www.hepmall.com
开　　本	787mm×1092mm　1/16		http://www.hepmall.cn
印　　张	19.25	**版　　次**	2021年6月第1版
字　　数	493千字		2024年7月第2版
购书热线	010-58581118	**印　　次**	2024年7月第1次印刷
咨询电话	400-810-0598	**定　　价**	45.00元

物 料 号　62379-00

前　言

本书是"十四五"职业教育国家规划教材。

本书根据国家最新企业会计准则，结合高等职业教育人才培养目标，在2021年出版的《成本计算与管理》教材的基础上修订而成。

为适应高等职业教育培养生产、管理、服务一线的高素质技能型人才的需要，贯彻落实"服务发展，以用为本；健全制度，创新机制；高端引领，整体开发"的指导方针，我们汲取了近年来国家骨干高职院校财务会计类专业教学改革的成果，遵循"工学结合、理实一体"的教育理念，从企业成本计算与管理的实际操作业务出发，以丰富的资料、贴切的案例，详尽地介绍了成本计算与管理的基本原理、核算方法和分析思路。

本书以成本核算与管理岗位工作流程为主线进行编写，主要内容包括：成本计算入门、归集与分配要素费用、归集与分配综合费用、分配完工产品与在产品的成本、运用品种法计算产品成本、运用分批法计算产品成本、运用分步法计算产品成本、运用辅助方法计算产品成本、编制并分析成本报表。

本书力求突出以下特点：

一、践行课程思政，在知识传授中实现价值引领。本书以党的二十大对教材工作提出的新要求为根本遵循，贴切融入思政内容，将价值塑造、知识传授和能力培养三者融为一体。注重学生会计职业素养培养，突出正确的价值导向。在学习目标中增加"职业素养目标"，在二维码资源中增加了"价值引领"栏目，引导学生坚持节约优先、保护生态环境；贯彻新发展理念；弘扬社会主义法治精神；培养坚持系统观念，把握好全局和局部的关系，不断提高辩证思维、创新思维能力；弘扬奉献精神、勤俭节约精神；弘扬诚信文化等。

二、理论与实践相结合。本书在阐述成本计算与管理的基本理论和核算方法的同时，注重学生实践能力的培养，遵循学生职业能力培养的基本规律，以真实工作任务及其工作过程为依据整合、序化教学内容，科学设计学习性工作任务，突出应用性，强化操作性。

三、体系完整，岗课赛证融通。本书在保证学科体系完整的基础上，充分把握"基础理论必需、够用"的原则，对接实际岗位能力需要，既保证了知识的系统性、完整性，又力求内容精练、准确，通俗易懂。在此基础上，部分例题充分对接会计师职称考试，力求"书证融通"，在题目内容设置上，捕捉国赛、行业赛最新风向，做到“以赛促学、以赛促教”，从而在“岗课赛证”有机融合上做出积极尝试。

四、积极探索体例创新。本书采取项目导向、任务驱动的模式进行编写，重视学生在校学习与实际工作的有机结合。全书共九个项目，每个项目设有学习目标，概括学生学完本项目后应该达到的目标和应掌握的重点内容；由开篇的“引导案例”引出本项目的学习任务，每个任务设有“小知识”“知识拓展”“教学互动”“技能实训”等栏目，便于学生更好地理解和掌握学习内容；项目结尾处设有“项目小结”“项目训练”等栏目，总结本项目内容，强化对重点知识的理解和掌握，激发学生的学习兴趣。

五、增加 Excel 工具应用，推动成本核算与管理课程数字化转型。本书借助 Excel 工具完成材料费用分配表、职工薪酬费用分配表、辅助生产成本明细账、辅助生产费用分配表、制造费用分配表、产品成本计算单、成本还原计算表的制作，助力读者将成本计算与管理方法与大数据分析技术有机结合，提高管理效率。

本书由重庆工业职业技术学院罗平实教授和重庆城市管理职业学院杨秀梅教授、王颖讲师担任主编，由重庆城市管理职业学院朱先琳讲师、张军讲师，重庆财经职业学院张志勇教授、胡翠讲师，重庆商务职业学院雷霞副教授担任副主编。罗平实、杨秀梅与四川东材科技集团股份有限公司财务副总经理、正高级会计师敬国仁共同负责拟定大纲、统稿和定稿工作。全国会计领军人才、高级会计师、中国雄安集团财会融资部部长杜江负责对全书进行技术指导。具体分工如下：项目一由罗平实和重庆工业职业技术学院高级经济师蒋莉编写，项目二由罗平实、杨秀梅、朱先琳编写，项目三由杨秀梅、朱先琳编写，项目四由蒋莉、罗平实、朱先琳、杨秀梅编写，项目五由王颖编写，项目六由雷霞、张军编写，项目七由张军、杨秀梅编写，项目八由张军、王颖编写，项目九由王颖编写，Excel 工具使用相关内容由朱先琳编写、制作，微课由重庆财经职业学院张志勇、胡翠等录制，重庆工业职业技术学院金渝琳教授、郑丽教授参与了教材编写工作。

为利教便学，部分学习资源（如微课视频、在线自测）以二维码形式提供在相关内容旁，读者可扫码获取。此外，本书另配有教学课件、教案、习题答案等资源，供教师教学使用。多层次的二维码资源旨在打造新形态教材，提供“可视、可练、可互动”的学习体验。

由于作者水平有限，本书难免有疏漏和不当之处，恳请大家批评指正，以便我们不断完善。

编 者

2024 年 7 月

目 录

项目一　成本计算入门 …… 1

项目介绍|引导案例 …… 2
任务一　认识产品成本和成本会计 …… 3
任务二　对生产费用和期间费用分类 …… 10
任务三　设置成本核算的主要账户 …… 14
任务四　理解成本核算的基本程序 …… 17
项目小结 …… 21
项目训练 …… 22

项目二　归集与分配要素费用 …… 27

项目介绍|引导案例 …… 28
任务一　归集与分配材料费用 …… 29
任务二　归集与分配外购动力费用 …… 42
任务三　归集与分配职工薪酬费用 …… 44
任务四　归集与分配其他要素费用 …… 52
项目小结 …… 59
项目训练 …… 60

项目三　归集与分配综合费用 …… 67

项目介绍|引导案例 …… 68
任务一　归集与分配辅助生产费用 …… 69
任务二　归集与分配制造费用 …… 89
任务三　归集与分配损失性费用 …… 97
项目小结 …… 103

项目训练 …… 104

项目四　分配完工产品与在产品的成本 …… 113

项目介绍|引导案例 …… 114
任务一　核算在产品的数量 …… 115
任务二　计算完工产品与在产品的成本 …… 117
项目小结 …… 133
项目训练 …… 134

项目五　运用品种法计算产品成本 …… 139

项目介绍|引导案例 …… 140
任务一　了解成本计算方法 …… 141
任务二　认识品种法 …… 145
任务三　运用品种法计算产品成本 …… 146
项目小结 …… 161
项目训练 …… 161

项目六　运用分批法计算产品成本 …… 171

项目介绍|引导案例 …… 172
任务一　认识分批法 …… 173
任务二　运用典型分批法计算产品成本 …… 176
任务三　运用简化分批法计算产品成本 …… 184
项目小结 …… 192
项目训练 …… 193

项目七　运用分步法计算产品成本 …… 201

项目介绍|引导案例 …… 202
任务一　认识分步法 …… 203
任务二　运用逐步结转分步法计算产品成本 …… 204
任务三　运用平行结转分步法计算产品成本 …… 230
项目小结 …… 237
项目训练 …… 237

项目八　运用辅助方法计算产品成本 …… 245
项目介绍|引导案例 …… 246
任务一　运用分类法计算产品成本 …… 247
任务二　运用定额法计算产品成本 …… 255
项目小结 …… 262
项目训练 …… 263

项目九　编制并分析成本报表 …… 269
项目介绍|引导案例 …… 270
任务一　编制成本报表 …… 271
任务二　进行成本分析 …… 279
项目小结 …… 291
项目训练 …… 292

主要参考文献 …… 296

资源导航

价值引领

朱镕基在第十六届世界会计师大会开幕式的演讲 …… 10
感动中国2020年度人物——张桂梅 …… 13
如何有效治理废旧共享单车问题 …… 41
资源循环，合理利用 …… 102
解决月饼过度包装问题，需修订相关国家标准 …… 132
中国高铁百年发展史，从“追赶者”到领先世界 …… 142
理论与实践相结合的事例——邓中夏 …… 176
将相和的启示 …… 203
长征十一号运载火箭通过技术创新，提升运载能力 …… 255
践行“光盘行动”，杜绝“舌尖上的浪费” …… 271

知识详解

认知成本与成本会计 …… 3
成本核算的账户设置及账务处理程序 …… 14
材料费用的归集 …… 30
材料费用的分配 …… 32
燃料费用的归集与分配 …… 39
外购动力的归集与分配 …… 42
职工薪酬费用的归集 …… 45
职工薪酬费用的分配 …… 50
折旧费用的归集与分配 …… 53
辅助生产费用的分配——直接分配法 …… 70
辅助生产费用的分配——交互分配法 …… 75

辅助费用的分配——顺序分配法 …… 79
辅助生产费用的分配——计划成本分配法 …… 84
辅助生产费用的分配——代数分配法 …… 86
制造费用的归集与分配 …… 89
制造费用的分配——年度计划分配率分配法 …… 95
废品损失的归集与分配 …… 98
不可修复废品损失的核算…… 100
停工损失的归集与分配…… 102
在产品数量核算…… 115
不计算在产品成本法、在产品按固定成本计价法 …… 117
在产品按完工产品成本计算法…… 118
在产品按所耗原材料费用计价法…… 118
约当产量法…… 119
在产品按定额成本计算法…… 129
定额比例法…… 130
完工产品成本结转的核算…… 132
生产特点和管理要求对产品成本计算的影响…… 141
产品成本核算的主要方法…… 143
品种法的概述…… 145
品种法的运用…… 146
分批法概述…… 173
典型分批法应用…… 176
简化分批法应用…… 184
分步法概述…… 203
逐步结转分步法概述…… 204
综合结转分步法下成本还原与分析…… 205
分项结转分步法…… 224
平行结转分步法概述…… 230
平行结转分步法应用…… 231
分类法的核算程序及运用…… 247
联产品的成本计算…… 252
副产品的成本计算…… 253

成本报表…………271
成本报表的编制…………272
成本报表分析…………279
成本分析运用…………284

操作示范

材料费用分配表计算步骤…………34
职工薪酬分配表计算步骤…………50
辅助生产成本明细账计算步骤…………69
辅助生产费用分配表(直接分配法)计算步骤…………71
辅助生产费用分配表(交互分配法)计算步骤…………76
制造费用分配表计算步骤…………91
A产品生产成本计算单计算步骤…………124
甲产品成本计算单计算步骤…………127
一车间产品成本计算单计算步骤…………206
二车间产品成本计算单计算步骤…………212
三车间产品成本计算单计算步骤…………213
成本还原计算表计算步骤…………215

在线测试

项目一在线测试…………21
项目二在线测试…………60
项目三在线测试…………104
项目四在线测试…………133
项目五在线测试…………161
项目六在线测试…………192
项目七在线测试…………237
项目八在线测试…………263
项目九在线测试…………292

项目一

成本计算入门

职业能力目标

1. 了解产品成本的含义及作用。
2. 明确产品成本开支范围。
3. 了解成本会计的产生和发展。
4. 了解现代成本管理的内容,明确成本会计的任务。
5. 掌握生产费用与期间费用的区别。
6. 熟悉制造企业成本核算工作的一般程序和账户设置规则。

职业素养目标

1. 通过学习成本会计的法规和制度,培养学生诚实守信的职业操守。
2. 通过学习支出、费用和成本的关系,培养学生勤俭节约的美德和无私奉献的精神。

项目介绍

正确地进行成本计算，及时地为企业提供可靠的成本费用信息，对于加强企业内部管理，增强企业竞争力，有着十分重要的意义。在本项目中，我们将结合财务会计相关理论，向同学们介绍成本计算的基础知识，为我们在后续项目中学习具体的成本计算方法打下基础。

引导案例

企业在市场上的竞争主要是产品质量和价格的竞争，而价格的竞争归根结底是成本的竞争。完善成本核算体系，严格控制产品成本是提高企业核心竞争力的根本途径之一。因此，“成本计算与管理”是一门非常重要的课程，做好成本计算与管理，可以有效提高企业的经济效益和市场竞争力。

刘阳是一名刚踏上工作岗位的会计专业毕业生，上班的第一天，财务经理拿出前半年的成本核算资料和本月发生的成本费用支出资料，要求刘阳在尽快熟悉本公司主要产品的生产过程、成本会计工作组织、产品成本核算的要求等事项的基础上，对本月发生的支出进行合理的分类，计算本月的支出总额、费用总额、期间费用、生产费用和产品成本等具体数据。在刘阳完成这个任务前，请你衡量一下自己是否也具备这个能力，如果不具备，我们就一起来学习本项目内容，向实务工作迈出第一步吧！

任务一 认识产品成本和成本会计

任务描述

（1）产品成本是企业为了生产产品或提供劳务而发生的各项耗费或支出，了解产品成本的内涵和成本开支范围是正确开展成本计算与管理工作的前提。

（2）成本计算与管理是对企业在生产经营过程中各项费用的发生和产品生产成本的形成进行预测、决策、计划、核算、分析和考核的管理活动，是社会生产发展到一定阶段的产物。

（3）成本计算与管理工作的基本内容有成本核算、成本预测、成本决策、成本计划、成本控制、成本分析和成本考核等，其中成本核算是基础，成本控制是核心。

一、产品成本的含义

知识详解：认知成本与成本会计

凡是有经济活动和业务活动发生的地方，就必然有产品成本产生，成本是商品经济的产物，属于客观存在的经济范畴。企业为完成一定的任务，达到特定的目的，不仅要购买大量物资，还会发生其他各种支出，如工资支出、水电费支出、设备维护费等。这些人力、物力和财力的耗费，用货币形式来表现即为成本。

在经济活动中，成本普遍存在，但并不是所有的经济活动成本都需要通过会计来核算和考核。成本是否需要通过会计来核算和考核，是由经济活动的特点和管理制度的需要决定的。行政事业单位在发挥其职能作用的过程中，必然也会发生各种成本，但其中有些成本不需要通过自己创造的财富来补偿，而是通过国家财政预算拨款来补偿。

产品生产经营企业（含实行企业化管理的事业单位），是独立核算、自负盈亏的经济实体，它们发生的耗费必须通过实现的收入来补偿，且要有盈余以保证经济活动的持续进行，这就要求我们对发生的耗费进行计算与管理。本书中，我们将要学习的成本主要是企业为制造产品而发生的生产成本。

产品成本是企业为了生产产品或提供劳务而发生的各项耗费或支出。任何一家生产企业都应具备一定的生产条件，如厂房、机器设备等，同时还要购进生产产品所需要的原材料或配件等，还会发生其他的各种支出，如劳动者的工资支出、水电费的支出、设备的维护耗费等。企业在一定时期内发生的，用货币表现的生产耗费，称为生产费用。企业为生产一定种类、数量的产品所支出的各种生产费用的总和，就是这些产品的成本。

马克思首先从产品生产耗费的角度指出，产品成本就是“$C+V$”，即以货币形式表现的，为制造产品而耗费的物化劳动的价值（C）和活劳动中必要劳动的价值（V）之和，但由于“$C+V$”是无法计量的，人们能够把握和计量的产品生产成本实际上是产品的生产成本价格。其次，从产品生产补偿的角度，马克思指出产品生产成本是补偿商品生产中资本家自身耗费的部分。马克思的成本理论是从商品价值构成的角度，对产品生产成本的经济内涵所进行的高度理论抽象，会计学者称之为“理论成本”。在实务工作中，为了使各企业能够正确地计算成本，国家以“理论成本”为依据规定了成本开支范围，统一产品生产成本所包含的内容，使各企业列入成本的各种支出项目和内容保持一致，以便比较和分析工作的开展，从而促使企业提高成本管理水平。

二、成本开支范围

（一）应计入产品成本的项目

现行财务制度规定应计入产品成本的项目主要有：

（1）企业在生产经营过程中实际消耗的原材料、辅助材料、修理用配件、外购半成品、燃料、动力、包装物的原价和运输、装卸、整理费用。

（2）企业直接从事产品生产人员的职工薪酬。

（3）车间房屋建筑物和机器设备所发生的折旧费、租赁费及低值易耗品的摊销费。

（4）因生产原因而发生的废品损失以及季节性和修理期间发生的停工损失。

（5）车间发生的为组织和管理生产而支付的办公费、取暖费、水电费、差旅费、运输费、保险费、设计制图费、试验检验费和劳动保护费。

（二）不应计入产品成本的项目

现行财务制度规定不应计入产品成本的项目主要有：

（1）企业为组织、管理生产经营活动所发生的管理费用、财务费用、销售费用。

（2）企业购置和建造固定资产的支出，购入无形资产和其他资产的支出。

（3）企业对外界的投资以及分配给投资者的利润。

（4）企业被没收的财物以及因违反法律而支付的各项滞纳金、罚款和企业自愿赞助、捐赠所发生的支出。

（5）国家规定不得列入产品成本的其他支出。

成本会计工作者应根据成本开支范围，对企业在日常工作中发生的各项费用进行审核和控制，判断具体费用是否应该支出。对于不合理、不合法、不利于提高经济效益的超支、浪费或损失，我们要严格加以制止。如果类似事项已经发生，则应追究有关部门和人员的责任，及时采取措施，杜绝此类情况再发生。

案例 1-1 长江股份有限公司在 2024 年 6 月发生的部分经济业务内容如下：

(1) 以库存现金支付总部办公费 1 600 元。

(2) 生产产品领用库存材料 23 000 元。

(3) 支付税收滞纳金 800 元。

(4) 生产过程中发生废品损失 1 000 元。

(5) 支付生产工人工资 160 000 元。

(6) 向投资者分配利润 210 000 元。

(7) 生产设备计提折旧 60 000 元。

(8) 支付生产车间水电费 20 000 元。

(9) 支付本期短期借款利息 600 元。

(10) 支付销售人员工资 80 000 元。

要求：依据现行财务制度对成本开支范围的规定，判断上述开支是否应计入产品成本，并说明原因。

任务处理：

可以列入产品成本的经济业务有(2)(4)(5)(7)(8)。

不应列入产品成本的经济业务有(1)(3)(6)(9)(10)。

任务分析：

(1) 总部办公费属于公司为组织、管理生产经营活动所发生的管理费用，为此，以库存现金支付的1 600元总部办公费不应计入产品成本。

(2) 生产产品领用库存材料23 000元，直接作用于产品生产，属于生产经营过程中的实际材料消耗，应计入产品成本。

(3) 支付税收滞纳金800元，与生产经营无关，应计入营业外支出，不能计入产品成本。

(4) 生产过程中发生废品损失1 000元，虽然不能形成产品的价值，但是为了促使公司加强成本核算工作，应计入产品成本。

(5) 支付生产工人工资160 000元，属于公司直接从事产品生产人员的薪酬，应计入产品成本。

(6) 向投资者分配利润210 000元，属于公司利润分配活动，与生产过程无关，不应计入产品成本。

(7) 生产设备计提折旧60 000元，符合成本开支范围制度关于折旧费的规定，应计入产品成本。

(8) 支付生产车间水电费20 000元，与产品生产相关，应计入产品成本。

(9) 支付本期短期借款利息600元，应计入财务费用，不应计入产品成本。

(10) 支付销售人员工资80 000元，应计入销售费用，不应计入产品成本。

三、产品成本的作用

产品成本在实质上反映企业在产品生产过程中发生的各种劳动耗费和补偿价值，因此，作为衡量企业生产经营过程中劳动耗费的尺度，产品成本可以在我们进行定价和开展经营决策时提供依据，对于企业降低耗费、足额补偿、合理定价、制定经营决策具有重要作用。

（一）生产耗费的补偿尺度

如果商品销售价格高于成本价格，企业的经营就是有利可图的；如果商品销售价格低于成本价格，企业就必然会发生亏损，生产中的耗费就不能得到全额补偿。维持企业的再生产是发展市场经济的必然要求，要维持企业的再生产，成本就必须得到及时足额的补偿，而足额的补偿又必须以产品成本的尺度为标准。如果企业不能按照成本来补偿生产耗费，资金周转就会发生困难，再生产就不能按原有的规模进行。当然，企业的销售收入不仅应弥补成本，还应弥补费用和税金，取得一定利润。企业就是以产品成本为基础来确定产品销售价格的，产品成本能够间接地反映产品的价值。

（二）反映企业工作质量的综合指标

产品成本是一项综合性经济指标，企业生产经营管理工作的质量，都可以直接或间接地在成本上反映出来。产品设计是否合理，固定资产是否有效利用，产品质量是否符合要求，原材料的使用是否合理……这些问题的答案都能通过成本反映出来。我们可以通过对成本的计划、控制、监督、考核和分析来促使企业加强经济核算，努力改进管理制度，降低成本，提高经济效益。我们正确确定并认真执行企业的成本计划指标，事先控制成本水平，监督各项费用的日常开支，努力降低各种耗费；同时，还可以通过成本的对比和分析，及时发现物化劳动和活劳动的使用和节约情况，总结经验，找出工作中的薄弱环节，采取措施挖掘潜力，合理地使用人力、物力和财力，从而降低成本，提高经济效益。

（三）经营决策的重要依据

在市场经济条件下，企业如果想在激烈的竞争中生存和发展，提高在市场上的竞争能力和经济效益，首先应制定正确的生产经营决策。经营决策的核心问题是经济效益，我们应以经济效益的大小来衡量利弊得失，最后选出最佳方案。在研究经营决策时，成本是影响经济效益的重要影响因素。成本是具有弹性的，等量的经济效益可能引发不等量的成本支出，等量成本支出可以获得不等量的经济效益。成本的弹性为我们加强成本费用的核算，寻求降低成本的途径，提高成本管理水平提供了空间。在价格等因素一定的情况下，成本的高低直接影响着企业盈利的多少。因此，企业在制定经营决策时必须考虑产品成本这一重要因素。

四、成本会计的产生及发展

成本会计是运用会计的基本原理和方法，对企业在生产经营过程中发生的各项费用与成本进行预测、决策、计划、核算、分析和考核的管理活动。

成本会计是成本计算与复式记账的结合，是社会生产发展到一定阶段的产物，随着商品经济的发展而逐步完善。成本会计产生于资本主义的简单协作和工场手工业时期，完善于资本主义大机器工业生产阶段。成本会计的产生和发展先后经历了成本会计雏形阶段、早期成本会计阶段、近代成本会计阶段、现代成本会计阶段。

（一）成本会计雏形阶段

最先将费用归集和成本核算纳入账簿记录工作的是 14 世纪初意大利麦迪斯家族的毛纺厂。当时，工场主首先将许多手工作坊联合起来，雇用工人对羊毛进行粗加工，然后分发给城乡手工业者，让他们在家中纺成毛线，织成毛呢，最后再在较大的手工工场中完成染色，生产出产品。为了适应手工工场的生产特点，在家族毛纺厂的账簿记录中，按生产工艺若干步骤分设明细账进行生产费用归集和计算的方法就应运而生了。

（二）早期成本会计阶段

19 世纪，产业革命如火如荼，工厂的数量剧增，生产经营的规模日益扩大，企业之间的竞争日趋激烈。企业主对生产成本更加关注，要求会计人员能够提供更充分的成本资料，提高成本计算的准确性。这就促使成本计算逐步纳入复式记账系统，成本计算得以和会计核算相结合，成本记录与会计账簿一体化，形成了成本会计的理论和方法。19 世纪末期，为适应纺织、冶金行业及装配式生产企业的需要，系统化的分步成本计算法和分批成本计算法相继产生。

（三）近代成本会计阶段

20 世纪初，资本主义经济迅速发展，市场竞争更加激烈，以事后核算为主要工作的成本会计已不能满足经营管理者的要求。西方国家的许多企业推行泰勒制度，不仅推动了生产的发展，也促进了管理学和成本会计的发展，用于成本控制和分析的标准成本法得以形成，成本会计的职能从成本计算进而扩展到成本控制和分析。标准成本会计的诞生，是企业成本会计发展史上的重要里程碑，实现了成本计算与成本管理的有机结合。

（四）现代成本会计阶段

第二次世界大战后，科学技术高速发展，生产力水平迅速提高，企业生产经营能力高涨，市场竞争日益激烈，这促使企业成本会计不仅要精打细算，还要为降低产品成本而献计献策。资本主义垄断经济和跨国公司的出现使企业的规模日益扩大，生产经营范围不断扩展。在战争中发展起来的军事科学技术向民用工业转移，产品的更新换代速度加快，新产品开发日新月异，市场竞争日趋激烈。企业为了生存和发展，不仅要加强生产过程控制，降低产品成本，还要提高产品质量，不断开发新产品；同时，在建厂和设计新产品之前，选取降低成本的最佳方案。预测学、决策学、运筹学、行为科学、信息学、系统科学等现代管理科学取得了重大进展，以管理为主的现代成本管理会计逐渐形成。

从上面我们可以看出，成本会计从产生到逐步形成为现在的以成本核算为基础，以成本控制为核心，囊括预测、决策、计划、控制、核算、分析和考核等内容的成本会计体系的过程是与经济发展、社会进步密切相关的。不难想象，随着经济的进一步发展，成本会计在企业经营管理活动中必将起到越来越重要的作用。

五、成本管理的内容

从成本会计的产生和发展历程可以看出，原始的成本会计是运用会计核算的一般原理、原则和方法，对产品生产过程中所发生的各项生产耗费进行系统记录的会计实践，重点在于对直接成本进行计算与控制，对间接费用则按一定标准将其在各成本对象间进行分配、汇总，确定各种产品和劳务的总成本和单位成本。随着经济的发展、科技的进步以及企业生产经营管理活动的变化，成本会计的内涵和外延都发生了变化，现代成本会计与现代管理科学的结合越来越紧密。成本管理主要包括：成本预测、成本决策、成本计划、成本控制、成本核算、成本分析和成本考核。其中，成本核算是基础，成本控制是核心。

（一）成本预测

成本预测，指根据与现有成本有关的数据，运用科学的方法，对企业未来的成本水平及其变化趋势作出科学的推测和估计。通过成本预测，企业可以减少生产经营管理的盲目性，提高成本管理工作的科学性。

成本预测是企业进行经营决策和编制成本计划的基础，有助于企业管理人员了解成本发展前景，提高降低成本的自觉性。企业在进行成本预测时，既要参考历史成本资料，又要与同行业，同类企业，同类产品的成本资料进行比较和分析，还要分析有关构成成本的料、工、费价格变化趋势，同时考虑人力、物力、财力资源情况以及产品销售市场与前景。在开展成本预测工作时，我们应在周密调查的基础上，进行具体的计算和分析，作出尽可能正确的预测。

（二）成本决策

成本决策，指根据成本预测结果及其他有关资料，制定出优化成本的各种备选方案，运用决策理论和方法，对各种备选方案进行比较分析，从中选出最满意的方案。最优的成本决策是我们编制成本计划的前提，也是我们提高企业经济效益的重要途径。

（三）成本计划

成本计划，指在成本预测的基础上，根据计划期的生产任务和目标利润，通过一定的程序，遵循一定的原则，以货币计量形式规定计划期产品生产耗费的控制标准和成本水平，并以书面文件的形式下达企业各管理部门和生产车间执行。成本计划是降低成本的具体目标，也是我们进行成本控制、成本分析和成本考核的依据。企业在编制成本计划时应考虑某些因素变化对成本规模所产生的影响，编制成本滚动计划、弹性计划、单独应变计划以适应瞬息万变的市场环境。

（四）成本控制

成本控制，指以预先确定的成本标准或成本计划指标，对实际发生的费用进行审核，将其限制在标准成本或计划成本内，并计算出实际费用与标准费用之间的差异，同时对差异产生的原因进行分析，采取各种有效方法，将各项费用限制在计划控制的范围之内，以保证成本计划的顺利执行。依据生产经营活动的流程，成本控制可分为产品设计阶段的成本控制、产品生产阶段的成本控制、成本考核阶段的反馈控制。

成本控制是成本计算与管理工作的核心，企业应当充分利用现代信息技术，编制、执行企业产品成本预算，并对执行情况进行分析、考核，落实成本管理责任制度，加强对产品成本的事前控制、事中控制、事后控制，最终降低产品成本，提高经济效益。

（五）成本核算

成本核算，指运用各种专门的成本计算方法，按一定的对象和规定的成本项目及分配标准进行生产费用的归集和分配，计算出各种产品的总成本和单位成本并进行账务处理。成本核算是成本计算与管理的最基础内容，没有科学准确的成本核算资料，其他工作都难以发挥成效。

企业应正确组织成本核算工作，根据企业的生产工艺特点、生产组织的特点和成本管理要求，采用适当的方法计算产品成本，提供企业成本管理工作所需的资料。成本核算的过程，既是对实际发生的各项费用进行核算的过程，也是信息反馈和成本控制的过程。通过成本核算资料，我们可以了解成本计划的完成情况，为编制下期成本计划，开展成本决策提供依据。

（六）成本分析

成本分析，指根据成本核算所提供的资料和其他有关资料，将本期实际成本与本期计划成本、上年同期成本以及国内外同类产品的成本水平进行比较，确定成本升降变动情况，分析成因，确定各因素的变化及其对成本的影响程度。通过成本分析，我们可以找出成本变化的规律，有针对性地采取成本控制措施，寻求降低成本的途径，挖掘降低成本的潜力。

（七）成本考核

成本考核，指定期对成本计划和有关指标的实际完成情况进行评价和考核，按成本责任的归属考核各部门及有关岗位人员的成本指标完成情况，并据此进行奖惩。开展成本考核有助于企业客观地评价工作业绩，激励员工改进工作，充分调动广大员工执行成本计划的积极性，提高企业的整体管理水平和经济效益。

成本管理工作是各项内容相互联系，相互补充的有机整体。成本预测是成本决策的前提和依据；成本决策是成本预测的延伸和结果，又是成本计划的制订依据；成本核算是一切工作的基础，成本预测、决策、计划都必须以过去的成本核算资料为主要依据，成本控制也需要依据成本核算所提供的各种信息实施，成本分析和成本考核更需要成本核算提供关于成本计划实际完成情况的数据资料；成本控制是成本管理的核心，贯穿成本管理工作的始终，是对成本计划实施情况所进行的监督，是企业实现成本决策既定目标的保证。成本管理工作的各项内容之间的关系如图 1－1 所示。

由于成本预测、成本决策、成本计划、成本控制和成本考核在“管理会计”课程中学习，本书主要讲解成本核算和成本分析。

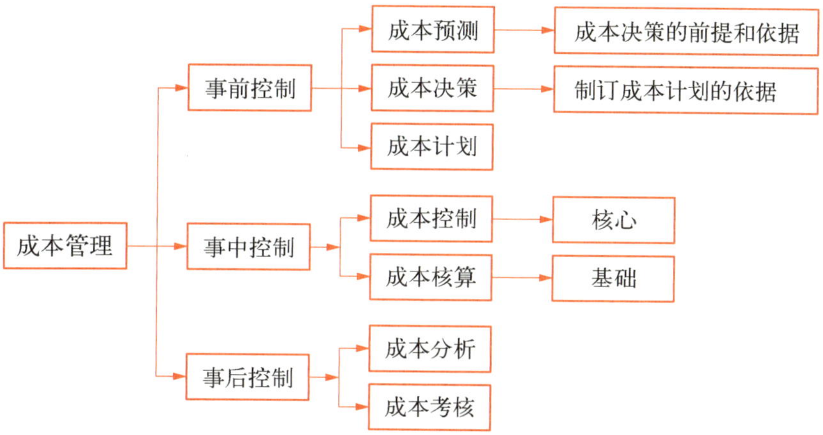

图 1－1　成本管理各项内容之间的关系

六、成本会计的任务

成本会计的任务取决于企业经营管理的要求。具体说来，成本会计在企业经营管理中应担负以下几个方面的责任。

（一）进行成本预测和决策，编制成本计划，为企业进行成本管理提供基本依据

在市场经济条件下，市场竞争非常激烈，企业要想在竞争中求得生存和发展，努力降低产品成本非常重要。因此，企业应根据历史成本资料，充分进行市场调研，运用科学的方法选择最优方案，确定目标成本，然后在此基础上编制成本计划，作为对成本实行计划管理，建立成本管理责任制度和控制生产费用的基础，同时分析成本升降原因，考核成本责任者工作业绩并实施奖惩。

（二）严格审核和控制各项费用支出，节约开支，不断降低产品成本

在市场经济环境下，企业作为自主经营、自负盈亏的商品生产者和经营者，应贯彻增产节约原则，加强经济核算，以尽可能少的耗费去获取更大的经济效益。因此，成本会计必须以国家有关成本费用开支制度以及开支标准和企业有关成本计划、定额等为依据，寻求降低产品成本的途径和方法，严格控制各项费用的支出，努力节省开支，促进经济效益的提高。

（三）正确及时地进行成本核算，为企业经营管理提供有用信息

按照国家有关法规、制度的要求和企业经营管理的需要，正确、及时地进行成本核算，提供真实有用的成本信息，是成本会计的基本任务。成本会计所提供的信息不仅是企业足额补偿生产耗费，正确确定产品利润，制订产品价格和进行未来成本预测和决策的依据，还是企业进行成本管理的基本依据。在成本管理工作中，对各项费用的监督与控制主要是在成本核算过程中进行的；成本预测、决策、计划、考核、分析等工作也是以成本核算所提供的成本信息为基本依据的。

（四）进行成本分析，考核计划成本的完成情况

在企业的经营管理工作中，成本是极为重要的经济指标，它可以综合反映企业及其内部有关单位的工作业绩。通过成本核算，获得产品成本的实际资料，将实际成本资料和计划成本对比，我们可以了解计划成本的执行情况。成本分析可以揭示影响成本升降的各种因素及其影响程度，正确评价并考核各部门在成本管理工作中的业绩，揭示企业成本管理工作中存在的问题，并针对存在的问题查找原因，拟定措施，从而不断改善成本管理工作，提高企业的经济效益。

七、成本会计的法规和制度

成本会计的法规和制度是成本会计工作者必须遵循的规范，是会计法规和制度的重要组成部分。依据适用范围和制度权限，成本会计的法规和制度可分为全国性的成本会计法规制度和特定会计主体的成本会计制度。制定和执行成本会计的法规和制度可以使企业成本会计工作合法、有序地进行，保证成本会计资料真实、规范、及时和有效。

全国性的成本会计法规制度是由国家统一制定的，主要包括三个层次：第一层包括《中华人民共和国会计法》，第二层包括《企业财务通则》和《企业会计准则——基本准则》，第三层包括《企业会计制度》《企业产品成本核算制度（试行）》和部分行业成本核算办法。这三个层次的是企业进行成本会计工作遵循的内部规章制度。

企业生产经营特点和管理要求各不相同，因此，企业可以根据国家的成本会计法规和制度，结合本企业生产经营的特点和管理的要求，制定本企业具体的成本会计制度、规程或办法，作为企业成本会计工作的依据。

价值引领：朱镕基在第十六届世界会计师大会开幕式的演讲

成本会计制度的科学性与合理性会直接影响成本会计工作的成效。因此，制定成本会计制度是一项复杂而细致的工作。在成本会计制度的制定过程中，有关人员不仅应熟悉国家有关法规、制度，还应深入基层进行广泛深入的调查和研究工作，在反复试点的基础上进行成本会计制度的制定工作。成本会计制度一经制定，就应认真贯彻执行。但是，随着时间的推移，环境的变化，新的情况往往会发生，我们应根据具体情况，对成本会计制度进行修订和完善，以保证成本会计制度的科学性和先进性。

任务二 对生产费用和期间费用分类

任务描述

（1）支出意味着企业资产的减少，可以分为资本性支出、收益性支出及营业外支出三大类，我们应能够熟练判断所发生支出的具体类别。

（2）掌握成本与费用的联系和区别。

（3）费用可以分为生产费用和期间费用，我们应掌握生产费用和期间费用的内容，并能对其进行熟练区分。

企业在对发生的成本进行计算和确认的基础上，可以进行收入和支出的配比，确定当期的收益，还可以为管理者在判断产品成本构成是否合理时提供分析资料。因此，企业需要对发生的成本、费用进行确认、分类、归集、分配和核算。在探讨生产费用和期间费用的分类之前，我们有必要明确支出、费用和成本的概念以及它们之间的相互关系。

一、支出、费用和成本的关系

（一）支出

支出，是指企业的一切开支及耗费。依据性质，支出可以分为资本性支出、收益性支出及营业外支出三大类。

资本性支出，是指效益与几个会计年度相关的支出。这种支出转化成另一项资产的价值，在以后的使用中，按受益情况将其价值分期计入各期费用之中。如购建固定资产的支出、固定资产改良支出、取得无形资产的支出都属于资本性支出。

收益性支出，是指效益仅与本年度相关的支出。这种支出直接计入当期成本费用，从当期的收入中得到补偿。如生产所消耗的材料、以各种方式支付给职工的薪酬都属于收益性支出。

营业外支出，是指与企业的生产经营活动没有直接联系的支出。如罚款支出、违约支出、意外事故造成的损失都属于营业外支出。

除此之外，企业还会发生对外投资支出、所得税支出、利润分配支出。

案例 1-2　2024 年 5 月，长江股份有限公司发生的部分经济业务内容如表 1-1 所示，请判断各项经济业务所发生的支出分别属于哪一种支出，并填入表中。

表 1-1

业务序号	业务描述	支出类型
(1)	购买一套财务软件支付 260 000 元	
(2)	支付总部办公费 2 500 元	
(3)	支付税收滞纳金 800 元	
(4)	发放职工工资及奖金 120 000 元	

任务处理：

(1)为资本性支出，该支出的效益与几个会计年度相关；

(2)(4)为收益性支出，该支出的效益仅与本年度相关；

(3)为营业外支出，该支出与企业的生产经营活动没有直接联系。

(二) 费用

费用，是指企业在生产经营过程中所发生的各种耗费，可以分为生产费用和期间费用。因生产产品而消耗的材料费、生产工人的薪酬费用、车间为组织生产发生的管理费用都属于生产费用，这些费用随着产品的完工形成产品成本。企业的支出中，凡是与本企业的生产经营活动有关的支出均属于费用，可直接计入费用或分期转化为费用，而与本企业生产经营活动无关的支出，如营业外支出，不属于费用，应直接计入当期损益。

(三) 成本

成本，是企业为了生产产品或提供劳务而发生的各项耗费或支出，是对象化的费用。我们在核算过程中应当考虑其归属。

根据权责发生制原则，企业某一期间发生的生产费用与归属产品或劳务的期间并不完全一致，即归属于当期成本的生产费用有一部分是当期发生的，有一部分则可能是在以前会计期间发生的。当然，归属于本期的生产费用也不一定就归属于当期产品成本，可能会由以后期间的产品或劳务负担，这是因为当月产品不一定全部完工。

(四) 支出、费用和成本的关系

支出是企业的一切开支及耗费，费用是生产经营过程中发生的各种耗费，成本是对象化的费用。只有在正确组织费用的核算工作，并将各项耗费正确归集到成本计算对象的基础上，才能正确计算成本。

支出、费用、成本三者中，支出的范围最广，成本的范围最小，对于本期发生的费用我们还应按照费用的确认标准，正确划分其归属期。支出、费用和成本的关系如图 1－2 所示。

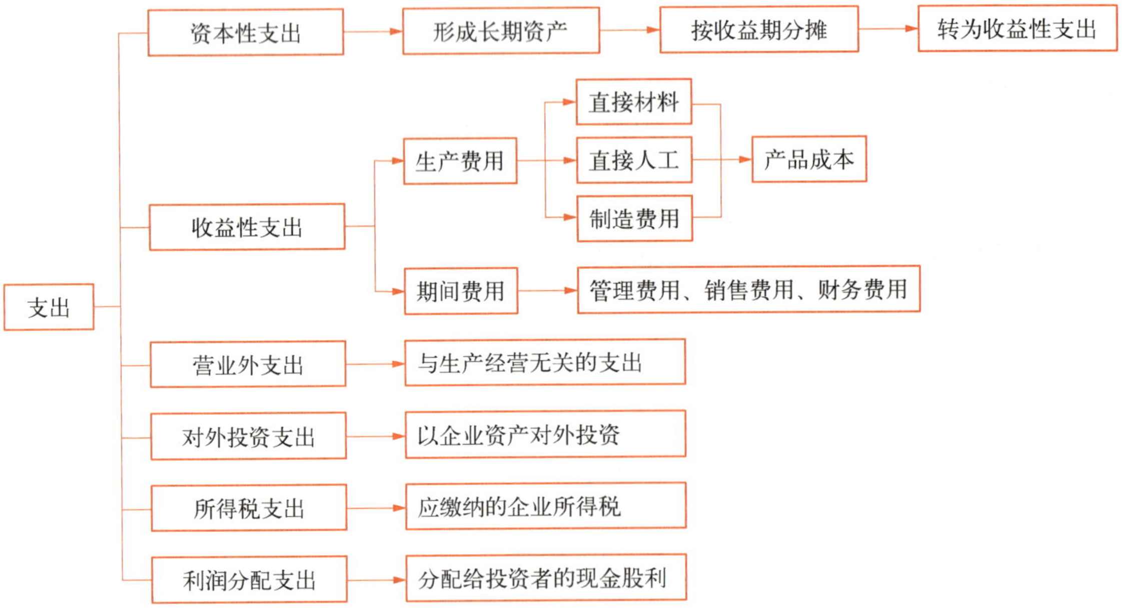

图 1－2　支出、费用和成本的关系

二、费用的分类

费用可以分为生产费用和期间费用。

（一）生产费用的分类

生产费用，是指在企业产品生产的过程中发生的，能用货币计量的生产耗费，也就是企业在一定时期的产品生产过程中所消耗的生产资料价值和支付的劳动报酬之和。为具体反映计入产品成本之生产费用的用途，提供产品成本构成情况的资料，我们可以将生产费用划分为若干个成本项目。制造企业一般应设置以下成本项目：

（1）直接材料，指直接用于产品生产并构成产品实体的原料、主要材料和外购半成品，以及有助于产品形成的辅助材料。

（2）燃料及动力，指直接用于产品生产的各种燃料和动力费用。

（3）直接人工，指企业直接从事产品生产的人员的工资、社会保险、福利费等。

（4）制造费用，指企业生产车间为生产产品和提供劳务而发生的各项组织、管理费用，以及不专设成本项目的其他生产费用。这一项目包括车间管理人员及非生产人员的工资和福利费、车间设备和房屋建筑物的折旧费、办公费、水电费、机物料消耗、劳动保护费等。

如果废品较多或废品损失在产品成本中所占比重较大，企业可增设“废品损失”成本项目对其进行单独反映；如果企业需要核算材料供应不足、停电、非常灾害所引发的停工损失，可设置“停工损失”成本项目对其进行单独反映。

知识拓展

将生产费用按经济用途分类，有利于对产品成本实施有效控制并进行分析考评，企业可以根据实际情况，合并或者增设有关成本项目。在企业耗用燃料和动力不多时，为了简化核算，我们可将其中的工艺用燃料费用并入“直接材料”成本项目，将其中的工艺用动力费用并入“制造费用”成本项目。最基本的成本项目是直接材料、直接人工、制造费用三项。

另外，生产费用还可以按经济内容分为外购材料、外购燃料、外购动力、应付职工薪酬、折旧费、修理费、利息支出、税金及其他支出等要素费用。生产费用按经济内容分类，可以反映企业在一定时期内发生生产经营费用的种类和数额，利用这些会计数据可以了解各个时期生产经营费用的结构和水平；同时还可以区分生产经营费用中的物化劳动消耗和活劳动消耗，为企业管理资金、考核流动资金周转运用情况提供数据。但是，这种分类方式不能反映费用发生的地点和用途，因而不便于分析费用发生情况的合理性。

（二）期间费用的分类

期间费用，是指企业本期发生的，无法直接或间接归入产品成本，只能直接计入当期损益的各项费用。期间费用按照经济用途可分为管理费用、财务费用和销售费用。

1. 管理费用

管理费用是指企业行政管理部门为组织和管理生产经营活动而发生的各项费用。管理费用包括公司经费、工会经费、职工教育费、劳动保险费、待业保险费、董事会费、咨询费、审计费、诉讼费、修理费、排污费、绿化费、技术转让费、技术开发费、无形资产摊销、业务招待费及其他管理费用。

2. 财务费用

财务费用是指企业为筹集资金而发生的各项费用。财务费用包括企业生产经营期间发生的利息支出（减利息收入）、汇兑损失（减汇兑收益）和金融机构手续费以及因筹集资金而发生的其他费用。

3. 销售费用

销售费用是指企业在销售产品和提供劳务的过程中所发生的各项费用以及专设销售机构的各项经费。销售费用包括应由企业负担的运输费、装卸费、包装费、保险费、委托代销手续费、广告费、展览费、租赁费和销售服务费、销售机构人员工资、社会保险费、福利费、办公费、折旧费、物料消耗、低值易耗品摊销以及其他经费。

案例 1-3 长江股份有限公司在2024年1月发生的部分经济业务内容如表1-2所示，请判断各项业务所发生的费用属于哪一类期间费用。

价值引领：感动中国2020年度人物——张桂梅

表 1-2

业务序号	业务描述
(1)	支付管理部门财产保险费 8 000 元
(2)	支付销售人员工资 23 000 元
(3)	支付本期短期借款利息 1 600 元
(4)	支付产品广告费 30 000 元
(5)	支付行政办公室电费 5 600 元

任务处理：根据各项期间费用的定义进行判断：(1) 为管理费用；(2) 为销售费用；(3) 为财务费用；(4) 为销售费用；(5) 为管理费用。

任务三 设置成本核算的主要账户

任务描述

成本核算主要涉及"基本生产成本""辅助生产成本""制造费用""长期待摊费用""销售费用""管理费用""财务费用"等总分类账户以及这些账户必要的明细账户。单独核算废品损失、停工损失的企业,还可以增设"废品损失""停工损失"账户,归集企业发生的废品损失和停工损失,然后将这些损失合理地摊入产品成本之中。

知识详解:成本核算的账户设置及账务处理程序

一、设置总分类账户

(一)"基本生产成本"账户

"基本生产成本"账户,是企业为了归集生产费用,计算产品成本而设立的。基本生产所发生的各项费用,记入该账户的借方;完工入库产品的成本,记入该账户的贷方;该账户的借方余额就是基本生产在产品的成本。

该账户核算产品生产过程中所发生的直接材料、直接人工及分配转入的制造费用、辅助生产成本等,期末应将该账户期初余额和本期发生额合计按一定的方法在完工产品与在产品之间分配。

(二)"辅助生产成本"账户

"辅助生产成本"账户,是企业用以核算辅助生产车间发生的生产费用所设立的账户。工具、模具、修理用备件等产品的生产和修理、运输等劳务的供应,应在该账户进行归集和分配。

辅助生产车间在生产过程或提供劳务过程中所发生的各项费用,如直接材料费用、直接人工费用、负担的制造费用应记入"辅助生产成本"账户的借方;完工入库产品的成本或分配转出的劳务费用,应记入该账户的贷方;该账户的借方余额就是辅助生产在产品的成本。

小知识

"基本生产成本"和"辅助生产成本"可以作为一级账户设置。也可以在"生产成本"一级账户下设置"基本生产成本"和"辅助生产成本"两个二级账户,企业应根据自身的实际情况进行选择。

(三)"制造费用"账户

"制造费用"账户,核算企业各生产单位(车间、分厂)为组织和管理生产活动而发生的各项费用,这些费用包括生产车间管理人员的薪酬,生产车间发生的折旧费、办公费、水电费,机物料消耗、劳动保护费、设计制图费、检验费、季节性和大修理期间的停工损失。

企业发生的各项制造费用,记入该账户借方;月终分配制造费用时,记入该账户贷方;除季节性生产企业外,该账户期末一般无余额。

小知识

在实务中，为简化会计处理，有时也会将金额较小、对成本计算影响不大的制造费用计入管理费用。

（四）“长期待摊费用”账户

为了正确明确各项费用的界限，企业应当设置“长期待摊费用”账户，核算企业已经发生但应由本期和以后各期产品成本负担的，且摊销期在 1 年以上的各项费用，如预付租金、固定资产修理费。

企业所发生的各项长期待摊费用，记入该账户借方；摊销本期产品成本应负担的长期待摊费用，记入该账户贷方；本账户余额在借方，表示尚未摊销完的长期待摊费用数额。

（五）“废品损失”账户

内部成本管理制度要求单独反映和控制废品损失的企业，可以设置专门的“废品损失”账户。该账户用于核算生产单位产生各种废品所带来的经济损失，包括可修复废品损失和不可修复废品的净损失。

该账户的借方反映不可修复废品成本和可修复废品的修复费用，贷方反映废品残值、赔偿款以及计入合格品成本的净损失，期末无余额。“废品损失”明细账户应按生产车间分产品设置，按废品损失构成进行反映。为了简化核算工作，辅助生产车间通常不单独核算废品损失。

（六）“停工损失”账户

需要单独核算停工损失的企业，可以设置“停工损失”账户。该账户用于核算企业生产车间由于计划减产或者由于停电、待料、机器设备发生故障等而停止生产所发生的损失。

该账户借方记录停工期间发生的职工薪酬、维护保养设备消耗的材料费用、应负担的制造费用，贷方反映分配结转的停工损失，期末一般无余额。如果发生跨月停工的情况，余额则可能出现在借方。“停工损失”明细账户应按车间设置。

（七）“销售费用”账户

“销售费用”账户，核算企业在销售产品、自制半成品和工业性劳务过程中发生的费用和专设销售机构所发生的各项费用。发生销售费用时，借记本账户，贷记“银行存款”“应付职工薪酬”等账户。本账户的发生额应在期末转入“本年利润”账户，结转后该账户余额应为零。

（八）“管理费用”账户

“管理费用”账户，核算行政管理部门为组织和管理生产经营活动而发生的各项费用。企业发生的各项管理费用，借记本账户，贷记“银行存款”“无形资产”“应付职工薪酬”等账户。本账户的发生额应于期末转入“本年利润”账户，结转后该账户余额为零。

（九）“财务费用”账户

“财务费用”账户，核算企业进行筹集资金等理财活动而发生的各项费用，如利息支出、金融机构手续费等。企业发生财务费用时，借记本账户，贷记“应付利息”“银行存款”等账户。企业发生的利息收入应冲减财务费用，借记“银行存款”账户，贷记本账户。本账户的发生额应于期末转入“本年利润”账户，结转后该账户余额为零。

二、设置主要明细账户

企业在进行成本、费用核算时，除了通过设置总分类账户进行总括反映外，还要设置成本、费用明细账户进行明细核算。

（一）基本生产成本明细账

基本生产成本明细账，可以按产品品种、产品生产批别、产品生产步骤以及产品大类开设，并分设不同成本项目归集费用，计算产品成本。基本生产成本明细账可以采用多栏式账页，账页内按成本项目设置专栏，账内连续记录各月产品费用的归集和完工产品成本的结转情况。产品成本的计算工作一般通过编制“产品成本计算单”进行，具体格式如表 1－3 所示。

表 1－3 产品成本计算单

产品名称：甲产品 2024 年 4 月 （单位：元）

项目	直接材料	直接人工	制造费用	合计
月初在产品成本	88 000	11 000	10 000	109 000
本月生产费用	144 000	16 000	20 000	180 000
生产费用合计	232 000	27 000	30 000	289 000
本月完工产品成本	185 600	21 600	24 000	231 200
月末在产品成本	46 400	5 400	6 000	57 800

结合表 1－3，我们可以发现：

生产费用合计＝月初在产品成本＋本月生产费用

本月完工产品成本＝生产费用合计－月末在产品成本

如果能够得知本月完工产品的成本，我们也可根据公式推算出月末在产品成本。

将根据表 1－3 计算出的结果登记到基本生产成本明细账中。常见的基本生产成本明细账如表 1－4 所示。

表 1－4 基本生产成本明细账

产品名称：甲产品 生产车间：一车间

2024 年		凭证		摘要	直接材料	直接人工	制造费用	合计
月	日	字	号					
4	1			月初在产品成本	88 000	11 000	10 000	109 000
4	1			领用材料	144 000			144 000
4	30			分配职工薪酬		16 000		16 000
4	30			分配制造费用			20 000	20 000
4	30			生产费用合计	232 000	27 000	30 000	289 000
4	30			转出完工产品成本	185 600	21 600	24 000	231 200
4	30			月末在产品成本	46 400	5 400	6 000	57 800

基本生产成本明细账的登记方法与其他明细账的登记方法基本相同，但也有细微区别。区别主要体现在两个方面：首先，合计栏不同于其他明细账的余额栏，不反映本账户的累计数，而是反映本行次成本项目的合计数；其次，基本生产成本明细账未设置贷方栏，因此，完工产品成本转出等引起生产成本减少的业务发生时，我们应当采用红字在“成本项目”各栏次进行记录。

（二）辅助生产成本明细账

辅助生产成本明细账应按辅助生产车间和产品名称、劳务种类开设，账簿中按辅助生产的成本项目或费用项目分设专栏进行明细核算。辅助生产成本明细账的格式与基本生产成本明细账相同。

（三）制造费用明细账

制造费用明细账一般按不同车间、部门设置，往往采用多栏式账页，并按制造费用的项目内容分设专栏，以便明细核算。如果辅助生产车间规模小、费用少，为了简化核算工作，我们也可不在辅助生产车间单设“制造费用”明细账，而是将发生的制造费用直接记入“辅助生产成本”总分类账及其明细账的借方。

制造费用明细账的登记方法与基本生产成本明细账类似。常见格式如表 1－5 所示。

表 1－5　　制造费用明细账

生产车间：

年		凭证		摘　要	借方	贷方	余额	借（贷）方分析栏						
月	日	字	号					薪酬	折旧	水电	物料	劳保	办公	其他

（四）其他费用明细账

“废品损失”账户应按车间设置明细分类账，账内则按产品品种分设专户，并按成本项目设置专栏进行明细登记。“停工损失”账户应按车间设置明细账，分设成本项目设置专栏，进行停工损失的明细核算。

“销售费用”“管理费用”和“财务费用”的明细分类账，多采用多栏式账页，按费用项目设置专栏，进行明细登记，格式与制造费用明细账相同。

任务四　理解成本核算的基本程序

任务描述

尽管产品成本计算方法不同，但成本核算的基本程序是一样的。概括而言，都是按照成本核算的要求，对生产经营过程中发生的各项生产费用和期间费用，逐步进行归集和分配，最后计算出产品成本和各项期间费用。

一、成本核算的基本程序

成本核算的基本程序，是指对生产经营过程中发生的各项生产费用和期间费用，按照成本核算的要求，逐步进行归集和分配，最后计算出产品成本和各项期间费用的基本过程。企业需要根据生产类型和成本管理要求选择适合本企业特点的成本计算方法。尽管产品成本计算方法不同，但成本核算的基本程序是一样的，我们可将成本核算的基本程序具体归纳为以下几点。

（一）要素费用的分配

对于外购材料、外购燃料、外购动力、工资及折旧费等要素费用，我们需要首先按照经济用途进行分配。分配时，期间费用，如行政管理部门及销售机构人员的工资、消耗的材料等，应按管理费用、销售费用分别进行归集。

对于应计入产品成本的费用中，属于单设成本项目的费用，如构成产品实体的原材料、产品生产耗用的外购燃料和动力、生产工人的工资等费用，我们要按用途分配给基本生产各种产品和辅助生产各种产品（劳务），并计入有关成本项目，直接按照各种产品的不同成本项目进行归集。对于未单设成本项目的费用，如折旧费用、车间管理人员工资等费用，应先将其归集为不同生产车间或部门的制造费用之中，月末再按一定标准分配计入各种产品。

（二）长期待摊费用的分配

对于本月发生的，但尚未按经济用途分配的费用，通过长期待摊费用归集后，应按用途对其进行分配。本月分配的摊销额，应计入本月产品成本和期间费用。

（三）辅助生产费用的分配

企业辅助生产车间所发生的各项费用，属于单设成本项目的，如材料、工资等，应在以上各项要素费用分配中直接计入辅助生产产品或劳务的成本。对完工入库的辅助生产产品，应将其生产成本转为存货成本，同时区分辅助生产产品和劳务种类，按受益数量的比例在各受益对象之间分配。

小知识

一般情况下，必须先分配辅助生产费用，再分配制造费用。这是因为辅助生产费用中有一部分还可能会分配到制造费用之中。

（四）制造费用的分配

归集各基本生产车间的制造费用后，我们应采用合理的分配标准，将制造费用在应负担的不同产品之间进行分配，以制造费用成本项目计入各种产品成本。

（五）废品损失和停工损失费用的分配

在单独核算废品损失、停工损失的企业中，因出现废品、停工而发生的损失费用，都应按废品损失、停工损失进行归集。在分配以上损失性费用时，除可以收回的保险赔偿、过失赔偿以及可列为营业外支出的非常损失等之外，凡属于生产经营损失的，应分别按有关期间费用项目和产品成本项目进行归集。专设废品损失、停工损失成本项目的，按该成本项目计入产品成本。如果企业不单独核算废品损失和停工损失，则不需要进行以上工作。

（六）完工产品和在产品费用的分配

通过以上各步骤的费用分配，每种产品本月应负担的生产费用已按不同成本项目分别归集，将其逐项与月初在产品费用相加，即可得到该种产品的全部产品费用。如果当月产品全部完工，所归集的全部产品费用即为完工产品成本；如果全部未完工，全部生产费用则为月末在产品成本；如果当月既有完工产品又有月末在产品存在，我们则需分别按成本项目在完工产品和在产品之间分配，计算出按成本项目反映的完工产品成本和月末在产品成本。

二、成本核算的账务处理程序

我们以图示演示成本核算账务处理的基本程序。通过这一图示，我们可以对成本核算的账务处理程序有一个概括的了解，也可以从账务处理的角度进一步理解成本核算的基本程序。尽管每个企业的产品成本计算方法不同，但成本核算的基本程序是一样的，所有企业都要按照成本核算要求，对生产经营过程中发生的各项生产费用和期间费用，逐步进行归集和分配，最后计算出产品成本和各项期间费用。

成本核算账务处理基本程序如图 1－3 所示。

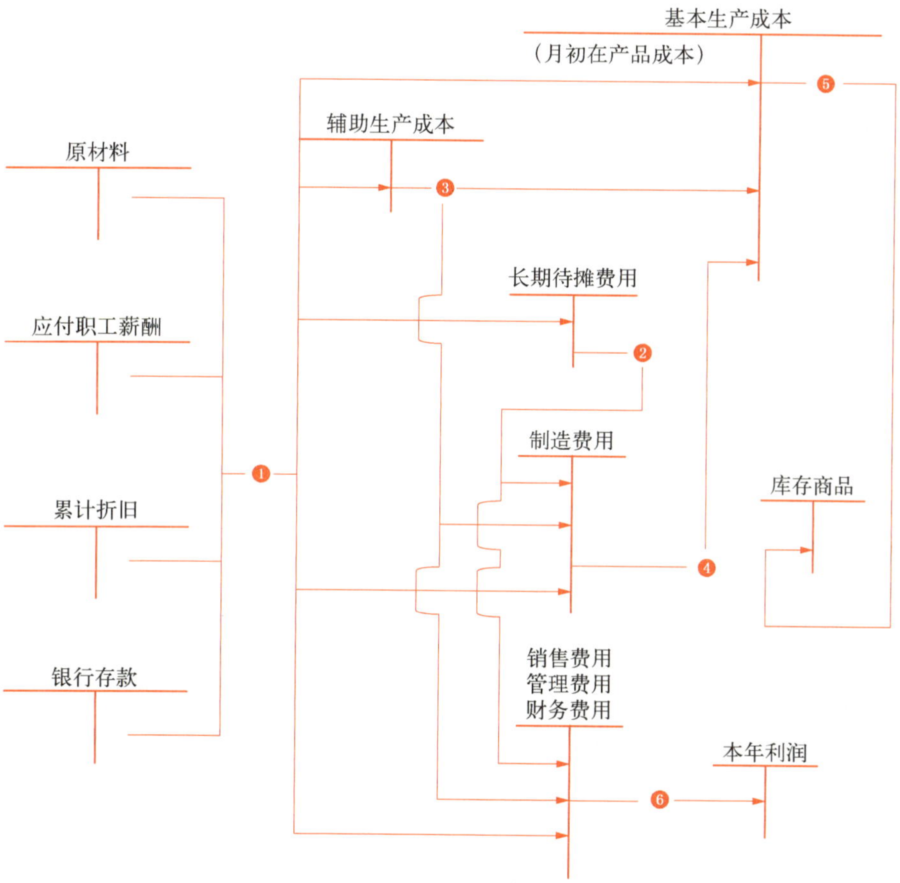

图 1－3　成本核算账务处理基本程序

注：❶ 要素费用的分配；❷ 长期待摊费用的分配；❸ 辅助生产费用的分配；❹ 制造费用的分配；❺ 完工产品成本的结转；❻ 各项期间费用的结转。

【教学互动】

试列出图 1－3 中各个步骤所涉及的会计分录。

拓展阅读

以报价为抓手的成本全周期管控

当前全球风力发电行业正呈现高速发展态势，伴随着规模快速增长，风电企业普遍面临着投资金额大、项目周期长、成本管控难、毛利持续下降等问题。此外，由于风电行业非标产品多、交付难度大、运维周期长等特殊属性，为企业的精细化成本管控增加了难度。

S集团是我国风电领域龙头企业之一，近年来随着订单量快速上升，现有的营销报价管理模式及成本管控颗粒度已较难满足集团快速发展和持续降本增效的要求，集团亟须提升业财融合精细化程度，通过精细化的成本管控，持续推进降本增效、提升经营效益。

S集团构建了数据驱动型业财融合平台，搭建营销投标报价和项目全成本分析体系，把握降本关键环节，深入推进成本管控，实现从销售报价、目标成本、滚动预测到实际成本的全成本过程追踪与分析，提升营销决策的效率和项目管控的深度。

（一）集成多源数据，优化成本模型

通过平台接入了集团分散在各业务财务系统中的机型信息、商机数据、历史项目物料成本、客户信息、采购组、供应商价格、项目WBS、成本数据、生产订单、工单数据等数据并进行数据集成治理，统一从报价到实际成本的数据口径。

由于集团对近两年新生产机型的成本拆解逻辑、分析颗粒度提出了更高的要求，因此在原有的成本模型基础上进行了模型优化，更新了成本拆解逻辑，构建了统一的主机成本模型、附加配置模型、三包模型、制造费用模型，为精准的项目成本核算和报价管理夯实基础。

（二）规范报价管理，提供科学报价支撑

由于项目成本构成复杂、参与部门众多，集团的项目报价过程非常复杂，而在进行项目报价过程中，还需要能够参考相近的历史产品成本情况，快速、准确估算出新的项目成本，向客户提供合理的报价。

通过业财融合平台，可将接入的多源系统数据作为数据基础，参考历史成本及最新统计采购价格，准确测算投标各项的成本；通过灵活搭建的工作流实现多部门快速报价协同，为销售端报价提供科学、完善的数据支撑，辅助判断每个订单是否可以产生“效益”，提升报价质量和报价效率。

（三）构建全生命周期成本管控闭环

通过业财融合平台，集团将成本链条中的实际成本、目标成本、预测成本作为关键控制环节，实现实际成本的准确归集、目标成本的责任分解落实以及推动降本目标的达成，实现成本的全过程管控。

实际成本：按WBS精准收集各成本组成要素的实际发生情况，结合分摊分配机制，实现按机型、项目、采购组、物料的多维数据归集，支撑管理口径的全成本实际数分析，支持物料级、凭证级数据下钻，为后续多维分析提供良好的实际成本数据基础。

目标成本：配合集团整体降本目标，将分解后的降本额分配至各成本要素，各机型各成本项的目标分解结果线上可视，目标分解结果落实到项目，形成目标落地的可追溯，拉动从财务目标至业务目标的分解与落实。

预测成本：结合实际已发生成本进行更高频的成本滚动预测，提供交付过程中的成本监控。通过预测成本与目标成本联动，加强降本目标达成情况的监控。

（四）项目全成本分析：关注整体盈利，把握降本方向

平台提供从集团、项目、产品、工厂等视角的盈利与降本情况的多维分析，且各维度

展示结果支持自助式下钻分析，同时可支持场景下不同条件的成本模拟及成本预测，辅助管理层洞察业务潜在的提升点。

管理驾驶舱提供盈利能力分析、成本偏差分析、单项目成本管理、预测版本对比、主机三包成本、项目明细成本等多维分析。其中盈利能力分析重点展现不同组织维度、项目维度下的成本、收入、边际贡献、毛利表现等；成本偏差分析按照所有项目总成本角度，查看项目成本报价、大签、目标、预测金额及差异。

S集团从精细化成本管控战略出发，直击成本管控关键因素，通过业财融合平台实现科学报价支撑、项目成本精准归集、推动降本目标落地、增强过程成本管控、建立多维全面分析，帮助管理层及财务人员识别成本管理薄弱环节，为集团管理运营质量与效益提升提供有力支持。

项目小结

本项目的内容结构如图1-4所示。

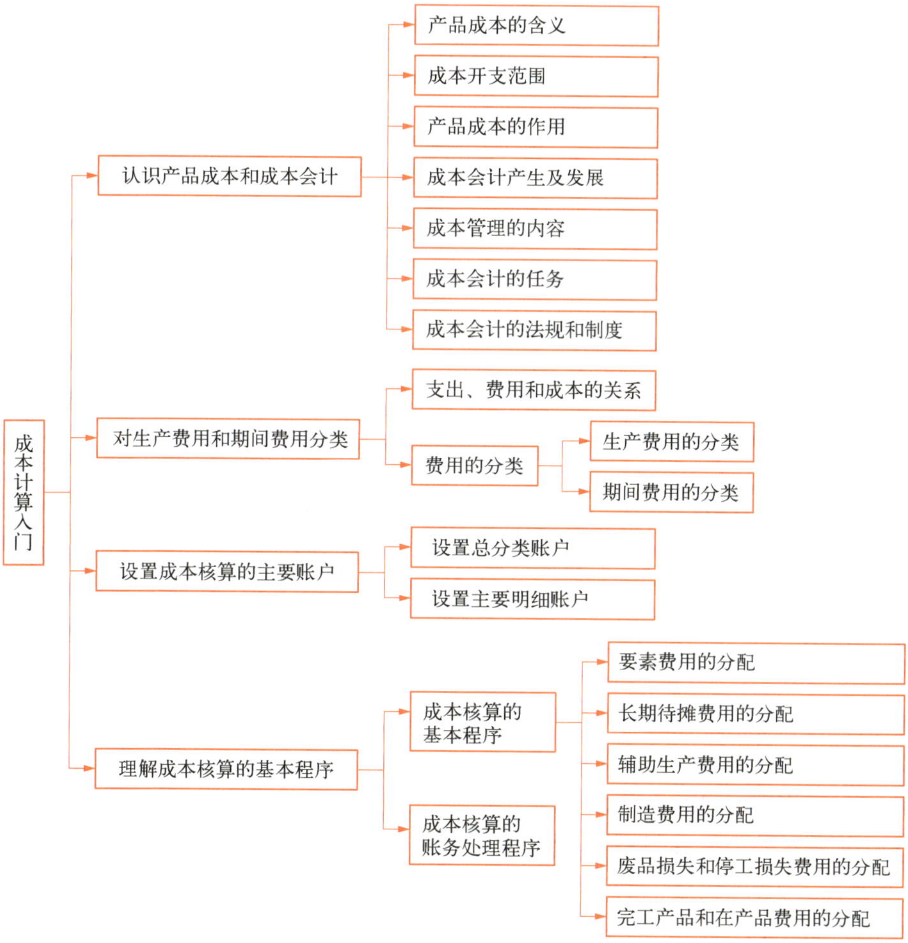

图1-4　项目一内容结构图

项目一在线测试

项目训练

一、简答题

1. 简述产品成本的含义及作用。
2. 简述成本会计的产生和发展过程。
3. 简述成本计算与管理工作的主要内容及各项内容之间的关系。
4. 阐述产品成本项目所包括的主要内容。
5. 阐述工业企业成本核算的一般程序。

二、单项选择题

1. 产品成本是企业在产品生产过程中已经发生的，用货币表现的，为制造产品而耗费的物化劳动价值和活劳动中必要劳动价值之和。这种成本称为（　　）。

A. 核算成本　　B. 理论成本　　C. 管理成本　　D. 制造成本

2. 成本会计最基本的任务是（　　）。

A. 加强成本预测，优化成本决策　　B. 制定目标成本，强化成本控制
C. 建立成本责任制度，严格成本业绩考核　　D. 正确计算产品成本，及时提供成本信息

3. 现代成本管理工作的主要内容中，最基本且最重要的内容是（　　）。

A. 成本计划　　B. 成本控制　　C. 成本核算　　D. 成本决策

4. 成本分析一般在（　　）。

A. 事前进行　　B. 事中进行
C. 事后进行　　D. 事前、事中、事后进行

5. 成本会计的任务主要取决于（　　）。

A. 企业经营管理的要求　　B. 生产经营的特点
C. 成本会计的组织机构　　D. 成本会计的法规和制度

6. 下列各项中，不属于生产费用的是（　　）。

A. 生产用机器设备折旧费用　　B. 工艺用燃料费用
C. 主要材料费用　　D. 罚款支出

7. 企业用于筹集生产经营资金而发生的费用，称为（　　）。

A. 生产费用　　B. 财务费用　　C. 销售费用　　D. 制造费用

8. 下列各项中，属于产品成本项目的是（　　）。

A. 折旧费用　　B. 工资费用　　C. 制造费用　　D. 材料费用

9. 下列各项中，不计入产品成本的费用是（　　）。

A. 直接材料费用　　B. 辅助车间管理人员工资
C. 车间厂房折旧费　　D. 厂部办公楼折旧费

10. 下列各项中，不属于产品成本项目的是（　　）。

A. 废品损失　　B. 燃料及动力　　C. 制造费用　　D. 管理费用

11. 下列各项中，不应计入制造费用的是（　　）。

A. 车间物料消耗　　B. 燃料及动力
C. 车间管理人员工资　　D. 车间厂房的折旧费用

12. 下列各项中，不应计入管理费用的是(　　)。

A. 管理人员工资　　B. 技术研究费用

C. 业务招待费　　D. 银行借款利息

13. 下列各项中，应计入销售费用的是(　　)。

A. 销售人员的工资　　B. 职工教育经费

C. 车间办公费　　D. 折旧费

14. 下列关于成本与费用的说法中，错误的是(　　)。

A. 费用着重于按会计期间进行归集

B. 生产费用是直接费用，期间费用是间接费用，最终都要计入产品成本

C. 产品成本着重于按产品进行归集

D. 归属于当期成本的生产费用不一定都是本期发生的生产费用

15. 下列各项中，不能列入产品成本，也不能列入期间费用的是(　　)。

A. 车间设备维修领用材料　　B. 厂部维修领用材料

C. 辅助生产车间设备维修领用材料　　D. 建造厂房领用材料

三、多项选择题

1. 现代成本管理的内容包括成本计算与管理的各个环节，主要包括(　　)。

A. 成本预测　　B. 成本控制　　C. 成本核算　　D. 成本分析

2. 产品成本的作用包括(　　)。

A. 成本是生产耗费的补偿尺度　　B. 成本是反映企业工作质量的综合指标

C. 成本是企业制定产品价格的重要依据　　D. 成本是企业制定经营决策的重要依据

3. 制造业进行成本核算时可以设置的成本项目有(　　)。

A. 制造费用　　B. 直接材料　　C. 燃料及动力　　D. 辅助生产费用

4. 下列各项中，应计入产品成本的费用有(　　)。

A. 专设销售机构人员的工资　　B. 车间管理人员的工资

C. 车间生产工人的工资　　D. 企业管理部门人员的工资

5. 下列各项中，应计入财务费用的有(　　)。

A. 国债利息收入　　B. 汇兑损失　　C. 银行汇票手续费　　D. 财务部门办公费

6. 下列项目中，(　　)是将费用按经济用途划分的。

A. 制造费用　　B. 固定费用　　C. 直接材料　　D. 管理费用

7. 下列各项中，属于费用要素的有(　　)。

A. 外购材料　　B. 修理费　　C. 外购动力　　D. 折旧费

8. 一般情况下，期末没有余额的科目包括(　　)。

A. 财务费用　　B. 生产成本　　C. 制造费用　　D. 管理费用

9. 下列各项中，应计入销售费用的有(　　)。

A. 展览费　　B. 咨询费　　C. 销售机构经费　　D. 广告费

10. 制造费用是指企业为生产产品和提供劳务而发生的各项间接费用，包括(　　)。

A. 生产车间管理人员的工资和福利费　　B. 生产车间固定资产折旧

C. 生产车间的办公费　　D. 行政管理部门的水电费

四、判断题(在题后括号中正确的打“√”，错误的打“×”)

1. 成本预测和决策是成本会计的最基本的任务。　　(　　)

2. 成本核算是成本会计工作的基础，是成本会计的核心内容。 （ ）

3. 产品成本是补偿耗费的尺度，因此，在量上与产品价格相等。 （ ）

4. 企业为生产一定种类、数量的产品所支出的各种生产费用的总和，就是这些产品的成本。 （ ）

5. 成本的经济实质是企业在生产经营过程中所耗费的劳动对象和劳动资料的转移价值。 （ ）

6. 企业支付本月办公费 18 000 元，属于资本性支出。 （ ）

7. 成本是企业为了生产产品或提供劳务而产生的各项耗费或支出，属于对象化的费用。 （ ）

8. 企业发生的生产费用和期间费用均应按照产品进行归集，从而为产品成本的分析和考核提供数据。 （ ）

9. 资本性支出不应计入产品成本和期间费用。 （ ）

10. “制造费用”属于损益类账户，月末一般无余额。 （ ）

11. 制造业成本核算的内容包括产品成本的核算和期间费用的核算。 （ ）

12. 在成本核算中，我们应该正确划分完工产品与在产品的费用，防止任意提高或降低月末在产品费用，人为调节完工产品成本的情况发生。 （ ）

13. 在只生产一种产品的企业或车间中，直接生产费用和间接生产费用都可以直接计入产品的成本。 （ ）

14. 凡不应计入产品成本的支出，都应作为期间费用处理。 （ ）

15. 企业捐赠支出、罚款支出和非常损失不能计入成本，也不能计入费用。 （ ）

16. 生产车间当月领用的原材料，都应计入当月的产品成本之中。 （ ）

17. 企业购置固定资产，购买无形资产以及对外投资所发生的支出均属于资本性支出。 （ ）

18. 企业某个会计期间实际发生的总费用，不一定等于该会计期间产品的总成本。 （ ）

19. 期间费用不计入产品成本，但它是成本会计的核算对象。 （ ）

20. 实际工作中，不形成产品价值的废品损失不应计入产品成本。 （ ）

五、业务分析题

1. 资料：长江股份有限公司 2024 年 1 月发生的部分经济业务如表 1－6 所示，请分析哪些应计入产品成本，哪些应计入期间费用。

表 1－6　长江股份有限公司 2024 年 1 月发生的部分经济业务　（单位：元）

业　务　描　述	产品成本	期间费用
例：生产产品领用材料 100 000 元	√	
（1）生产用固定资产计提折旧 20 000 元		
（2）支付广告费 6 000 元		
（3）支付短期借款利息 800 元		
（4）支付生产工人工资 21 000 元		
（5）支付生产车间管理人员工资 9 000 元		

续 表

业 务 描 述	产品成本	期间费用
(6) 支付行政办公大楼水电费 2 300 元		
(7) 支付生产产品耗用电费 3 600 元		
(8) 销售部门领用材料 600 元		
(9) 生产过程中产生废品损失 1 000 元		
(10) 行政管理部门办公用设备折旧 6 000 元		

2. 长江股份有限公司 2024 年 3 月的甲产品生产成本计算单如表 1－7 所示。

表 1－7　　产品成本计算单

产品名称：甲产品　　2024 年 3 月　　单位：元

摘　要	直接材料	燃料和动力	直接人工	制造费用	合　计
月初在产品成本	60 000	8 000		5 000	84 000
本月生产费用		19 000	26 000		
生产费用合计	220 000		37 000	18 000	
完工产品成本		21 600	29 600		
月末在产品成本	44 000			3 600	

要求：根据产品成本计算单中各项内容之间的关系，计算空栏项目的应填数额。

项目二

归集与分配要素费用

职业能力目标

1. 了解各项要素费用的性质和内容。
2. 掌握材料费用的归集与分配方法。
3. 掌握外购动力费用的归集与分配方法。
4. 掌握职工薪酬费用的归集与分配方法。
5. 掌握折旧费、修理费用、利息费用等其他费用的归集与分配方法。

职业素养目标

1. 通过周转材料的核算引出如何有效治理废旧共享单车问题，培养学生的创新思维。
2. 通过学习归集与分配职工薪酬费用，提高学生的纳税意识。

项目介绍

在生产产品的过程中，企业会发生各种各样的费用。为正确确定产品的成本，在每一项要素费用发生后，我们应采用一定的方法，按经济用途，将所发生的费用归属到相应的成本、费用项目中去。本项目的任务是学习要素费用的归集、分配方法。

引导案例

长江股份有限公司在生产产品过程中发生了一系列生产费用，包括外购材料、外购燃料、外购动力、职工薪酬、折旧费、修理费、利息支出、税金等等。每一项费用发生后，我们应如何将其分配到相应产品的成本费用项目中去，从而正确计算每一种产品的具体耗费呢？在这一项目里，我们将学习各种要素费用的归集和分配方法，为计算完工产品的成本打下基础。

任务一 归集与分配材料费用

任务描述

(1) 生产中耗用的材料费用，可以分为直接耗用材料和共同耗用材料。对于共同耗用材料的分配，我们应掌握材料定额消耗量比例法和材料定额费用比例法两种方法。

(2) 材料收发结存的核算方法有按实际成本核算和按计划成本核算两种。若按材料的计划成本核算，需在月末计算材料成本差异，将发出材料的计划成本调整为实际成本。

(3) 企业耗费的燃料费用也应进行归集和分配，其分配程序和方法与原材料相同；对于低值易耗品的分配工作，则需掌握一次摊销法和五五摊销法。

一、材料费用概述

材料，是工业生产过程中的劳动对象，是工业生产过程中不可缺少的物质要素。不同材料在产品生产过程中所起到的作用是不同的，有的材料经过加工后构成产品的实体，在生产中起主要作用，有的材料不构成产品的实体，只在生产中起辅助的作用。材料耗用，可分为直接材料耗用、间接材料耗用以及经营管理材料耗用。

直接材料耗用，是指在产品生产过程中直接耗用的材料，包括：

(1) 构成产品实体的各种原料、主要材料、外购半成品，如制造机器设备所耗用的金属材料、纺织企业用的棉纱等。

(2) 在产品生产工艺过程中耗用的燃料和动力，如冶炼企业在金属冶炼过程中消耗的煤、汽油、天然气和电力等。

(3) 与产品实体相结合或有助于产品形成的各种辅助材料，如催化剂、油漆、染料等。

间接材料耗用也称一般消耗性材料耗用，它是指企业为组织和管理产品生产以及保证生产正常进行而耗用的各种辅助材料、燃料、动力等，比如为创造正常生产条件而耗用的润滑油、机油和修理用配件等。

经营管理材料耗用，则是在管理过程中由管理部门根据需要领取并耗用的材料。

无论是直接材料还是间接材料，一经投入使用，就会被全部消耗。其价值一次性地、全部地转移到所生产的产品成本中去，它们是产品价值的主要组成部分。

企业通常设“原材料”“周转材料”等账户对上述各种材料进行核算。其中，“原材料”账户一般核算原料及主要材料、辅助材料、燃料、修理用备件等材料的增减结存情况。“周转材料”账户主要核算包装物及低值易耗品的增加、减少和结存情况，周转材料下一般内设“包装物”和“低值易耗品”两个明细账户。燃料费用在成本中所占比重较大的企业，也可单独设置“燃料”账户进行核算。

小知识

领 料 单 No 1108145

领料部门：公司工会 2024 年 3 月 8 日 仓库名称：粮油库

编号	名称	规格	单位	出库数量	单价	金额	备注
ly0103	金龙鱼调和油	5 L	桶	200	65	13 000	节日慰问
合 计				200		13 000	

第三联 保管部

主管：蔡祝明 仓库：张丽环 记账：陈亚群 经手人：柴新新

当纳税人购进的货物用于集体福利时，其支付的进项税额就不能从销项税额中抵扣，当已抵扣进项税额的购进货物用于集体福利，应将购进货物的进项税额作进项税额转出处理。

二、归集原材料费用

知识详解：材料费用的归集

生产中发生的材料费用，有的能根据领料凭证直接区分出具体责任单位，这类材料成本可以直接根据审核后的领料凭证汇总计算出来，并进行账务处理。而有的材料由几种产品共同耗用，不能直接区分具体责任单位。对于这种共同耗用材料，管理工作者应选择恰当的分配标准，在几种产品之间计算分配后，再将结果记入各种产品成本的直接材料项目。原材料费用的分配标准很多，包括但不限于重量、体积等。在材料消耗定额比较准确的情况下，通常采用的是定额消耗量比例法和定额费用比例法。

分配的一般程序是：

（1）选择一定的分配标准。

（2）计算分配率。

$$\text{分配率}=\frac{\text{待分配费用总额}}{\text{各产品的分配标准之和}}$$

（3）计算某种产品应负担的材料费用。

$$\text{某种产品应负担的材料费用}=\text{该种产品的分配标准}\times\text{分配率}$$

（一）定额消耗量比例法

定额消耗量比例法以定额消耗量作为材料费用的分配标准，在多种产品共同消耗一种材料时采用，其计算步骤是：

（1）计算某种产品材料的定额消耗量。

$$\text{某种产品材料定额消耗量}=\text{该种产品实际产量}\times\text{单位产品材料消耗定额}$$

（2）计算原材料费用分配率。

$$\text{材料费用分配率}=\frac{\text{材料费用总额}}{\text{各产品材料定额消耗量之和}}$$

（3）计算某种产品应分摊的材料费用。

$$\text{某种产品应分配的材料费用}=\text{该种产品材料定额消耗量}\times\text{材料费用分配率}$$

案例 2-1 长江股份有限公司生产甲、乙两种产品，2024年5月共耗用原材料——A材料6 000千克，每千克1.50元，共计9 000元。企业按产品的直接材料定额消耗量比例进行分配。产成品中，甲产品共计1 200件，单件甲产品原材料定额消耗量为3千克，乙产品共计800件，单件乙产品原材料定额消耗量为1.5千克。

要求：计算甲产品、乙产品应分配的材料费用。

材料费用分配步骤和结果如下：

(1) 产品的定额耗用量为：

甲产品的定额耗用量＝1 200×3＝3 600(千克)

乙产品的定额耗用量＝800×1.5＝1 200(千克)

(2) 材料费用分配率＝6 000×1.5÷(3 600＋1 200)＝1.875

材料费用分配率为1.875，意味着每千克消耗定额应分配的材料费用为1.875元。下一步，计算甲产品、乙产品的定额耗用量(3 600千克、1 200千克)分别应分摊的材料费用。

(3) 甲、乙两种产品应分摊的材料费用为：

甲产品应分配的原材料费用＝3 600×1.875＝6 750(元)

乙产品应分配的原材料费用＝1 200×1.875＝2 250(元)

【技能实训 2-1】

某企业生产A、B两种产品，本月共同耗用甲材料5 000千克，每千克2元，共计10 000元，按产品的直接材料定额消耗量比例进行分配。产成品中：A产品1 000件，单件A产品定额消耗量为3千克，B产品500件，单件B产品定额消耗量为2千克。要求：用定额消耗量比例法分配A、B产品耗用的材料费用。

A产品的定额耗用量＝1 000×3＝3 000(千克)

B产品的定额耗用量＝500×2＝1 000(千克)

材料费用分配率＝10 000÷(3 000＋1 000)＝2.5

A产品应分配的原材料费用＝3 000×2.5＝7 500(元)

B产品应分配的原材料费用＝1 000×2.5＝2 500(元)

(二) 定额费用比例法

定额费用比例法，指按照各种材料定额费用的比例分配直接材料实际费用，在多种产品共同耗用多种材料时采用，其计算公式如下：

$$\text{某种产品材料定额费用}=\text{该种产品实际产量}\times\text{单位产品材料费用定额}$$

$$\text{材料费用分配率}=\frac{\text{材料费用总额}}{\text{各产品材料定额费用之和}}$$

$$\text{某种产品应分配的材料费用}=\text{该种产品材料定额费用}\times\text{材料费用分配率}$$

案例 2-2 黄河股份有限公司生产丙、丁两种产品，共同领用A、B两种主要材料，共计37 620元。2024年5月生产丙产品150件，丁产品120件。每件丙产品材料消耗定额为：A材料6千克，B材料8千克；每件丁产品材料消耗定额为：A材料9千克，B材料5千克。A材料单价10元，B材料单价8元。要求：计算分配丙、丁产品应分配的材料费用。

分配步骤和结果如下：

(1) 丙、丁产品材料定额费用：

丙产品材料定额费用＝150×(6×10＋8×8)＝18 600(元)

丁产品材料定额费用＝120×(9×10＋5×8)＝15 600(元)

(2) 材料费用分配率：

材料费用分配率＝37 620÷(18 600＋15 600)＝1.1

(3) 丙、丁产品应分配材料实际费用：

丙产品应分配材料实际费用＝18 600×1.1＝20 460(元)

丁产品应分配材料实际费用＝15 600×1.1＝17 160(元)

【技能实训 2－2】

某企业生产 A、B 两种产品，共同领用甲、乙两种材料，合计 21 540 元。本月该企业生产 A 产品 60 件，B 产品 50 件。A 产品材料消耗定额：甲材料 8 千克，乙材料 6 千克；B 产品材料消耗定额：甲材料 5 千克，乙材料 4 千克。甲材料单价 12 元，乙材料单价 10 元。要求：计算 A、B 两种产品分别应分配的材料实际费用。

A 产品材料定额费用＝60×(8×12＋6×10)＝9 360(元)

B 产品材料定额费用＝50×(5×12＋4×10)＝5 000(元)

材料费用分配率＝21 540÷(9 360＋5 000)＝1.5

A 产品应分配材料实际费用＝9 360×1.5＝14 040(元)

B 产品应分配材料实际费用＝5 000×1.5＝7 500(元)

三、分配原材料费用

对于在生产过程中耗用的各项材料，应根据审核无误的领、退料凭证，依据耗用材料的不同用途对其进行归类，并据以记入“基本生产成本”“辅助生产成本”“制造费用”或期间费用类账户。其中，产品生产过程中发生的各种原材料费用，记入“基本生产成本”账户；辅助生产过程中发生的原材料费用，记入“辅助生产成本”账户；基本生产车间管理活动发生的原材料费用，记入“制造费用”账户；用于厂部组织和管理生产经营活动等方面的原材料费用，记入“管理费用”账户；产品销售活动发生的原材料费用，记入“销售费用”账户。

领用材料业务的会计分录如下：

知识详解：材料费用的分配

借：基本生产成本(**基本生产车间生产产品耗用**)
　　辅助生产成本(**辅助生产车间耗用**)
　　制造费用(**基本生产车间一般耗用**)
　　管理费用(**管理部门耗用**)
　　销售费用(**销售部门耗用**)
　　贷：原材料

为了便于对材料收发结存情况进行明细核算，我们应该按照材料的品种、规格设置材料明细账。材料收发结存的明细核算工作，可以按照材料的实际成本进行，也可以先按材料的计划成本进行，然后在月末计算材料成本差异，将材料发出的计划成本调整为实际成本。

（一）实际成本法下原材料费用分配的核算

在实际成本法下，总账与明细账都要按实际成本计价编制会计凭证登记。对于发出材料的金额，可按照先进先出法、个别计价法或者加权平均法等方法进行计算。

如果可以根据领料凭证直接区分出材料的消耗单位，则材料成本可以直接根据审核后的领料凭证汇总计算，并记入有关成本费用账户。

案例 2-3 黄河股份有限公司有一车间、二车间两个基本生产车间和供水车间、供电车间两个辅助生产车间，一车间生产丙产品，二车间生产丁产品，2024 年 5 月根据领料单编制的发料凭证汇总表如表 2-1 所示。

表 2-1 发料凭证汇总表

2024 年 5 月 （单位：元）

用途		A 材料	B 材料	合计
一车间	丙产品耗用	18 000	12 000	30 000
	一般耗用	2 000	5 000	7 000
二车间	丁产品耗用	10 000	8 000	18 000
	一般耗用	3 000	2 000	5 000
供水车间耗用		1 800		1 800
供电车间耗用			600	600
管理部门耗用		600	1 200	1 800
销售部门耗用		600		600
合计		36 000	28 800	64 800

要求：编制有关材料发出的会计分录。

根据表 2-1，编制会计分录如下：

借：基本生产成本——丙产品（直接材料） 30 000
　　　　　　　　——丁产品（直接材料） 18 000
　　辅助生产成本——供水车间（材料费） 1 800
　　　　　　　　——供电车间（材料费） 600
　　制造费用——一车间（材料费） 7 000
　　　　　　——二车间（材料费） 5 000
　　管理费用——材料费 1 800
　　销售费用——材料费 600
　贷：原材料——A 材料 36 000
　　　　　　——B 材料 28 800

对于共同耗用材料，应按一定分配标准在几种产品之间分配计算后，将结果记入各种产品成本的直接材料项目。在实际工作中，材料费用的分配工作是通过编制材料费用分配表进行的，该表是根据审核无误的领退料凭证编制的。

操作示范：材料费用分配表计算步骤

案例 2-4 接案例 2-1，长江股份有限公司生产甲、乙两种产品，5 月共同耗用原材料——A 材料 6 000 千克，每千克 1.50 元，共计 9 000 元，按产品的直接材料定额消耗量比例进行分配，其中甲产品的定额消耗量为 3 600 千克，乙产品的定额消耗量为 1 200 千克。A 材料费用的分配情况如表 2-2 所示。

表 2-2 **A 材料费用分配表**

2024 年 5 月

用途		直接消耗材料费用/元	共同消耗材料			合计/元
			定额消耗量/千克	分配率	分配金额/元	
生产甲产品耗用		9 000	3 600	9 000÷4 800=1.875	6 750	15 750
生产乙产品耗用		6 000	1 200		2 250	8 250
小计		15 000	4 800		9 000	24 000
辅助车间耗用	供电车间	1 560				1 560
	运输车间	1 200				1 200
	小计	2 760				2 760
基本车间一般耗用		2 000				2 000
管理部门耗用		1 000				1 000
销售部门耗用		500				500
合计		21 260			9 000	30 260

要求：编制有关材料发出的会计分录。

根据表 2-2，编制会计分录如下：

借：基本生产成本——甲产品（直接材料） 15 750
　　　　　　　——乙产品（直接材料） 8 250
　　辅助生产成本——供电车间（材料费） 1 560
　　　　　　　——运输车间（材料费） 1 200
　　制造费用——材料费 2 000
　　管理费用——材料费 1 000
　　销售费用——材料费 500
　　贷：原材料——A 材料 30 260

在成本计算过程中，Excel 是一种便捷实用的工具，通过 Excel 可以快速地计算出表 2-2 中数据，扫描教材中的二维码，可观看具体操作示范。

【技能实训 2-3】

某企业 2024 年 5 月生产甲、乙两种产品，共同领用 A、B 两种主要材料，共计 24 375 元，其中 A 材料 12 000 元，B 材料 12 375 元。本月该企业生产甲产品 100 件，乙产品 150 件。每件甲产品材料消耗定额为：A 材料 5 千克，B 材料 4 千克。每件乙产品材料消耗定额为：A 材料 3 千克，B 材料 5 千克。A 材料单价 5 元，B 材料单价 10 元。各车间和部门直接耗用 C 材料 17 300 元，其中甲产品耗用 8 000 元，乙产品耗用 3 000 元，蒸汽车间耗用 1 000 元，供电车间耗用 1 500 元，基本车间一般耗用 3 000 元，管理部门耗用 500 元，销售部门耗用 300 元。

要求：

(1) 按定额费用比例法将甲、乙两种产品所共同耗用的材料进行分配，编制材料费用分配表。

(2) 根据材料费用分配表进行账务处理。

共同耗用材料：

甲产品材料定额费用＝100×(5×5＋4×10)＝6 500(元)

乙产品材料定额费用＝150×(3×5＋5×10)＝9 750(元)

计算材料费用分配率：

材料费用分配率＝24 375÷(6 500＋9 750)＝1.5

甲产品应分配材料实际费用＝6 500×1.5＝9 750(元)

乙产品应分配材料实际费用＝9 750×1.5＝14 625(元)

根据以上资料，编制材料费用分配表，如表 2－3 所示。

表 2－3 材料费用分配表

2024 年 5 月

用途		直接消耗材料费用/元	共同消耗材料(A、B 材料，其中 A 材料 12 000 元，B 材料 12 375 元)			合计/元
			定额费用/元	分配率	分配金额/元	
生产甲产品耗用		8 000	6 500	24 375÷(6 500＋9 750)＝1.5	9 750	17 750
生产乙产品耗用		3 000	9 750		14 625	17 625
小计		11 000	16 250		24 375	35 375
辅助车间耗用	蒸汽车间	1 000				1 000
	供电车间	1 500				1 500
基本车间一般耗用		3 000				3 000
管理部门耗用		500				500
销售部门耗用		300				300
合计		17 300			24 375	41 675

根据表 2－3，编制会计分录如下：

借：基本生产成本——甲产品(直接材料)	17 750	
——乙产品(直接材料)	17 625	
辅助生产成本——蒸汽车间(材料费)	1 000	
——供电车间(材料费)	1 500	
制造费用——材料费	3 000	
管理费用——材料费	500	
销售费用——材料费	300	
贷：原材料——A 材料		12 000
——B 材料		12 375
——C 材料		17 300

(二) 计划成本法下原材料费用分配的核算

在按计划成本法核算原材料时，原材料的总账及明细账必须根据收、发料凭证或收、发料凭证汇总表依计划成本登记。如果企业的材料费用是按计划成本核算的，则其原材料费用的归集和分配工作应分两步进行：

第一步，先按计划成本归集和分配原材料，具体方法与实际成本法下原材料费用的归集和分配方法相同；

第二步，计算材料成本差异率和发出材料应分摊的差异额，并将在第一步中归集和分配的计划成本调整为实际成本。

月末为了调整发出材料的成本差异，计算发出材料的实际成本，必须根据“原材料”和“材料成本差异”账户计算材料成本差异率。其计算公式如下：

$$材料成本差异=材料实际成本-材料计划成本$$

$$本月材料成本差异率=\frac{月初结存材料成本差异+本月收入材料成本差异}{月初结存材料计划成本+本月收入材料计划成本}\times 100\%$$

根据材料成本差异率和发出材料的计划成本，可计算发出材料的成本差异和实际成本。其计算公式如下：

$$发出材料成本差异=发出材料计划成本\times 材料成本差异率$$

$$发出材料实际成本=发出材料计划成本+发出材料成本差异$$

上列各计算公式中的材料成本差异，若为超支差异，按正数计算，即：实际成本－计划成本>0；若为节约差异，按负数计算，即：实际成本－计划成本<0。

案例 2-5 2024 年 5 月初，黄河股份有限公司钢材的计划成本为 31 000 元，其材料成本差异为－1 350 元，本月购入钢材的计划成本为 92 000 元，材料成本差异为－1 110 元。本月发出钢材的计划成本为 60 000 元。要求：计算本月发出钢材的实际成本。

本月钢材的成本差异率=(－1 350－1 110)÷(31 000+92 000)×100%=－2%

发出钢材应负担的成本差异=60 000×(－2%)=－1 200(元)

发出钢材的实际成本=60 000+(－1 200)=58 800(元)

案例中发出材料应负担的成本差异为－1 200 元，为节约差异，实际成本应在计划成本的基础上调减 1 200 元。

【技能实训 2-4】

2024 年 5 月，某企业甲材料月初的计划成本为 10 000 元，材料成本差异为 2 500 元，3 月购入甲材料的计划成本为 50 000 元，材料成本差异为－1 000 元。3 月发出材料的计划成本为 40 000 元。要求：计算 5 月发出材料的实际成本。

材料成本差异率=(2 500－1 000)÷(10 000+50 000)×100%=2.5%

发出材料应负担的成本差异=40 000×2.5%=1 000(元)

发出材料的实际成本＝40 000＋1 000＝41 000(元)

发出甲材料应负担的成本差异为 1 000 元,为超支差异,实际成本应在计划成本的基础上调增 1 000 元。

小知识

如果库存材料比较多,本月发出的材料大部分是以前月份购入的材料,我们也可根据上月末、本月初结存材料的成本差异率计算本月发出材料的成本差异。公式为:

$$本月材料成本差异率=\frac{月初结存材料的成本差异}{月初结存材料的计划成本}\times 100\%$$

为了汇总反映发出材料的计划成本和成本差异,并据以计算发出材料的实际成本,发料凭证汇总表中的材料成本应按计划成本和成本差异分列。

案例 2-6　黄河股份有限公司某种材料按计划成本计价核算,2024 年 5 月份原材料费用分配表如表 2-4 所示。

表 2-4　**原材料费用分配表**

2024 年 5 月　　　　单位:元

用途		直接消耗材料(计划成本)	共同消耗材料(计划成本)			合计(计划成本)	差异额(差异率 1%)	实际成本
			分配标准	分配率	金额			
基本车间耗用	丙产品	24 000	14 500	99 500÷19 900＝5	72 500	96 500	965	97 465
	丁产品	13 000	5 400		27 000	40 000	400	40 400
	小计	37 000	19 900		99 500	136 500	1 365	137 865
辅助车间费用	供电车间	8 200				8 200	82	8 282
	供水车间	1 600				1 600	16	1 616
	小计	9 800				9 800	98	9 898
基本车间一般耗用		2 500				2 500	25	2 525
管理部门耗用		2 700				2 700	27	2 727
销售部门耗用		3 000				3 000	30	3 030
合　计		55 000			99 500	154 500	1 545	156 045

要求:编制计划成本计划下发出材料的会计分录。

根据表 2-4,编制发出材料计划成本和调整材料成本差异的会计分录如下:

(1) 按计划成本归集材料费用：

借：基本生产成本——丙产品（直接材料）	96 500	
——丁产品（直接材料）	40 000	
辅助生产成本——供电车间（材料费）	8 200	
——供水车间（材料费）	1 600	
制造费用——材料费	2 500	
管理费用——材料费	2 700	
销售费用——材料费	3 000	
贷：原材料——××材料		154 500

(2) 调整材料成本差异：

材料成本差异率为正，属超支差异，说明之前在按计划成本归集成本费用时发生了少记，调整时应增加相应的成本费用。

借：基本生产成本——丙产品（直接材料）	965	
——丁产品（直接材料）	400	
辅助生产成本——供电车间（材料费）	82	
——供水车间（材料费）	16	
制造费用——材料费	25	
管理费用——材料费	27	
销售费用——材料费	30	
贷：材料成本差异——××材料		1 545

如果本例中的材料成本差异率为-1%，属节约差异，说明之前在按计划成本归集成本费用时发生了多记，调整时应冲减相应的成本费用。调整材料成本差异的分录为：

借：基本生产成本——丙产品（直接材料）	965	
——丁产品（直接材料）	400	
辅助生产成本——供电车间（材料费）	82	
——供水车间（材料费）	16	
制造费用——材料费	25	
管理费用——材料费	27	
销售费用——材料费	30	
贷：材料成本差异——××材料		1 545

调整节约差异时，借记“材料成本差异”账户，贷记成本费用类账户，金额应用蓝字书写，不影响最终的核算结果。

调整发出材料成本差异时，无论是超支差异还是节约差异，其账户对应关系一致，区别在于：超支差异用蓝字登记，节约差异用红字登记。要注意的是，材料购进入库时，如果发生了节约，其成本差异应在贷方登记，如果发生了超支，则在应借方登记。简而言之，计划成本下材料成本差异的处理原则是：购进材料入库时“节约在贷方，超支在借方”，发出材料时“节约用红字，超支用蓝字”。购进材料入库时的会计处理如下：

借：原材料
　　材料成本差异（**超支**）
　　贷：材料采购
借：原材料
　　贷：材料成本差异（**节约**）
　　　　材料采购

一般说来，材料品种繁多的企业应采用计划成本进行日常核算。规模较小，材料品种简单，采购业务不多的企业，则多采用实际成本进行日常核算。企业在确定材料核算规范后，不得随意变更。

四、归集和分配燃料费用

燃料费用分配的程序和方法与原材料费用相同。具体而言，有两种处理方法：

（1）在燃料费用占产品成本比重较小的情况下，产品成本明细账中无须单独设“燃料及动力”成本项目，应将燃料费用直接记入“直接材料”成本项目；存货核算中“燃料”可作为“原材料”账户的二级账户进行核算；燃料费用分配情况可单独编制，也可在材料费用分配表中加以反映。

知识详解：燃料费用的归集与分配

（2）在燃料费用占产品成本比重较大的情况下，产品成本明细账中应单独设置“燃料及动力”成本项目；存货核算应增设“燃料”一级账户，燃料费用分配表应单独编制。

直接用于产品生产的燃料费用，应记入“基本生产成本”账户，车间管理所消耗的燃料费用、辅助生产所消耗的燃料费用、厂部进行生产经营管理所消耗的燃料费用、进行产品销售所消耗的燃料费用等，应分别记入“制造费用”“辅助生产成本”“管理费用”“销售费用”账户。已领用的燃料费用总额应记入“原材料”或“燃料”账户的贷方。

对于几种产品共同消耗的燃料费用，一般可按产品耗用燃料的定额消耗量或定额费用标准进行分配，如果所耗燃料费用与各产品所耗的生产工时成正比，也可按各产品的生产工时来进行分配。

案例 2-7　长江股份有限公司 2024 年 5 月燃料费用分配表如表 2-5 所示。

表 2-5　燃料费用分配表

2024 年 5 月

用途		直接消耗材料/元	共同消耗材料			燃料费用合计/元
			生产工时/小时	分配率	分配金额/元	
基本车间耗用	甲产品		500	2 800÷700=4	2 000	2 000
	乙产品		200		800	800
	小计		700		2 800	2 800

续 表

用途		直接消耗材料/元	共同消耗材料			燃料费用合计/元
			生产工时/小时	分配率	分配金额/元	
辅助车间耗用	供电车间	500				500
	运输车间	3 200				3 200
合计		3 700	—	—	2 800	6 500

要求：编制发出燃料的会计分录。

由于燃料费用在产品成本中所占比重不大，本企业发生的燃料费用可以并入原材料费用统一核算，分配后直接记入“基本生产成本”或者“辅助生产成本”的“直接材料”成本项目。根据表 2-5，编制会计分录如下：

借：基本生产成本——甲产品（直接材料） 2 000
——乙产品（直接材料） 800
辅助生产成本——供电车间（材料费） 500
——运输车间（材料费） 3 200
贷：原材料——燃料 6 500

五、周转材料的核算

周转材料，是指不被当作固定资产核算的各种用具物品，如工具、管理用具、玻璃器皿以及在经营过程中周转使用的包装物等。周转材料能够多次使用，逐渐转移其价值但仍保持原有形态。为反映周转材料的增减变动及其结存情况，一般设置“周转材料”账户进行核算，“周转材料”下设置“低值易耗品”和“包装物”两个二级账户。也可以不通过“周转材料”账户，直接设置“低值易耗品”和“包装物”两个一级账户进行核算。

（一）低值易耗品的核算

低值易耗品的摊销额在产品成本中所占比重较小，没必要为其专设成本项目。根据现行会计制度，产品生产用的低值易耗品摊销额记入“制造费用”账户，辅助生产车间低值易耗品的摊销额记入“辅助生产成本”账户，销售产品用低值易耗品的摊销额记入“销售费用”账户，厂部管理用低值易耗品的摊销额记入“管理费用”账户。已领用的低值易耗品总额，应记入“周转材料”账户的贷方。

常用的低值易耗品摊销方法有一次摊销法和五五摊销法。

1. 一次摊销法

在采用一次摊销法摊销低值易耗品时，在领用低值易耗品后应将其价值一次性记入当期成本、费用账户等；报废时，报废的残料价值应冲减有关的成本、费用账户。

案例 2-8 长江股份有限公司对于某些单位价值较低的生产工具采用一次摊销法摊销。2024 年 5 月领用一批生产工具，价值 1 000 元，其中，供电车间 400 元，运输车间 300 元，基本生产车间 300 元。要求：根据以上资料编制会计分录。

根据上述资料，编制会计分录如下：

借：辅助生产成本——供电车间（其他）	400	
——运输车间（其他）	300	
制造费用——低值易耗品摊销	300	
贷：周转材料——低值易耗品		1 000

报废时基本生产车间的低值易耗品尚有残料入库，应冲减“制造费用”，编制会计分录如下：

借：原材料

贷：制造费用——低值易耗品摊销

一次摊销法较为简便，但在低值易耗品使用期限较长的情况下，采用这种方法会使各月的成本费用负担不太合理，而且还会产生账外财产，不便于进行价值监督。它一般适用于单位价值较低、使用期限较短或者容易破损的低值易耗品的成本核算工作。

2. 五五摊销法

采用五五摊销法摊销低值易耗品，在领用时先摊销其账面价值的一半，在报废时再摊销其账面价值的另一半。五五摊销法既适用于价值较低，使用期限较短的低值易耗品，也适用于每期领用数量和报废数量大致相等的低值易耗品。

在采用五五摊销法的情况下，我们需要单独设置“周转材料——低值易耗品——在用”“周转材料——低值易耗品——在库”“周转材料——低值易耗品——摊销”等明细科目。

案例 2-9　黄河股份有限公司生产车间领用专用工具一批，成本为 48 000 元，采用五五摊销法对该批低值易耗品进行摊销。要求：编制有关会计分录。

编制会计分录如下：

（1）领用时，将低值易耗品由在库转入在用品，同时摊销其价值的一半。

借：周转材料——低值易耗品——在用	48 000	
贷：周转材料——低值易耗品——在库		48 000
借：制造费用——低值易耗品摊销	24 000	
贷：周转材料——低值易耗品——摊销		24 000

（2）报废时，再摊销其价值的另一半，同时注销报废低值易耗品的价值及其累计摊销额。

借：制造费用——低值易耗品摊销	24 000	
贷：周转材料——低值易耗品——摊销		24 000
借：周转材料——低值易耗品——摊销	48 000	
贷：周转材料——低值易耗品——在用		48 000

五五摊销法的优点是：❶ 低值易耗品在报废以前一直保留一半账面价值，便于监督；❷ 低值易耗品的价值分两次摊销，引发的成本、费用负担比较合理。其缺点是核算工作量比较大。

价值引领：如何有效治理废旧共享单车问题

（二）包装物的核算

包装物核算的内容主要包括：

(1) 生产过程中用于包装产品，作为产品组成部分的包装物。

(2) 随同商品出售而不单独计价的包装物。

(3) 随同商品出售单独计价的包装物。

(4) 出租或出借给购买单位使用的包装物。

包装物一般通过“周转材料——包装物”账户核算。生产领用的包装物记入“基本生产成本”账户，随同产品出售但不单独计价的包装物记入“销售费用”账户，随同产品出售且单独计价的包装物记入“其他业务成本”账户。对于多次使用的包装物，我们应当根据使用次数进行分次摊销。

任务二 归集与分配外购动力费用

任务描述

(1) 外购动力费用的核算方法有两种，一种是支付外购动力费用时就按其用途借记有关成本、费用账户，贷记“银行存款”账户，另一种是支付时先通过“应付账款”账户核算，月末再按照用途借记各成本、费用账户，贷记“应付账款”账户。

(2) 在没有仪表记录的情况下，外购动力费可以按照生产工时比例、机器工时比例或定额耗用量等标准进行分配。

知识详解：外购动力的归集与分配

外购动力费用，是指企业向外单位购买电力、蒸汽等动力所支付的费用。外购动力费用的核算工作主要包括动力费用支出的核算和动力费用分配的核算。

一、外购动力费用支出的核算

动力按其来源不同，可以分为自制和外购两类。自制动力需要通过辅助生产成本核算，供电车间、蒸汽车间提供电力和蒸汽所发生的成本就记入“辅助生产成本”账户。我们在这里主要讲解外购动力的核算方法。外购动力费用的核算方法主要有两种：

一种是在支付外购动力费用时就按其用途借记有关成本、费用账户，贷记“银行存款”账户。外购动力费用一般不在每月月末支付，而在每月下旬的某日支付，因此，采用这种方法记入的动力费用就是上月付款日至本月付款日这一期间的动力费用，而不是当月发生的动力费用，这会影响各月动力费用核算的正确性。但如果企业每月支付动力费用的日期基本固定，且每月付款日到月末的应付动力费用相差不多，各月付款日到月末的应付动力费用可以互相抵消，不会影响各月动力费用核算的正确性。

另一种是通过“应付账款”账户核算，即在付款时先借记“应付账款”账户，贷记“银行存款”账户；待月末再按照外购动力的用途借记各成本、费用账户，贷记“应付账款”账户。这种方法每月只需在月末分配一次动力费用，可简化核算工作量。实际工作中，多数企业采用这种方法。按照上述核算方法，“应付账款”账户借方所记本月所付动力费用，与贷方所记本月应付动力费用往往不等，产生月末余额。余额出现在借方，表示本月支付款大于应付款的多付动力费用，可以冲抵下月应付费用；余额出现在贷方，表示本月应付款大于支付款的应付未付动力费用，可以在下月支付。

二、外购动力费用分配的核算

外购动力费用的分配，是指根据具体用途，将外购动力费用归入不同账户的过程。为了加强对能源的核算和控制，生产工艺用动力一般与生产工艺用燃料合设“燃料及动力”成本项目。

直接用于产品生产的动力费用，应记入“基本生产成本”账户，直接用于辅助生产的动力费用，应记入“辅助生产成本”账户。车间管理活动所引发的动力费用，记入“制造费用”账户，厂部管理活动所引发的动力费用，记入“管理费用”账户，销售机构发生的动力费用，记入“销售费用”账户。外购动力费用总额则记入“应付账款”或“银行存款”账户的贷方。

分配外购动力费用的会计分录如下：

借：基本生产成本（**基本生产车间生产产品耗用**）
　　辅助生产成本（**辅助生产车间耗用**）
　　制造费用（**基本生产车间一般耗用**）
　　管理费用（**管理部门耗用**）
　　销售费用（**销售部门耗用**）
　　贷：应付账款（**或银行存款**）

在可以获得仪表记录的情况下，成本会计应根据仪表所显示的耗用量以及动力的单价计算；在没有仪表记录的情况下，可以按照生产工时比例、机器工时比例或定额耗用量等标准进行分配。公式如下：

$$动力费用分配率=\frac{车间动力费用总额}{各种产品动力费用分配标准之和}\times 100\%$$

$$某种产品应负担的动力费用=该产品动力费用分配标准\times动力费用分配率$$

案例 2-10　2024 年 5 月，黄河股份有限公司耗用外购电力费用共计 5 000 元，根据各部门、车间的电表记录情况可知：行政管理部门应付担 900 元；供水车间应付担 500 元；基本生产车间耗电应付担 3 600 元，其中一般照明用电应付担 600 元，其余为生产产品用电（丙产品生产工时为 900，丁产品生产工时为 600）。要求：根据上述资料编制外购费用分配法，并作会计处理。

根据上述资料编制外购动力费用分配表如表 2-6 所示。

表 2-6　　外购动力费用分配表

2024 年 5 月

用途		成本项目	生产工时/小时	分配率	分配金额/元
基本车间	丙产品	燃料及动力	900	3 000÷(900+600)=2	1 800
	丁产品	燃料及动力	600		1 200
	小计		1 500		3 000
辅助车间	供水车间	水电费			500
	小计				500
基本车间一般耗用		水电费			600
管理部门耗用		水电费			900
合计			1 500		5 000

表2-6中，丙产品、丁产品共同耗电的分配状况如下：

动力费用分配率＝(3 600－600)÷(900＋600)＝2

丙产品应分配的动力费用＝900×2＝1 800(元)

丁产品应分配的动力费用＝600×2＝1 200(元)

根据表2-6，编制会计分录如下：

借：基本生产成本——丙产品(燃料及动力)	1 800	
——丁产品(燃料及动力)	1 200	
辅助生产成本——供水车间(水电费)	500	
制造费用——水电费	600	
管理费用——水电费	900	
贷：应付账款——某电力公司		5 000

若“基本生产成本”账户下没有单设“燃料及动力”成本项目，应将基本生产车间的动力费用记入“制造费用”账户，月末再按一定标准分配转入“基本生产成本”账户。

案例2-11 2024年5月，长江股份有限公司发生外购电力费用6 600元，各部门、车间的电表记录情况如下：基本生产车间耗电9 800千瓦·时，运输车间耗电1 000千瓦·时，销售部门耗电800千瓦·时，管理部门耗电1 600千瓦·时，按电力公司规定，每度电单价为0.50元。

要求：根据以上资料进行账务处理(公司基本生产成本项目下未设置“燃料及动力”项目)。

由于基本生产成本项目下没有“燃料及动力”项目，基本生产车间所耗电费应在“制造费用”账户中进行归集，月末再分配转入“基本生产成本”账户。根据各部门、车间的耗电情况，可以编制会计分录如下：

借：制造费用——水电费	4 900	
辅助生产成本——运输车间(水电费)	500	
销售费用——水电费	400	
管理费用——水电费	800	
贷：应付账款——某电力公司		6 600

任务三 归集与分配职工薪酬费用

任务描述

(1) 为正确计算工资费用，必须清楚应付职工薪酬的内容和工资总额的组成，掌握计时工资和计件工资的计算方法。

(2) 熟练掌握职工薪酬费用(包括工资费用、“五险一金”、职工福利等)的核算方法。

一、职工薪酬的内容

职工薪酬，是指企业在职工在职期间和离职后提供给职工的全部货币性薪酬和非货币性薪酬，既包括提供给职工本人的薪酬，也包括提供给职工配偶、子女或其他被赡养人的福利等。职工薪酬包括以下几个部分。

知识详解：职工薪酬费用的归集

（一）职工工资

职工工资，指支付给职工的工资、奖金、津贴和补贴，即按照国家统计局规定的构成工资总额的计时工资，计件工资，支付给职工的超额劳动报酬和增收节支的劳动报酬，为了补偿职工特殊或额外的劳动消耗和因其他特殊原因支付给职工的津贴，以及为了保证职工工资水平不受影响而支付给职工的物价补贴等。

（二）职工福利费

职工福利费，是指企业为职工提供的集体福利支出，如企业用于改善职工生活条件的职工医院、浴室、食堂、托儿所等集体福利机构的费用支出、职工生活困难补助和按照国家规定开支的其他职工福利支出。

（三）社会保险费

社会保险费，是指企业按照国务院、各地方政府或企业年金计划规定的基准和比例计算的，向社会保险经办机构缴纳的应由企业承担的各项保险费用，如医疗保险费、养老保险费、失业保险费、工伤保险费和生育保险费等。

（四）住房公积金

住房公积金，是指企业按照国家规定的基准和比例计算的，向住房公积金管理机构缴存的住房公积金。住房公积金与医疗保险费、养老保险费、失业保险费、工伤保险费和生育保险费一并称为“五险一金”。

（五）工会经费和职工教育经费

工会经费和职工教育经费，是指企业用于开展工会活动和职工教育及职业技能培训等活动的支出。工会经费一般按工资总额的2%提取，职工教育经费一般按工资总额的8%提取。

（六）非货币性福利

非货币性福利，包括企业发放给职工的自产产品与其他有形资产，企业为职工无偿提供的医疗保健服务，企业向职工提供的，供员工无偿使用的自有资产，如提供给企业高级管理人员的汽车、住房等。

（七）因解除与职工的劳动关系给予的补偿

由于各种原因，企业在职工劳动合同尚未到期之前解除与职工的劳动关系，或者为鼓励职工自愿接受裁减而给予职工的经济补偿，即辞退福利。

（八）其他与获得职工提供的服务相关的支出

其他项目，如企业提供给职工的，以权益形式结算的认股权，以现金形式结算但以权益工具公允价值为基础确定的现金股票增值权等。

二、工资总额的组成

工资总额，是指企业在一定时期内实际支付给职工的劳动报酬总数。企业的工资总额一般由计时工资、计件工资、奖金、津贴和补贴、加班加点工资、特殊情况下支付的工资六个部分组成。

(一) 计时工资

计时工资，是企业按照职工的计时标准和工作时间支付给职工的劳动报酬。工资标准是指每一职工在单位时间(月、日或小时)内应得的工资额。不同职务，不同工种或不同等级的职工的工资标准不同。

(二) 计件工资

计件工资，是企业按照计件工资标准和职工完成工作的数量支付给职工的劳动报酬。计件工资可分为个人计件工资和集体计件工资，其中集体计件工资还应在集体成员内部按照每一职工劳动的数量和质量进行分配。

(三) 奖金

奖金，是企业按照职工的超额劳动工作量和增收节支业绩支付给职工的劳动报酬，包括生产奖，节约奖，劳动竞赛奖，机关事业单位的奖励工资，企业支付的其他奖金。

(四) 津贴和补贴

津贴，是企业为了补偿职工特殊或额外的劳动消耗或出于其他特殊原因支付给职工的劳动报酬，如保健津贴等；补贴，是企业为了保证职工的工资水平不受物价变动的影响而支付给职工的劳动报酬，如物价补贴等。

(五) 加班加点工资

加班加点工资，是企业按照规定的标准和职工加班加点的时间支付给职工的劳动报酬，如节日加班工资。

(六) 特殊情况下支付的工资

特殊情况下支付的工资，是企业按照国家法律、法规和政策规定支付给职工的劳动报酬，如病假、产假、探亲假工资等。

对于支付给职工但不属于工资性支出的支出，不应列入工资费用之中。创新发明奖、自然科学奖、科学技术进步奖、合理化建议和技术改进奖以及支付给运动员、教练员的奖金；有关劳动保险和职工福利方面的各项费用；有关离退休及退职人员待遇的各项支出；劳动保护支出；出差伙食补助费等均属于不应列入工资费用内容之中的支出。

三、工资费用的原始记录

工资费用的核算工作必须以一定的原始记录作为依据。不同的工资制度所依据的原始记录不同。在计算计时工资费用时，应以考勤记录中的工作时间记录为依据；在计算计件工资费用时，应以产量记录中的产品数量和质量记录为依据。一般情况下，考勤记录和产量记录是工资费用核算的主要依据。

(一) 考勤记录

考勤记录，是登记职工出勤时间和缺勤时间的原始记录，其形式可以为考勤簿、考勤卡等。月末，考勤人员应及时将由车间、部门负责人检查签章后的考勤记录送交财务部门。经财务部门审核的考勤记录即可作为计时工资的计算依据。

(二) 产量记录

产量记录，是登记工人或生产小组在出勤时间内完成产品的数量、质量和生产工时的原始记录。产量记录通常有工作通知单、工序进程单和工作班产量记录等形式。经财务部门审核后的产量记录即可作为计件工资的计算依据。

四、计算工资费用

根据原始记录、工资标准和工资等级来计算工资费用，并按其用途进行分配，是工资费用核算工作的主要内容。企业可根据具体情况采用各种不同的工资制度，其中，最基本的工资制度是计时工资制度和计件工资制度。

（一）计时工资的计算

计时工资，是企业根据考勤记录，结合规定的工资标准所计算出的工资。根据工资计量标准，计时工资可以分为日薪制、月薪制和年薪制等，但大多数企业的固定职工按月薪制计算工资。

在日薪制下，应付给职工的计时工资是按日薪标准乘以职工出勤天数来计算的。若职工某日出勤时间不足 8 小时，我们还应按日薪标准计算小时工资。临时工的计时工资多采用日薪制核算。

我们在此重点介绍月薪制下的计时工资计算方法。月薪制下，不论各月天数为多少，职工每月标准工资（全勤工资）相同。如果有缺勤发生，则需计算日标准工资，再按出勤或缺勤天数计算计时工资。具体计算方法有两种：一是缺勤法，按月标准工资扣除缺勤天数计算应扣工资；二是出勤法，按出勤天数和日标准工资直接计算应发工资。

1. 计算日工资标准

（1）每月固定按 30 天计算：

$$\text{日标准工资}=\frac{\text{月标准工资}}{30}$$

（2）每月固定按平均制度工作天数 21 天计算：

$$\text{日标准工资}=\frac{\text{月标准工资}}{21}$$

2. 应付计时工资的计算方法

（1）缺勤法下应付计时工资的计算公式：

应付工资＝月标准工资－（事假天数×日标准工资）－（病假天数×日标准工资×病假扣款率）

（2）出勤法下应付计时工资的计算公式：

应付工资＝出勤天数×日标准工资＋病假天数×日标准工资×（1－病假扣款率）

小知识

按 30 天计算日标准工资时，缺勤期间的休假、节假日都作缺勤处理，照扣工资。按 21 天计算日标准工资时，双休、节假日不计算工资，更能体现按劳分配的原则。职工缺勤天数总比出勤天数少，计算缺勤工资比计算出勤工资更简便。因此，按 21 天计算日标准工资，按缺勤法计算工资的方法，相对而言更为实用。

案例 2-12 长江股份有限公司以 21 天作为月平均法定工作日数。职工刘旭的月工资标准为 3 150 元，另外，4 月随工资发放的各种奖金、津贴、补贴共计 1 600 元。4 月刘旭的出勤情况为：病假 3 天，事假 2 天，出勤 16 天。根据刘旭的工龄，其病假工资的支付比率为 70%。

要求：根据以上资料，计算刘旭的应付工资。

(1) 按缺勤法计算：

刘旭的日标准工资＝3 150÷21＝150(元/天)

应扣缺勤事假工资＝2×150＝300(元)

应扣缺勤病假工资＝3×150×(1－70%)＝135(元)

应付工资＝3 150＋1 600－300－135＝4 315(元)

(2) 按出勤法计算，该月刘旭出勤 16 天(节假日除外)：

应算出勤工资＝16×150＝2 400(元)

应算病假工资＝3×150×70%＝315(元)

应付工资＝2 400＋315＋1 600＝4 315(元)

上例中，之所以两种方法计算出来的应付计时工资相等，是因为该月的实际法定工作日数刚好等于月平均法定工作日数 21。在实际工作中，由于各月实际法定工作日数和月平均法定工作日数往往不同，我们在采用不同的方法计算应付工资时，有时会发生较大差异。因此，企业采用的工资计算方法应保持相对稳定，不能随意变换。

(二) 计件工资的计算

计件工资，是将工作班产量记录或工作通知单登记的产量，乘以规定的计件单价所算出的工资。这里的产量包括质量验收合格的产品数量以及料废品数量。对于工人失职所导致的工废品，不能再计算和支付计件工资，还应向具体工人追责。同一工人在月内可能从事计件工资不同的各种产品的生产，因而计件工资的计算公式应为：

$$\text{应付计件工资}=\sum(\text{合格品数量}+\text{料废品数量})\times\text{该种产品的计件单价}$$

产品的计件单价是以工人生产单位产品的工时定额乘以该级别工人的小时工资所求得的。

小知识

废品可分为工废品和料废品两种。企业应就料废品支付工资，对于工废品则不应支付工资。

案例 2-13 长江股份有限公司一车间工人王渝为四级工，月标准工资为 3 360 元。王渝 5 月份完成合格品产量为：A 产品 300 件，B 产品 200 件。A、B 产品的工时定额分别为 0.5 小时/件、1 小时/件。要求：计算 5 月份王渝的应付计件工资。

王渝的小时工资＝3 360÷(21×8)＝20(元/小时)

A 产品计件单价＝20×0.5＝10(元/件)

B 产品计件单价＝20×1＝20(元/件)

应付计件工资＝300×10＋200×20＝3 000＋4 000＝7 000(元)

在实际工作中，为简化计件工资的计算工作，我们还可以根据工人完成的定额工时数和他的小时工资计算计件工资。产量记录和工序进程单都登记有相应的定额工时数，不同产品的定额工时可以加总，采用此法可达到简化工作的目的。

如上例，工人王渝完成的定额工时和相应的计件工资为：

A 产品定额工时＝300×0.5＝150（小时）

B 产品定额工时＝200×1＝200（小时）

应付计件工资＝定额工时之和×小时工资＝(150＋200)×20＝7 000（元）

如果产品是由小组的全部工人共同完成的，则某小组的全部计件工资还需要在小组内各工人之间按照贡献大小进行分配。

（三）奖金、津贴和补贴以及加班加点工资的计算

奖金可分为单项奖和综合奖两种。单项奖按规定的奖励条件和奖金标准及有关原始记录计算；综合奖由班组、车间或部门评定分配。

各种津贴、补贴应根据国家规定的享受范围和标准进行计算。

加班加点工资应根据加班天数和加点时数、职工个人的日标准工资和小时标准工资计算。

小知识

节假日加班，企业应按照工资的 3 倍支付加班工资；双休日加班，企业应按照工资的 2 倍支付加班工资。

根据上述方法计算出计时工资、计件工资和其他奖金、津贴、加班加点工资后，我们就可以计算职工的应付工资和实发工资了。其计算公式为：

应付职工薪酬＝应付计件工资＋应付计时工资＋奖金＋津贴补贴＋加班加点工资＋特殊情况下支付的工资

在实际工作中，为了减少现金收付工作，便利职工收付有关款项，企业在向职工支付工资时，一般可同时支付某些福利费用和交通补贴等代发款项，同时代扣职工应付的房租费、托儿费、个人所得税等款项。实发工资计算公式为：

实发工资＝应付职工薪酬－代扣款项

五、职工薪酬费用的核算

为了反映职工薪酬的发放和提取情况，应设置“应付职工薪酬”账户进行核算，该账户应按照职工薪酬的类别设置“工资”“职工福利费”“社会保险费”“住房公积金”“工会经费”“职工教育经费”“辞退福利”“非货币性福利”等明细账户。在这里重点讲解工资费用、“五险一金”和职工福利费的核算方法。

（一）工资费用的核算

工资费用的核算包括结算和分配两个环节。企业的人力资源部门根据职工的考勤记录、产量记录、薪金等资料，计算并编制工资结算单。企业的财务部门根据工资结算单编制工资分配汇总表，进行人工费用的分配与处理。月度终了，企业按照“谁受益、谁负担”的原则分配本月工资费用，借记有关成本费用类账户，贷记“应付职工薪酬——工资”等账户。基本生产工人

的工资记入“基本生产成本”账户，辅助生产工人的工资记入“辅助生产成本”账户，车间管理人员的工资记入“制造费用”账户，销售人员的工资记入“销售费用”账户，管理部门人员的工资记入“管理费用”账户，应由在建工程、研发活动负担的工资记入“在建工程”“研发支出”账户，因解除与职工的劳动关系而给予的补偿，记入“管理费用”账户。

（二）“五险一金”和职工福利费的核算

企业提取的各种社会保险、住房公积金、职工福利费等也在“应付职工薪酬”项目中核算，核算方法与工资费用类似。

企业为职工缴纳的“五险一金”，也应按照职工所在岗位进行分配，分别借记“基本生产成本”“辅助生产成本”“制造费用”“销售费用”“管理费用”等账户，贷记“应付职工薪酬——社会保险费”“应付职工薪酬——住房公积金”等账户。

职工福利费用于归集企业内设医务室、职工浴室、理发室、幼儿园等集体福利机构人员的工资、医务经费、职工因公负伤赴外地就医路费、职工生活困难补助、未实行医疗统筹企业的职工医疗费用以及按照国家规定开支的其他职工福利支出。根据《企业会计准则》和《企业财务通则》的有关规定，对于医疗保险以外的其他福利性费用企业可以自主决定提取比例或是据实列支，但提取或者据实列支的最大金额不应超过工资总额的14%。如果企业采用先提后用的方法，年末，提取的福利费大于支用数的，应予冲回，反之应当补提，同时修订次年福利费的提取比例；如果按实际发生额据实列支，则直接记入相关成本、费用项目中。企业应设置“应付职工薪酬——职工福利费”账户核算职工福利费，借记相关成本费用账户，贷记“应付职工薪酬——职工福利费”账户。

分配职工薪酬费用的会计分录如下：

知识详解：职工薪酬费用的分配

借：基本生产成本（**基本生产工人的工资及“五险一金”等**）
　　辅助生产成本（**辅助生产工人的工资及“五险一金”等**）
　　制造费用（**车间管理人员的工资及“五险一金”等**）
　　销售费用（**销售人员的工资及“五险一金”等**）
　　管理费用（**企业管理人员的工资及“五险一金”等**）
　　贷：应付职工薪酬——工资、资金、津贴和补贴
　　　　　　　　　　——社会保险费
　　　　　　　　　　——住房公积金
　　　　　　　　　　——职工福利费

操作示范：职工薪酬分配表计算步骤

案例2-14 2024年5月，长江股份有限公司的职工薪酬费用分配表如表2-7所示。

表2-7 **职工薪酬费用分配表**

2024年5月

人员类别		成本项目	生产工时/小时	分配率	工资费用/元	计提标准	社会保险/元	合计/元
基本车间生产工人	甲产品	直接人工	3 000	60 000÷5 000=12	36 000	26%	9 360	45 360
	乙产品	直接人工	2 000		24 000		6 240	30 240
	小计		5 000		60 000		15 600	75 600

续　表

人员类别		成本项目	生产工时/小时	分配率	工资费用/元	计提标准	社会保险/元	合计/元
辅助车间工人	供电车间				10 000		2 600	12 600
	运输车间				5 000	26%	1 300	6 300
	小计				15 000		3 900	18 900
基本车间管理人员					4 000	26%	1 040	5 040
销售人员					6 000	26%	1 560	7 560
企业管理人员					6 000	26%	1 560	7 560
合　计					91 000		23 660	114 660

要求：编制相关会计分录。

根据表2-7，编制如下会计分录：

（1）分配工资费用：

借：基本生产成本——甲产品（直接人工）　36 000
　　　　　　　　——乙产品（直接人工）　24 000
　　辅助生产成本——供电车间（职工薪酬）　10 000
　　　　　　　　——运输车间（职工薪酬）　5 000
　　制造费用——职工薪酬　4 000
　　销售费用——职工薪酬　6 000
　　管理费用——职工薪酬　6 000
　　贷：应付职工薪酬——工资　91 000

（2）提取社会保险费：

借：基本生产成本——甲产品（直接人工）　9 360
　　　　　　　　——乙产品（直接人工）　6 240
　　辅助生产成本——供电车间（职工薪酬）　2 600
　　　　　　　　——运输车间（职工薪酬）　1 300
　　制造费用——职工薪酬　1 040
　　销售费用——职工薪酬　1 560
　　管理费用——职工薪酬　1 560
　　贷：应付职工薪酬——社会保险费　23 660

实际工作中，也可以将工资分配与社会保险提取的分录合二为一：

借：基本生产成本——甲产品（直接人工）　45 360
　　　　　　　　——乙产品（直接人工）　30 240
　　辅助生产成本——供电车间（职工薪酬）　12 600
　　　　　　　　——运输车间（职工薪酬）　6 300

制造费用——职工薪酬	5 040	
销售费用——职工薪酬	7 560	
管理费用——职工薪酬	7 560	
贷：应付职工薪酬——工资		91 000
——社会保险费		23 660

【教学互动】

如果长江股份有限公司2024年5月按职工工资的12%计提应缴纳的住房公积金，按职工工资的14%计提职工福利，应如何进行账务处理？

知识拓展

企业以其自产产品或外购商品作为非货币性福利发放给职工时，应当根据受益对象，将具体产品或商品的公允价值和相关税费计入相关资产成本或当期损益，同时确认应付职工薪酬。企业将拥有的住房等资产无偿提供给职工使用时，应当根据受益对象，将该住房每期应计提的折旧计入相关资产成本或费用，同时确认应付职工薪酬。企业租赁住房等资产供职工无偿使用时，应当根据受益对象，将每期应付的租金计入相关资产成本或费用，并确认应付职工薪酬。难以认定受益对象的非货币性福利，应直接计入管理费用和应付职工薪酬。企业以其自产产品发放给职工时，借记“管理费用”“基本生产成本”“辅助生产成本”“制造费用”等账户，贷记“应付职工薪酬”账户。产成品发放后，借记“应付职工薪酬”账户，贷记“主营业务收入”账户，同时，还应结转产成品的成本。

任务四 归集与分配其他要素费用

任务描述

(1) 对于企业的固定资产，我们应定期提取折旧，进行折旧费用的核算，掌握折旧费用的计算和折旧费用的分配方法。

(2) 按管理要求和修理工作的规模，固定资产修理可分为经常性修理和大修理两种，掌握这两种修理类型的核算方法。

(3) 企业在生产经营过程中，还会产生借款利息、税费、电信费、租赁费、印刷费等费用，掌握这些费用发生时的核算方法。

其他要素费用，是指前述外购材料、燃料、动力、职工薪酬等要素费用之外的其他要素费用，包括折旧费、修理费用、利息费用、税金及其他费用。

一、归集与分配折旧费用

在长期使用过程中，企业的固定资产虽然保持着原有的实物形态，但其价值会随着损耗而逐渐减少。固定资产由于损耗而减少的价值就是固定资产的折旧。进行折旧费用的核算时，我们应先计算折旧，然后分配折旧费用。

（一）计算折旧费用

1. 计提折旧的依据

固定资产的原值、净残值、使用寿命是影响固定资产折旧的主要因素，也是我们计提折旧的主要依据。企业应根据固定资产的性质和使用情况，合理地确定固定资产的使用寿命和预计净残值。净残值是事先估计的，按现行制度规定，固定资产的预计净残值率一般应为固定资产原值的3％～5％。固定资产的使用寿命、预计净残值一经确定，不得随意变更。

2. 计提折旧的范围

企业拥有的固定资产，并非全都应计提折旧，应计提折旧的固定资产主要有：

（1）房屋、建筑物。

（2）所有使用中的固定资产，包括季节停用、大修理停用的固定资产。

（3）以经营租赁方式租出的固定资产。

企业不应计提折旧的固定资产有：

（1）未使用或不用的固定资产。

（2）已提足折旧仍继续使用的固定资产。

（3）未提足折旧但提前报废的固定资产。

（4）国家规定不提折旧的固定资产（如土地）。

实际工作中，计提折旧的固定资产原值以月初余额为准。因此，当月增加的固定资产，当月不提折旧；当月减少的固定资产，当月照提折旧。

知识详解：折旧费用的归集与分配

小知识

对于已达到预定可使用状态，但尚未办理竣工决算的固定资产，应当按照估计价值确定其成本，并计提折旧。待办理竣工决算后，再按实际成本调整原来的暂估价值，但不调整原来已计提的折旧额。

3. 折旧的计算方法

折旧的计算方法不仅影响到企业成本、费用的数额，而且影响到企业的收入和应纳税额。我国目前的折旧计算方法主要包括平均年限法和工作量法。

（1）平均年限法。平均年限法，是将固定资产应提折旧总额在固定资产预计使用年限内平均分摊的方法。这种方法适用于各期的负荷程度基本相同的固定资产，每期计提的折旧费也相同。有关计算公式如下：

$$年折旧额=\frac{原值-(残值收入-清理费用)}{使用年限}$$

$$=\frac{原值-净残值}{使用年限}$$

$$固定资产月折旧额=固定资产年折旧额\div 12$$

$$年折旧率=\frac{年折旧额}{原值}\times 100\%$$

$$或年折旧率=\frac{1-净残值率}{使用年限}\times 100\%$$

$$月折旧率=年折旧率\div 12$$

案例 2-15 长江股份有限公司某项固定资产原值为 100 000 元，预计可使用 20 年，净残值率为 4%。假设该固定资产没有计提减值准备。要求：计算其折旧率和每月折旧额。

年折旧率＝(1－净残值率)÷使用年限×100%＝(1－4%)÷20＝4.8%

年折旧额＝100 000×4.8%＝4 800(元)

月折旧额＝4 800÷12＝400(元)

(2) 工作量法。工作量法，是指将固定资产的应提折旧额在固定资产预计总工作量中平均分摊的方法。这种方法适用于损耗程度与完成工作量成正比关系或在使用年限内不能均衡使用的固定资产。有关计算公式如下：

$$单位工作量折旧额=\frac{原值\times(1-净残值率)}{预计总工作量}$$

$$某项固定资产月折旧额=当月实际完成工作量\times 单位工作量折旧额$$

在实际工作中，工作量通常表现为工作小时数、行驶里程、工作台班数等。在计算折旧额时，可将其分别代入上述公式进行具体计算。

案例 2-16 长江股份有限公司拥有运输货车一辆，原值为 150 000 元，预计净残值率为 5%，预计总行驶里程 60 万千米。2024 年 5 月共行驶 2 000 千米。要求：计算该辆汽车的单位工作量折旧额和该月的折旧额。

每千米折旧额＝150 000×(1－5%)÷600 000＝0.237 5(元)

该月折旧额＝0.237 5×2 000＝475(元)

折旧的方法、折旧率或单位折旧额一经确定，不得随意变更，以免造成各月成本费用数据不可比的情况，防止人为调节各月成本费用。

平均年限法和工作量法按照时间或工作量平均计提折旧，统称为直线法。此外，我国会计制度还允许企业采用双倍余额递减法、年数总和法等加速折旧法。加速折旧法主要适用于技术水平高、技术进步快的固定资产。

(二) 分配折旧费用

虽然部分固定资产直接作用于某种具体产品的生产，但在实际生产工作中，同一个固定资产通常同时用于多种产品的生产。因此，固定资产折旧费一般不单设成本项目，不直接记入"基本生产成本"账户。一般而言，企业基本生产车间使用的固定资产所计提的折旧额，应记入"制造费用"账户，辅助生产车间使用的固定资产所计提的折旧额，应记入"辅助生产成本"账户，企业管理部门使用的固定资产所计提的折旧额，应记入"管理费用"账户，企业销售部门使用的固定资产所计提的折旧额，应记入"销售费用"账户，企业经营租赁方式租出的固定资产所计提的折旧额，应记入"其他业务成本"账户。折旧额之和为固定资产价值的减少额，记入"累计折旧"账户。

固定资产折旧费用的分配工作是通过编制固定资产折旧费用分配表进行的，企业应根据分配表编制会计分录，并据以登记有关的总账和明细账。

案例 2－17 长江股份有限公司 5 月折旧费用分配表如表 2－8 所示。

表 2－8 **折旧费用分配表**

2024 年 5 月

应借账户	使用单位	月初固定资产原值/元	折旧额/元
辅助生产成本	供电车间	24 000	600
	运输车间	360 000	9 000
	小计	384 000	9 600
制造费用	基本生产车间	3 000 000	75 000
管理费用	行政管理部门	45 000	1 125
销售费用	销售部门	12 000	300
合计		344 100	86 025

要求：编制折旧的会计分录。

根据表 2－8，编制会计分录如下：

借：辅助生产成本——供电车间（折旧费） 600
　　　　　　　——运输车间（折旧费） 9 000
　　制造费用——折旧费 75 000
　　管理费用——折旧费 1 125
　　销售费用——折旧费 300
　贷：累计折旧 86 025

基本生产车间提取的折旧费用是一种间接费用，不能记入"基本生产成本"账户，而是记入"制造费用"账户，辅助生产车间提取的折旧费用则一般记入"辅助生产成本"账户，但如果辅助生产车间单独设置了具体用于核算的成本项目，则辅助生产车间提取的折旧费用应记入"制造费用"账户。

二、归集与分配修理费用

在较长的使用过程中，固定资产的各组成部件会发生不同程度的损坏。为了保持固定资产的良好状况，企业应对其进行必要的修理，使其恢复正常性能。按管理要求和修理的规模不同，固定资产修理可分为经常性修理和大修理。

(一) 经常性修理费用的核算

经常性修理是为维持固定资产正常工作状态而进行的修理，修理的范围和规模较小，修理费用较低，较为频繁，因此，经常性修理费一般都应作为当期损耗直接计入管理费用。

案例 2-18 2024 年 5 月，长江股份有限公司以银行存款支付发生的固定资产经常性修理费用共计 10 000 元。要求：进行相应账务处理。

根据以上资料，编制会计分录如下：

借：管理费用——修理费　　10 000

　　贷：银行存款　　10 000

(二) 大修理费用的核算

大修理是为恢复固定资产原生产能力而进行的修理，在固定资产全部使用期内发生的次数较少，范围和规模较大且支出费用较高。通常，固定资产大修理发生的时间间隔都在 1 年以上，发生大修理费用时，借记“长期待摊费用”账户，贷记“银行存款”等账户；摊销大修理费用时，借记“管理费用”账户，贷记“长期待摊费用”账户。

案例 2-19 长江股份有限公司拥有 10 辆汽车，2024 年 5 月，公司进行两年一次的大修理，产生大修理费用 36 000 元，以银行存款支付。修理费用按月摊销，两年摊完。要求：进行相应账务处理。

每月应摊销大修理费用＝36 000÷(2×12)＝1 500(元)

会计分录如下：

(1) 发生大修理费时：

借：长期待摊费用——大修理费　　36 000

　　贷：银行存款　　36 000

(2) 每月摊销时：

借：管理费用——修理费　　1 500

　　贷：长期待摊费用——大修理费　　1 500

三、核算利息费用

(一) 短期借款利息费用的核算

企业发生的短期借款利息，一般作为财务费用处理。对于短期借款利息的支付，我们应根据具体情况进行处理：

(1) 如果短期借款利息是按季支付的，并且数额较大，通常采用预提法，即在每个季度的前两个月将本月应负担的利息费用预提出来，借记“财务费用”账户，贷记“应付利息”账户，在每个季度的第三个月实际支付时，按已经预提的利息额，借记“应付利息”账户，按实际支付的利息额与预提数的差额，借记“财务费用”账户，按实际支付的利息额，贷记“银行存款”账户。

（2）如果短期借款利息是按月支付的，则应采用直接转销法，即在实际支付利息的月份，将利息全额直接计入当期损益，借记“财务费用”账户，贷记“银行存款”账户。

案例 2－20　2024 年 1 月 1 日，长江股份有限公司向银行借入现金 1 000 000 元，期限为 6 个月，年利率 6%，每季度付息一次，到期归还本金。公司采用预提法进行利息费用的核算。要求：根据以上资料，编制会计分录。

（1）1、2 月各预提利息费用 5 000 元，共预提 10 000 元。

每月预提利息额＝1 000 000×6%÷12＝5 000（元）

借：财务费用	5 000	
贷：应付利息		5 000

（2）3 月末实际支付借款利息 15 000 元。

借：应付利息	10 000	
财务费用	5 000	
贷：银行存款		15 000

（二）长期借款利息费用的核算

企业发生的长期借款的利息费用通常按以下原则计入有关成本、费用项目：

属于筹建期间的，计入管理费用；属于生产经营期间的，计入财务费用。长期借款用于购建固定资产的，在固定资产尚未达到预定可使用状态前，所发生的利息记入在建工程成本；固定资产达到预定可使用状态后发生的利息支出计入财务费用。核算时，根据借款用途，分别借记“在建工程”“管理费用”“财务费用”等账户，贷记“长期借款”账户。

企业归还本金和利息的方式主要有两种，一是到期一次还本付息，二是分期付息到期还本。不管采用哪种还本付息方式，企业都应按照权责发生制原则分期确认其利息费用。

四、核算应缴纳的税费

企业按规定计算的应缴房产税、车船税、印花税和城镇土地使用税，应记入“税金及附加”账户的借方。

应缴房产税根据房产账面原值或租出房屋的租金收入，按一定方法和规定的税率计算。应缴车船税按照车船种类、数量、吨位等和规定的征收定额计算。应缴城镇土地使用税根据具体情况，按用地面积和不同等级的计税标准计算。印花税是对书立、购销、加工、租赁、借款等合同和营业账簿等凭证行为征收的税款，根据不同征税项目的性质分别按比例税率或计税定额计算。

案例 2－21　2024 年 5 月，长江股份有限公司应交房产税 3 000 元，应交车船税 1 000 元，应交城镇土地使用税 2 500 元，应交印花税 500 元。要求：编制相关会计分录。

公司应编制如下会计分录：

借：税金及附加 7 000
　贷：应交税费——应交房产税 3 000
　　　　　　——应交车船税 1 000
　　　　　　——应交城镇土地使用税 2 500
　　　　　　——应交印花税 500

五、核算其他费用

对于以上各项之外的其他费用，如电信费、租赁费、印刷费、图书资料费、办公用品费、试验检验费、排污费、差旅费、保险费、交通补助费等，一般均不单设成本项目。在费用发生时，成本核算者应根据有关付款凭证，按发生的车间、部门和用途，分别借记“制造费用”“辅助生产成本”“管理费用”等账户。

案例 2－22 2024 年 5 月，长江股份有限公司用银行存款支付各部门的电信费、租赁费、办公费、保险费等其他费用。各部门负担费用的情况如下：供电车间 900 元，运输车间 700 元，基本生产车间 1 660 元，管理部门 1 800 元，销售部门 200 元。要求：编制相关会计分录。

根据其他费用分配表，应编制的会计分录如下：

借：辅助生产成本——供电车间（其他费用） 900
　　　　　　　——运输车间（其他费用） 700
　　制造费用——其他费用 1 660
　　管理费用——其他费用 1 800
　　销售费用——其他费用 200
　贷：银行存款 5 260

上述各种要素费用，已经按照用途分别记入“基本生产成本”“辅助生产成本”“制造费用”“销售费用”“管理费用”“财务费用”和“在建工程”等账户的借方。记入“基本生产成本”账户借方的费用，已经分别记入各有关产品生产成本明细账的“直接材料”“燃料及动力”“直接人工”等成本项目。

【教学互动】

请用“T”型账分别登记本项目中长江股份有限公司供电车间和运输车间 2024 年 5 月发生的辅助生产成本。

拓展阅读

加班工资该如何计算

一、加班“补钱”的计算方式

按照规定，在节假日期间安排劳动者加班的用人单位，应按照不低于劳动者本人日或小时工资 300％的标准支付加班工资，不得以调休等方式代替；在休息日期间安排劳动者加班的用人单位，可以给劳动者安排补休而不支付加班工资，如果不安排补休，则应当按照不低于劳动者本人日或小时工资的200%支付加班工资。

过节费和加班工资在性质上不同，不能互相代替。加班工资是对劳动者休息时间的经济补偿，过节费虽然也是工资的组成部分，但带有福利性质，劳动者不必提供额外工作。此外，加班是指用人单位因生产经营需要，经与工会和劳动者协商后所延长的工作时间，因此，在节假日期间，用人单位根据需要安排劳动者值班，不能视为加班。

二、工资基数的计算方式

在确定加班工资的计算基数时，劳动合同若对工资有所约定，企业则应按不低于劳动合同约定的劳动者本人所在岗位相对应的工资标准进行确定。劳动合同中没有约定的，用人单位可与员工代表集体协商，在集体合同中明确。用人单位若与劳动者无上述约定，则应按劳动者本人所在岗位正常出勤月工资的70%确定。要注意的是，如果上述办法确定的加班工资计算基数低于最低工资企业则应按最低工资计算。计算公式：

节假日加班工资＝加班工资的计算基数÷20.92×300%

休息日加班工资＝加班工资的计算基数÷20.92×200%

计算加班工资时，日工资按平均每月工作时间20.92天折算，小时工资则在日工资的基础上再除以8。

控制产品的材料成本

在日本，许多工业公司采取委托加工方式组织生产，依赖海外供应商供应原料，又把产品推销到海外去。在这种情况下，廉价购进原料，高价售出产品，是胜败的关键。实务工作中，往往会出现这种情况，企业无论如何努力降低工业生产过程中的成本，却收效甚微。实际上，有些企业尽管大力实行合理化成本控制手段，但一旦原料价格稍有变动，就前功尽弃了。所以，在经济环境时常发生急剧变化的今天，企业必须对材料费与售价的比率予以最大关注。

物价水平在提高，工资水平也年年上涨。材料费与销售价的比率为80%以上的制造厂就因此丧失了生存的条件。制造厂应该经常开发材料费为销售价40%的产品。如果这一比率在60%以上，而利润日趋减少，就表明已经到了必须把自行生产改为厂外加工的地步了，如果已经依靠向厂外加工，而材料费为销售价的80%，那么企业必定是亏损的。

项目小结

本项目的内容结构如图2－1所示。

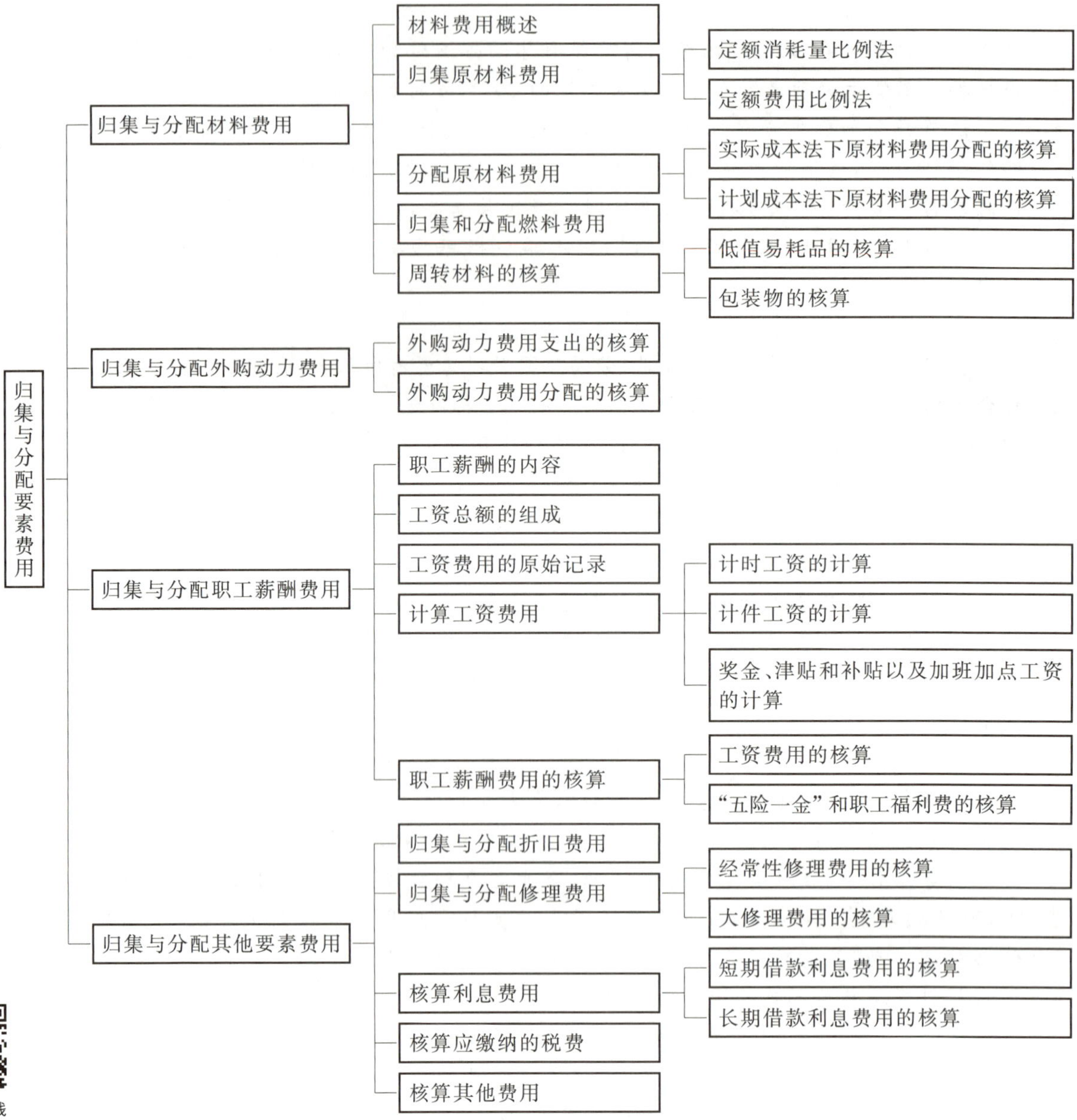

项目二在线测试

图 2－1 项目二内容结构图

项目训练

一、简答题

1. 对于几种产品共同耗用的材料，我们应怎样计算并分配到各种产品成本的直接材料项目中？

2. 计划成本法下和实际成本法下原材料费用分配的核算工作有哪些不同，请谈谈两种方法的适用范围。

3. 简述职工薪酬的主要内容。

二、单项选择题

1. 在企业生产产品成本中,“直接人工”项目不包括(　　)。

A. 直接参加生产的工人的工资　　B. 按生产工人工资计提的福利费

C. 直接参加生产的工人的计件工资　　D. 企业行政管理人员的工资

2. 某企业本月生产甲产品 520 件,乙产品 480 件,共领用原材料 15 000 千克,单价 0.80 元,合计金额 12 000 元。本月甲、乙产品定额耗用量分别为 19 500 千克和 10 500 千克。材料耗费用分配率为(　　)元/千克。

A. 0.50　　B. 0.55　　C. 0.40　　D. 0.60

3. 直接人工费用的分配方法主要是(　　)。

A. 材料定额消耗量比例法　　B. 产品定量比例法

C. 生产工时比例法　　D. 定额成本计价法

4. 计入产品成本的各种工资,按其用途不可能借记(　　)账户。

A. “基本生产成本”　　B. “制造费用”　　C. “辅助生产成本”　　D. “管理费用”

5. 厂部行政管理部门发生的水电费应计入(　　)。

A. 制造费用　　B. 管理费用　　C. 基本生产成本　　D. 财务费用

6. 基本生产车间发生的固定资产折旧费应列入(　　)。

A. 基本生产成本　　B. 辅助生产成本　　C. 制造费用　　D. 管理费用

7. 专设销售机构人员的工资,应计入(　　)。

A. 管理费用　　B. 制造费用　　C. 财务费用　　D. 销售费用

8. 产品生产领用低值易耗品,应计入(　　)。

A. 制造费用　　B. 基本生产成本　　C. 管理费用　　D. 辅助生产成本

9. 材料采用计划成本计价时,不会用到(　　)账户。

A. “原材料”　　B. “在途物资”

C. “材料采购”　　D. “材料成本差异”

10. 以下各项中,不计入产品成本的人工费用的是(　　)。

A. 生产工人工资

B. 车间管理人员工资

C. 按生产工人工资比例计提的住房公积金

D. 会计人员工资

11. 摊销期在 1 年以上的待摊费用应作为(　　)处理。

A. 长期待摊费用　　B. 制造费用

C. 管理费用　　D. 其他长期资产

三、多项选择题

1. 下列固定资产中,应计提折旧的有(　　)。

A. 未使用的建筑物　　B. 土地

C. 当月减少的固定资产　　D. 以经营租赁方式出租的固定资产

2. 下列项目中,属于职工薪酬的有(　　)。

A. 养老保险　　B. 工资奖金　　C. 职工福利费　　D. 住房公积金

3. 发生下列各项费用时,可以直接借记“基本生产成本”账户的有(　　)。

A. 构成产品实体的原材料费用　　B. 车间管理人员工资

C. 车间生产工人工资　　D. 生产产品的机器设备计提的折旧

4. 低值易耗品的摊销方法有(　　)。

A. 一次摊销法　　B. 约当产量法　　C. 工作量法　　D. 五五摊销法

5. 计入产品成本的工资，按其用途应分别借记(　　)账户。

A. “基本生产成本”　　B. “辅助生产成本”

C. “制造费用”　　D. “管理费用”

6. 材料费用的分配标准有(　　)。

A. 产品体积　　B. 产品质量　　C. 材料定额消耗　　D. 材料定额费用

7. 固定资产计提折旧方法主要有(　　)。

A. 年限平均法　　B. 年数总和法　　C. 工作量法　　D. 双倍余额递减法

8. 按计划预提利息费用可能借记(　　)账户。

A. “应付利息”　　B. “制造费用”　　C. “财务费用”　　D. “在建工程”

四、判断题(在题后括号中正确的打“√”，错误的打“×”)

1. 由几种产品生产共同耗用的，构成产品实体的原材料费用可以直接计入各种产品成本。(　　)

2. 当企业只生产一种产品时，生产工人工资以及福利费应直接计入该种产品成本。(　　)

3. 材料费用是产品成本的重要组成部分，因此各部门领用的材料费用都应计入产品成本。(　　)

4. 车间领用的材料费用，不一定都计入产品成本的“直接材料”成本项目中。(　　)

5. 专设销售机构的固定资产修理费用应间接计入生产成本。(　　)

6. 基本生产车间的固定资产折旧费应直接计入产品生产成本。(　　)

7. 固定资产折旧费是产品成本的组成部分，应该全部直接或间接计入产品成本。(　　)

8. 企业生产工人的工资以及福利费直接计入产品成本，其他部门人员的工资及福利费间接计入产品成本。(　　)

五、业务分析题

1. 某厂生产 A、B、C 三种产品。2024 年 6 月，三种产品共同耗用甲材料 33 600 千克，每千克 12.50 元，总金额 420 000 元。三种产品本月投产量分别为 4 000 件、3 200 件和 1 600 件，甲材料消耗定额分别为 3 千克、2.5 千克和 5 千克。请采用定额消耗量比例法分配甲材料费用，甲材料费用分配表如表 2－9 所示。

表 2－9　　甲材料费用分配表

2024 年 6 月

产　品	投产量/件	单位定额/元	定额消耗总量/千克	分配率	应分配材料费用/元
A 产品					
B 产品					
C 产品					
合　计					

要求：写出分配率的计算过程，并编写材料分配的会计分录。

2. A企业生产甲、乙、丙三种产品，产生原材料费用93 500元。甲、乙、丙三种产品的实际产量分别为2 000件、2 500件、3 000件，单位产品材料消耗定额分别为20千克、10千克、15千克。要求：计算分配各产品应负担的材料费，编制材料费用分配表如表2－10所示。

表2－10　材料费用分配表

产　品	投产量/件	单位定额/元	定额消耗总量/千克	分配率	应分配材料费用/元
甲产品					
乙产品					
丙产品					
合　计					

3. 渝华机械有限公司生产甲、乙两种产品，共耗用A、B两种材料，耗用A材料690千克，每千克10元；耗用B材料4 500千克，每千克3元。甲产品实际产量为120件，单位产品材料费用定额为25元；乙产品实际产量为350件，单位产品材料费用定额为40元。要求：采用按产品材料定额费用比例法分配材料费用，编制材料费用分配表如表2－11所示。

表2－11　材料费用分配表

产　品	投产量/件	单位定额/元	定额费用总额/千克	分配率	应分配材料费用/元
甲产品					
乙产品					
合　计					

4. 某企业生产甲、乙两种产品，分别直接领用A、B两种材料，发料凭证汇总表如表2－12所示。

表2－12　发料凭证汇总表

××车间或部门　　2024年06月　　单位：元

领　用　部　门		A材料	B材料	合　计
基本生产车间	生产甲产品	15 000	12 000	
	生产乙产品	10 000	2 000	
	小计	25 000	14 000	
辅助生产车间	机修车间	3 000	1 000	
	供电车间	—	1 500	
	小计	3 000	2 500	
基本生产车间一般耗用		1 800	—	

续 表

领用部门	A材料	B材料	合计
管理部门领用	600	1 200	
销售部门领用	600	—	
合计			

要求：(1) 根据发料凭证汇总表，补齐表中的数据。

(2) 根据发料凭证汇总表，编制会计分录。

5. 红峰制造有限公司设有一个基本生产车间，生产C、D两种产品，另设有机修和供水两个辅助生产车间。2024年6月，各车间、部门领用甲材料发生费用299 600元，另外，基本车间两种产品共同领用乙材料发生费用117 600元，C、D两种产品的材料定额消耗量分别为33 000千克和23 000千克。该公司2024年6月的材料费用分配表如表2-13所示。

表2-13 **材料费用分配表**

2024年6月

用途		直接领用（甲材料）	共同领用（乙材料）			合计/元
			耗用量/千克	分配率	分配金额/元	
生产C产品耗用		100 000	33 000			
生产D产品耗用		165 000	23 000			
小计		265 000	56 000		117 600	382 600
辅助生产车间耗用	机修车间	1 700				1 700
	供水车间	26 600				26 600
基本生产车间一般耗用		800				800
管理部门耗用		5 500				5 500
合计		299 600			117 600	417 200

要求：

(1) 按定额消耗量比例法分配C产品和D产品共同耗用的乙材料，并将结果填入材料费用分配表。

(2) 根据材料费用分配表进行账务处理。

6. 某公司办公室领用文件柜5个，实际成本2 800元，该批低值易耗品采用五五摊销法进行摊销。要求：编制领用及报废时的会计分录。

7. 某企业生产A、B两种产品，2024年6月发生燃料费用32 800元。本月生产A产品60件，B产品80件。单位消耗定额为：A产品10元，B产品13元，按定额费用比例分配燃料费用。此外，辅助生产车间发生燃料费用4 500元，行政管理部门发生燃料费用5 700元，车间一般耗用为3 800元。

要求：计算分配燃料费用，并编制会计分录。

8. 某企业基本生产车间生产C、D两种产品，2024年6月发生的生产工人的计时工资共计 180 000 元，C 产品完工 500 件，D 产品完工 800 件，单件产品工时定额为 C 产品 2 小时，D 产品 1 小时。其余各车间、部门的工资费用情况如表 2 - 14 所示。

要求：(1) 计算分配 C、D 两种产品各自应负担的工资费用。

(2) 进行工资费用分配的核算。

(3) 企业按工资的 26%提取社会保险费，请进行社会保险费分配的核算。

(4) 企业按工资的 12%提取住房公积金，请进行住房公积金分配的核算。

表 2 - 14　　职工薪酬费用分配表

编制单位：××××公司　　2024 年 6 月

人员类别		成本项目	工时定额/小时	分配率	工资费用/元	社会保险/元	住房公积金/元	合计/元
基本生产车间工人	C 产品	直接人工	1 000					
	D 产品	直接人工	800					
	小计		1 800		180 000			
辅助生产车间工人	供电车间				35 000			
	运输车间				35 000			
	小计				70 000			
车间管理人员					48 000			
企业管理人员					53 000			
合　计					351 000			

项目三

归集与分配综合费用

职业能力目标

1. 理解要素费用与综合费用的关系。了解辅助生产费用的内容，熟悉辅助生产费用的归集方法，掌握辅助生产费用各种分配方法的适用情况及优缺点以及不同方法下的账务处理。

2. 了解制造费用的概念，熟悉制造费用的归集方法，掌握分配制造费用的几种方法。

3. 了解生产损失的概念，熟悉生产损失的归集方法，掌握生产损失的分配方法。

职业素养目标

1. 通过学习归集与分配辅助生产费用，提倡节约水电费，培养学生的节约意识。

2. 通过学习归集与分配废品损失，培养学生养成将垃圾自觉分类的好习惯。

项目介绍

企业在生产过程中不仅会发生外购材料、外购燃料、职工薪酬等要素费用,还会发生辅助生产费用、制造费用、损失性费用等综合费用。本项目将学习归集并分配各种综合费用的方法。

引导案例

长江股份有限公司在生产产品过程中发生了辅助生产费用、制造费用、损失性费用等综合费用,如何对各综合费用进行归集和分配呢?在这一项目里,我们将学习综合费用的归集和分配方法。辅助生产费用是指辅助生产车间为生产产品或提供劳务而发生的各种费用。制造费用是企业各个生产单位为生产产品和提供劳务而发生的各项间接费用以及固定资产使用费。损失性费用是企业在生产过程中发生的,由生产原因所造成的损失。

任务一　归集与分配辅助生产费用

任务描述

（1）企业基本生产车间、行政管理等部门的正常运转，离不开辅助生产车间的帮助。辅助生产车间会产生辅助生产费用，我们首先应熟悉哪些费用应归集到辅助生产费用中去。

（2）辅助生产费用通常在“辅助生产成本”账户中进行归集，月末企业需要将辅助生产车间发生的各项费用分配到各受益对象中去，我们应掌握辅助生产费用的分配方法。

一、归集辅助生产费用

企业的辅助生产活动，主要是指为保证企业基本生产车间、行政管理部门的正常运转而进行的产品生产或劳务供应活动。很多企业常设置专门的辅助生产车间来组织辅助产品的生产和劳务的供应。有的企业只生产一种产品或仅提供一种劳务，有的企业则生产多种产品或提供多种劳务。辅助生产产品和劳务成本的规模会影响企业产品成本和期间费用的水平，因此，正确及时地组织辅助生产费用的核算，加强对辅助生产费用的监督，对于正确计算产品成本和各项期间费用，节约支出、降低成本有着重要的意义。

辅助生产费用，是指辅助生产车间为生产产品或提供劳务而发生的原材料费用、动力费用、工资及福利费。企业通常设置“生产成本——辅助生产成本”账户或者直接设置“辅助生产成本”总账账户（本书采用此方法）来归集所发生的辅助生产费用。“辅助生产成本”是一个成本类账户，在该账户中，一般按车间（车间下按产品或劳务种类）来设置明细账，再按规定的成本项目或费用项目设立专栏进行明细核算。

辅助生产车间发生的制造费用，其核算方式可根据制造费用和辅助生产车间规模来确定。若辅助生产车间发生的制造费用多，车间规模较大，同时对外销售产品或提供劳务，我们就应单独设置“制造费用——辅助生产车间”账户进行核算。反之，就不用单独设置“制造费用——辅助生产车间”明细账，而是将发生的制造费用直接记入“辅助生产成本”账户及其明细账的借方（本书采取此方式）。

下面以项目二中长江股份有限公司 2024 年 5 月发生的业务为例，归集供电车间和运输车间发生的辅助生产费用。

根据[案例 2－4]、[案例 2－7]、[案例 2－8]、[案例 2－11]、[案例 2－14]、[案例 2－17]、[案例 2－22]登记该公司两个辅助生产车间（供电车间和运输车间）的明细账，如表 3－1 和表 3－2 所示。

表 3－1　　**辅助生产成本明细账**

车间名称：供电车间　　2024 年 5 月 31 日

2024 年		凭证字号	摘　　要	材料费	职工薪酬	水电费	折旧费	其他	合计
月	日								
5	31	（略）	案例 2－4 材料费用分配	1 560					1 560
5	31		案例 2－7 燃料费用分配	500					500

操作示范：辅助生产成本明细账计算步骤

续 表

2024年		凭证字号	摘 要	材料费	职工薪酬	水电费	折旧费	其他	合计
月	日								
5	31		案例 2－8 周转材料分配					400	400
5	31		案例 2－14 职工薪酬分配		10 000				10 000
5	31		案例 2－14 职工薪酬分配		2 600				2 600
5	31		案例 2－17 折旧费用分配				600		600
5	31		案例 2－22 其他费用分配					900	900
5	31		本月合计	2 060	12 600	0	600	1 300	16 560
5	31		案例 3－1 分配辅助生产费用	2 060	12 600	0	600	1 300	16 560

表 3－2 辅助生产成本明细账

车间名称：运输车间 2024 年 5 月 31 日

2024年		凭证字号	摘 要	材料费	职工薪酬	水电费	折旧费	其他	合计
月	日								
5	31	（略）	案例 2－4 材料费用分配	1 200					1 200
5	31		案例 2－7 燃料费用分配	3 200					3 200
5	31		案例 2－8 周转材料分配					300	300
5	31		案例 2－11 水电费用分配			500			500
5	31		案例 2－14 职工薪酬分配		5 000				5 000
5	31		案例 2－14 职工薪酬分配		1 300				1 300
5	31		案例 2－17 折旧费用分配				9 000		9 000
5	31		案例 2－22 其他费用分配					700	700
5	31		本月合计	4 400	6 300	500	9 000	1 000	21 200
5	31		案例 3－1 分配辅助生产费用	4 400	6 300	500	9 000	1 000	21 200

二、分配辅助生产费用

（一）辅助生产费用分配的含义

知识详解：辅助生产费用的分配——直接分配法

辅助生产费用分配，是指在月末时，将辅助生产车间发生的各项费用（即辅助生产成本明细账归集的费用）分配到各受益对象中去的过程，分配之后"辅助生产成本"账户一般没有期末余额。

辅助生产车间既可以提供劳务又可以生产产品。该车间提供的劳务，如供电、供水、运输和修理所发生的辅助生产费用通常于月末在各受益对象之间按照一定的标准和方法进行分配，从"辅助生产成本"账户的贷方，转入"基本生产成本""制造费用""管理费用""销售费用""在建工程"等账户的借方；所生产的产品，如修理用备件、模具、工具等，在产品完工时，从"辅助生产成本"账户的贷方转入"原材料""周转材料"等账户的借方。

辅助生产车间提供的产品和劳务，除了供基本生产车间和企业管理部门使用外，还可以提供给其他辅助生产车间使用。因此，为了将辅助生产费用正确地分配给各受益对象，我们还应考虑辅助各生产车间相互提供劳务的情况。

（二）辅助生产费用分配的方法

辅助生产费用分配是通过编制辅助生产费用分配表进行的。常用的辅助生产费用分配方法有以下五种。

1. 直接分配法

直接分配法，是指将各种辅助生产费用直接分配给辅助生产车间以外的各受益单位，不考虑各辅助生产车间相互提供劳务的分配方法。

直接分配法主要适用于各辅助生产车间相互提供劳务不多，不进行辅助生产车间之间相互分配对辅助生产成本和企业产品成本产生影响不大的企业。其优点是分配结转比较简单，缺点是当各辅助生产车间之间相互提供的产品或劳务成本差额较大时，分配结果的准确性会受到影响，其基本公式如下：

$$\text{某辅助生产车间费用分配率}=\frac{\text{待分配费用总额}}{\text{分配标准之和}}=\frac{\text{该车间辅助生产费用总额}}{\text{该车间对外提供的劳务量之和}}$$

$$\text{各受益对象应分配的金额}=\text{各受益对象耗用劳务量}\times\text{费用分配率}$$

案例 3－1　长江股份有限公司设有供电和运输两个辅助生产车间，主要为本公司基本生产车间和行政管理部门等服务。2024 年 5 月，供电车间发生费用 16 560 元，如表 3－1所示，运输车间发生费用为 21 200 元，如表 3－2 所示。公司设置“直接材料”“直接人工”“制造费用”3 个成本项目。辅助生产车间提供劳务数量如表 3－3 所示。

表 3－3　辅助生产车间供应劳务数量表

受益单位		耗用数量	
		耗电/千瓦·时	里程/千米
辅助生产车间	供电车间	—	800
	运输车间	2 400	—
基本生产车间		20 000	3 980
公司行政管理部门		4 000	2 000
公司专设销售机构		3 600	2 500
合计		30 000	9 280

要求：用直接分配法编制辅助生产费用分配表，并进行会计处理。

辅助生产费用分配表如表 3－4 所示。

表 3－4　辅助生产费用分配表

（直接分配法）

项目	供电车间		运输车间		合计金额/元
	供电量/千瓦·时	金额/元	里程/千米	金额/元	
待分配费用		16 560		21 200	37 760
辅助生产车间对外劳务量	27 600		8 480		—

操作示范：辅助生产费用分配表（直接分配法）计算步骤

续 表

项目		供电车间		运输车间		合计
		供电量/千瓦·时	金额/元	里程/千米	金额/元	金额/元
辅助生产费用分配率			0.6		2.5	—
辅助生产车间	供电车间			800	—	—
	运输车间	2 400	—			—
基本生产车间		20 000	12 000	3 980	9 950	21 950
公司行政管理部门		4 000	2 400	2 000	5 000	7 400
公司专设销售机构		3 600	2 160	2 500	6 250	8 410
合计			16 560		21 200	37 760

表 3-4 中有关数字结果的计算过程如下：

(1) 供电车间：

❶ 供电车间对外提供的劳务量＝30 000－2 400＝27 600(千瓦·时)

❷ 供电车间费用分配率＝16 560÷27 600＝0.6

❸ 各受益对象分配额：

基本生产车间分配额＝20 000×0.6＝12 000(元)

公司行政管理部门分配额＝4 000×0.6＝2 400(元)

公司专设销售机构分配额＝3 600×0.6＝2 160(元)

(2) 运输车间：

❶ 运输车间对外提供的劳务量分配额＝9 280－800＝8 480(千米)

❷ 运输车间费用分配率＝21 200÷8 480＝2.5

❸ 各受益对象分配额：

基本生产车间分配额＝3 980×2.5＝9 950(元)

公司行政管理部门分配额＝2 000×2.5＝5 000(元)

公司专设销售机构分配额＝2 500×2.5＝6 250(元)

(3) 根据辅助生产费用分配表(表 3-4)，编制会计分录如下：

借：制造费用——水电费	12 000	
管理费用——水电费	2 400	
销售费用——水电费	2 160	
贷：辅助生产成本——供电车间(材料费)		2 060
——供电车间(职工薪酬)		12 600
——供电车间(折旧费)		600
——供电车间(其他)		1 300
借：制造费用——其他	9 950	
管理费用——其他	5 000	
销售费用——其他	6 250	

贷：辅助生产成本——运输车间(材料费)　4 400
——运输车间(职工薪酬)　6 300
——运输车间(水电费)　500
——运输车间(折旧费)　9 000
——运输车间(其他)　1 000

应加以注意的是：长江股份有限公司未设置“燃料及动力”成本项目，因此基本生产车间承担的辅助生产成本应记入“制造费用”账户。

最后，将案例 3-1 中供电车间和运输车间发生的辅助生产成本登记到辅助生产成本明细账中，如表 3-1、表 3-2 所示。分配辅助生产费用后，各辅助车间的成本余额应为零，余额不为零，就意味着企业账务处理工作出了问题。当然，如果辅助生产车间月末有在产品存在，则辅助生产成本在分配后仍会有余额。

【教学互动】

请用“T”型账登记项目二和项目三中长江股份有限公司 2024 年 5 月发生的制造费用。

【技能实训 3-1】

某企业设有供电和供水两个辅助生产车间，主要为本企业基本生产车间和行政管理部门服务，供电车间本月发生费用为 36 960 元，供水车间本月发生费用为 54 000 元。该企业设置了“直接材料”“直接人工”“燃料及动力”“制造费用”等成本项目。辅助生产车间供应劳务数量表如表 3-5 所示。

表 3-5　辅助生产车间供应劳务数量表

受益单位		耗用数量	
		耗电/千瓦·时	耗水/吨
辅助生产车间	供电车间	—	3 000
	供水车间	12 000	—
基本生产车间	A 产品	48 000	
	一般耗用	8 000	24 000
企业行政管理部门		4 000	3 000
企业专设销售机构		1 600	
合计		73 600	30 000

要求：使用直接分配法分配辅助生产费用并编制相应会计分录。

辅助生产费用分配表如表 3-6 所示。

表 3-6

辅助生产费用分配表

（直接分配法）

项目		供电车间		供水车间		合计
		供电量/千瓦·时	金额/元	供水量/吨	金额/元	金额/元
待分配费用			36 960		54 000	90 960
辅助生产车间对外劳务量		61 600		27 000		—
辅助生产费用分配率			0.6		2.0	—
辅助生产车间	供电车间			3 000	—	—
	供水车间	12 000	—			—
基本生产车间	A 产品	48 000	28 800			28 800
	一般耗用	8 000	4 800	24 000	48 000	52 800
企业行政管理部门		4 000	2 400	3 000	6 000	8 400
企业专设销售机构		1 600	960			960
合计			36 960		54 000	90 960

表 3-6 中有关数字结果的计算过程如下：

(1) 供电车间：

❶ 供电车间对外提供的劳务量＝73 600－12 000＝61 600(千瓦·时)

❷ 供电车间费用分配率＝36 960÷61 600＝0.6

❸ 各受益对象分配额：

基本生产车间 A 产品分配额＝48 000×0.6＝28 800(元)

基本生产车间一般耗用分配额＝8 000×0.6＝4 800(元)

公司行政管理部门分配额＝4 000×0.6＝2 400(元)

公司专设销售机构分配额＝1 600×0.6＝960(元)

(2) 供水车间：

❶ 供水车间对外提供的劳务量＝30 000－3 000＝27 000(吨)

❷ 供水车间费用分配率＝54 000÷27 000＝2

❸ 各受益对象分配额：

基本生产车间分配额＝24 000×2＝48 000(元)

公司行政管理部门分配额＝3 000×2＝6 000(元)

(3) 根据辅助生产费用分配表，编制会计分录如下：

借：基本生产成本——A 产品(燃料及动力)	28 800	
制造费用——水电费	52 800	
管理费用——水电费	8 400	
销售费用——水电费	960	
贷：辅助生产成本——供电车间		36 960
——供水车间		54 000

小知识

在直接分配法中，我们对辅助生产车间相互提供的劳务都不进行分配，而其他辅助生产车间耗用的费用由辅助生产车间之外的各部门分摊了。

2. 交互分配法

交互分配法的特点是：在这种方法下，辅助生产费用是通过两次分配完成的。首先将辅助生产费用在辅助生产车间之间进行交互分配，然后将各辅助生产车间交互分配后的实际费用（即交互分配前的费用加上交互分配转入的费用，减去交互分配转出的费用）在辅助生产车间以外的部门进行分配。

知识详解：辅助生产费用的分配——交互分配法

交互分配法主要适用于实行车间核算制度的企业。其优点是能够提高分配结果的准确性，这是因为辅助生产内部相互提供的劳务都全部进行了交互分配；缺点是要计算两次费用分配率，进行两次分配，工作量就增加了。此外，费用分配率是根据交互分配前的待分配费用计算的，分配结果仍不精确。为了简化工作，在各月辅助生产费用水平相差不大的情况下，我们可以用上月的辅助生产费用分配率作为交互分配的分配率。

交互分配法的步骤如下：

（1）交互分配。辅助生产车间以外的受益对象不进行分配，只将辅助生产费用在各辅助生产车间之间进行交互分配。公式为：

$$交互分配率=\frac{某辅助生产车间费用总额}{该车间提供的劳务总量}$$

$$某辅助生产车间费用分配额=该辅助生产车间耗用劳务量\times 交互分配率$$

（2）计算交互分配后的费用。公式为：

$$交互分配后的费用=该车间原费用总额-交互分配转出的费用+交互分配转入的费用$$

（3）对外分配。将辅助生产车间交互分配后的新费用在辅助生产车间以外各受益对象间进行分配。公式为：

$$对外分配率=\frac{交互分配后的费用}{该车间提供的劳务总量-其他辅助车间耗用劳务量}$$

$$各受益对象承担分配额=该部门耗用劳务量\times 对外分配率$$

小知识

在采用交互分配法时应计算两次分配率：❶ 交互分配时的分配率；❷ 对外分配时的分配率。

案例 3-2　黄河股份有限公司有供电和供水两个辅助生产车间，主要为本公司基本生产车间和行政管理部门等服务。2024 年 5 月，供电车间发生费用为 29 000 元，供水车间发生费用为 203 400 元，辅助生产车间供应劳务数量表如表 3-7 所示。

表 3－7　　　　辅助生产车间供应劳务数量表

受益单位		耗电/千瓦·时	耗水/吨
辅助生产车间	供电车间	—	6 000
	供水车间	4 000	—
基本生产车间	丙产品	20 000	25 000
	一般耗用	12 000	12 000
公司专设销售机构		1 500	4 000
公司行政管理部门		2 500	13 000
合计		40 000	60 000

要求：采用交互分配法分配辅助生产费用并编制相关会计分录。

辅助生产费用分配表如表 3－8 所示(尾差计入公司行政管理部门)。

表 3－8　　　　辅助生产费用分配表

（交互分配法）

操作示范：辅助生产费用分配表(交互分配法)计算步骤

项目		供电车间			供水车间			合计金额/元
		供电量/千瓦·时	分配率	金额/元	供水量/吨	分配率	金额/元	
待分配费用		40 000	0.725	29 000.00	60 000	3.390 0	203 400.00	232 400.00
交互分配	供电车间	—	—	—	6 000	3.390 0	20 340.00	20 340.00
	供水车间	4 000	0.725	2 900.00	—	—	—	2 900.00
对外分配新费用		36 000	1.290	46 440.00	54 000	3.443 7	185 960	232 400
对外分配	基本生产车间丙产品	20 000	1.290	25 800.00	25 000	3.443 7	86 092.50	111 892.50
	基本生产车间一般耗用	12 000	1.290	15 480.00	12 000	3.443 7	41 324.40	56 804.40
	公司专设销售机构	1 500	1.290	1 935.00	4 000	3.443 7	13 774.80	15 709.80
	公司行政管理部门	2 500	1.290	3 225.00	13 000	3.443 7	44 768.30	47 993.30

表 3－8 有关数字结果的计算过程如下：

(1) 交互分配：

❶ 供电车间分配率＝29 000÷40 000＝0.725

供电车间分给供水车间的费用＝4 000×0.725＝2 900.00(元)

❷ 供水车间分配率＝203 400÷60 000＝3.39

供水车间分给供电车间费用＝6 000×3.39＝20 340.00(元)

(2) 计算对外分配费用：

❶ 供电车间对外分配新费用＝29 000－2 900＋20 340＝46 440.00(元)

❷ 供水车间对外分配新费用＝203 400－20 340＋2 900＝185 960.00(元)

(3) 对外分配：

❶ 供电车间分配：

供电车间对外分配率＝46 440÷(40 000－4 000)＝1.29

基本生产车间丙产品分配额＝20 000×1.29＝25 800.00(元)

基本生产车间一般耗用分配额＝12 000×1.29＝15 480.00(元)

公司行政管理部门分配额＝2 500×1.29＝3 225.00(元)

公司专设销售机构分配额＝1 500×1.29＝1 935.00(元)

❷ 供水车间分配情况：

供水车间对外分配率＝185 960÷(60 000－6 000)≈3.443 7

基本生产车间丙产品分配额＝25 000×3.443 7＝86 092.50(元)

基本生产车间一般耗用分配额＝12 000×3.443 7＝41 324.40(元)

公司专设销售机构分配额＝4 000×3.443 7＝13 774.80(元)

公司行政管理部门分配额＝185 960－86 092.50－41 324.40－13 774.80＝44 768.30(元)

(4) 根据表 3－8，编制会计分录如下：

❶ 交互分配：

借：辅助生产成本——供电车间	20 340.00	
贷：辅助生产成本——供水车间		20 340.00
借：辅助生产成本——供水车间	2 900.00	
贷：辅助生产成本——供电车间		2 900.00

❷ 对外分配：

借：基本生产成本——丙产品(燃料及动力)	111 892.50	
制造费用——水电费	56 804.40	
销售费用——水电费	15 709.80	
管理费用——水电费	47 993.30	
贷：辅助生产成本——供电车间		46 440.00
——供水车间		185 960.00

【技能实训 3－2】

某企业设有供电和供水两个辅助生产车间，主要为本企业基本生产车间和行政管理部门服务，供电车间本月发生费用为 4 380 元，供水车间本月发生费用为 17 000 元，辅助生产车间供应劳务数量表如表 3－9 所示。

表 3－9　辅助生产车间供应劳务数量表

受益单位		耗用数量	
		耗电/千瓦·时	耗水/吨
辅助生产车间	供电车间	—	1 200
	供水车间	1 500	—

续 表

受益单位		耗用数量	
		耗电/千瓦·时	耗水/吨
基本生产车间	A产品	2 000	
	一般耗用	1 600	2 500
企业行政管理部门		900	1 300
合计		6 000	5 000

要求：用交互分配法分配辅助生产费用并编制相应会计分录(尾差计入公司行政管理部门)。

辅助生产费用分配状况如表3-10所示。

表3-10 辅助生产费用分配表

(交互分配法)

项目		供电车间			供水车间			合计金额/元
		供电量/千瓦·时	分配率	金额/元	供水量/吨	分配率	金额/元	
待分配费用		6 000	0.730 0	4 380.00	5 000	3.400	17 000.00	21 380.00
交互分配	供电车间	—	—	—	1 200	3.400	4 080.00	4 080.00
	供水车间	1 500	0.730 0	1 095.00	—	—	—	1 095.00
对外分配新费用		4 500	1.636 7	7 365.00	3 800	3.688 2	14 015.00	21 380.00
对外分配	基本生产车间A产品	2 000	1.636 7	3 273.40				3 273.40
	基本生产车间一般耗用	1 600	1.636 7	2 618.72	2 500	3.688 2	9 220.50	11 839.22
	公司行政管理部门	900	1.636 7	1 472.88	1 300	3.688 2	4 794.50	6 267.38

表中有关数字结果的计算过程如下：

(1) 交互分配：

❶ 供电车间分配率＝4 380÷6 000＝0.73

供电车间分给供水车间的费用＝1 500×0.73＝1 095.00(元)

❷ 供水车间分配率＝17 000÷5 000＝3.4

供水车间分给供电车间费用＝1 200×3.4＝4 080.00(元)

(2) 计算对外分配费用：

❶ 供电车间对外分配新费用＝4 380－1 095＋4 080＝7 365.00(元)

❷ 供水车间对外分配新费用＝17 000－4 080＋1 095＝14 015.00(元)

(3) 对外分配：

❶ 供电车间分配情况：

供电车间对外分配率＝7 365÷(6 000－1 500)≈1.636 7

基本生产车间A产品分配额＝2 000×1.636 7＝3 273.40(元)

基本生产车间一般耗用分配额＝1 600×1.636 7＝2 618.72(元)

公司行政管理部门分配额＝7 365－3 273.40－2 618.72＝1 472.88(元)

❷ 供水车间分配情况：

供水车间对外分配率＝14 015÷(5 000－1 200)≈3.688 2

基本生产车间分配额＝25 00×3.688 2＝9 220. 50(元)

公司行政管理部门分配额＝14 015－9 220.5＝4 794.50(元)

(4) 根据辅助生产费用分配表，编制会计分录如下：

❶ 交互分配：

借：辅助生产成本——供电车间　4 080.00

　　贷：辅助生产成本——供水车间　4 080.00

借：辅助生产成本——供水车间　1 095.00

　　贷：辅助生产成本——供电车间　1 095.00

❷ 对外分配：

借：基本生产成本——A 产品(燃料及动力)　3 273.40

　　制造费用——水电费　11 839.22

　　管理费用——水电费　6 267.38

　　贷：辅助生产成本——供电车间　7 365.00

　　　　　　　　　　——供水车间　14 015.00

3. 顺序分配法

顺序分配法又称梯形分配法。采用该方法时，各辅助生产车间之间的费用分配是按照受益金额多少的顺序排列的，受益少的排在前面，先将费用分配出去；受益多的排在后面，后将费用分配出去。排在前面的分配给排列在后面的辅助生产车间费用，排在后面的不再分配给排在前面的辅助生产车间费用。

顺序分配法主要适用于各辅助生产车间之间相互提供劳务呈明显级差顺序的企业，同时，排在前的辅助生产车间所耗用的排在后的辅助生产车间的费用较少。其优点是需计算一次辅助生产费用，计算简便，缺点是分配结果不太准确，排在前的辅助生产车间不负担排在后的辅助生产车间的费用，不利于调动排在前的辅助生产车间降低耗用的积极性。

顺序分配法的操作步骤及基本公式如下：

第一步，按受益金额规模对生产车间进行排序。

第二步，计算排在前面的辅助生产车间的分配率，再计算各受益对象应承担的辅助生产费用。公式为：

知识详解：辅助费用的分配——顺序分配法

$$\text{先分配车间费用分配率}=\frac{\text{该车间本月辅助生产费用}}{\text{辅助生产劳务总量}}$$

$$\text{各受益对象承担的费用}=\text{各受益对象耗用量}\times\text{费用分配率}$$

第三步，计算排在后面的辅助生产车间的分配率，再计算除先分配辅助生产车间以外的受益对象应承担的辅助生产费用。公式为：

$$后分配车间费用分配率=\frac{该车间本月辅助生产费用+先分配车间分来的费用}{辅助生产劳务总量-提供给先分配车间的劳务量}$$

$$\begin{matrix}除先分配车间外各受\\益对象应承担的费用\end{matrix}=除先分配车间外各受益对象耗用量\times 费用分配率$$

案例 3-3 黄河股份有限公司设有供电和供水两个辅助生产车间，主要为本公司基本生产车间和行政管理部门等服务。2024 年 5 月，供电车间发生费用为 17 400 元，供水车间发生费用为 51 000 元，辅助生产车间供应劳务数量表如表 3-11 所示。

表 3-11 辅助生产车间供应劳务数量表

受益单位		耗用数量	
		耗电/千瓦·时	耗水/吨
辅助生产车间	供电车间	—	2 500
	供水车间	4 000	—
基本生产车间	丙产品	15 000	6 000
	一般耗用	5 000	3 000
公司行政管理部门		3 000	600
公司专设销售机构		2 000	400
合计		29 000	12 500

要求：采用顺序分配法分配辅助生产费用并编制相关会计分录。

辅助生产费用分配表如表 3-12 所示。

表 3-12 辅助生产费用分配表

（顺序分配法）

项目		供水车间（先分配）		供电车间（后分配）		金额合计/元
		数量/吨	金额/元	数量/千瓦·时	金额/元	
本月发生的劳务总量及费用		12 500	51 000	29 000	17 400	68 400
待分配费用			51 000		27 600	78 600
待分配劳务总量		12 500		25 000		
分配率			4.080		1.104	
辅助生产车间	供水车间			4 000		
	供电车间	2 500	10 200			10 200
基本生产车间	丙产品	6 000	24 480	15 000	16 560	41 040
	一般耗用	3 000	12 240	5 000	5 520	17 760
公司行政管理部门		600	2 448	3 000	3 312	5 760
公司专设销售机构		400	1 632	2 000	2 208	3 840
合计			51 000		27 600	78 600

表 3-12 中有关数字结果的计算过程如下：

（1）排列顺序：

供电车间耗用的水费＝51 000÷12 500×2 500＝10 200（元）

供水车间耗用的电费＝17 400÷29 000×4 000＝2 400（元）

供水车间受益少，因此，供水车间排在前面先分配，供电车间排在后面后分配。

（2）计算先分配辅助生产车间——供水车间的分配率及各受益对象承担的费用：

❶ 分配率＝51 000÷12 500＝4.08

❷ 各受益对象承担的费用：

供电车间承担的费用＝2 500×4.08＝10 200（元）

基本生产车间丙产品承担的费用＝6 000×4.08＝24 480（元）

基本生产车间一般耗用承担的费用＝3 000×4.08＝12 240（元）

公司行政管理部门承担的费用＝600×4.08＝2 448（元）

公司专设销售机构承担的费用＝400×4.08＝1 632（元）

（3）计算后分配辅助生产车间——供电车间的分配率及除先分配的供水车间外各受益对象承担的费用（不再分配给供水车间）：

❶ 分配率＝（17 400＋10 200）÷（29 000－4 000）＝1.104

❷ 除先分配的供水车间外各受益对象承担的费用：

基本生产车间丙产品承担的费用＝15 000×1.104＝16 560（元）

基本生产车间一般耗用承担的费用＝5 000×1.104＝5 520（元）

公司行政管理部门承担的费用＝3 000×1.104＝3 312（元）

公司专设销售机构承担的费用＝2 000×1.104＝2 208（元）

（4）编制会计分录：

❶ 供水车间的分配：

借：辅助生产成本——供电车间	10 200	
基本生产成本——丙产品（燃料及动力）	24 480	
制造费用——水电费	12 240	
管理费用——水电费	2 448	
销售费用——水电费	1 632	
贷：辅助生产成本——供水车间		51 000

❷ 供电车间的分配：

借：基本生产成本——丙产品（燃料及动力）	16 560	
制造费用——水电费	5 520	
管理费用——水电费	3 312	
销售费用——水电费	2 208	
贷：辅助生产成本——供电车间		27 600

小知识

顺序分配法的特点：

（1）排列在前的车间将费用分配给排在后面的车间，不再承担后面车间的费用。

（2）后面车间应分配的费用，包括本车间发生的辅助生产费用与前面车间分配转入的费用。

【技能实训 3－3】

某企业设有供电和供水两个辅助生产车间，主要为本企业基本生产车间和行政管理部门服务，供电车间本月发生费用为 3 685 元，供水车间本月发生费用为 20 400 元，辅助生产车间供应劳务数量表如表 3－13 所示。

表 3－13　　辅助生产车间供应劳务数量表

受益单位		耗用数量	
		耗电/千瓦·时	耗水/吨
辅助生产车间	供电车间	—	1 600
	供水车间	1 500	—
基本生产车间	A 产品	5 000	2 000
	一般耗用	3 400	1 200
企业行政管理部门		2 500	800
企业专设销售机构		1 600	400
合　计		14 000	6 000

要求：用顺序分配法分配辅助生产费用并编制相应会计分录。

辅助生产费用分配表如表 3－14 所示。

表 3－14　　辅助生产费用分配表

（顺序分配法）

项　目		供水车间（先分配）		供电车间（后分配）		金额合计/元
		数量/吨	金额/元	数量/千瓦·时	金额/元	
车间本月发生的劳务及费用		6 000	20 400	14 000	3 685	24 085
待分配费用			20 400		9 125	29 525
待分配劳务总量		6 000		12 500		
分配率			3.40		0.73	
辅助生产车间	供水车间			1 500	—	—
	供电车间	1 600	5 440			5 440
基本生产车间	A 产品	2 000	6 800	5 000	3 650	10 450
	一般耗用	1 200	4 080	3 400	2 482	6 562
公司行政管理部门		800	2 720	2 500	1 825	4 545
公司专设销售机构		400	1 360	1 600	1 168	2 528
合　计		6 000	20 400	14 000	9 125	29 525

表 3-14 中有关数字结果的计算过程如下：

（1）排列顺序：

供电车间耗用的水费＝20 400÷6 000×1 600＝5 440(元)

供水车间耗用的电费＝3 685÷14 000×1 500≈394.82(元)

供水车间受益少，因此，供水车间排在前面先分配，供电车间排在后面后分配。

（2）计算先分配辅助生产车间——供水车间的分配率及各受益对象承担的费用：

❶ 分配率＝20 400÷6 000＝3.4

❷ 各受益对象承担的费用：

供水车间分给供电车间费用＝1 600×3.4＝5 440(元)

基本生产车间 A 产品承担的费用＝2 000×3.4＝6 800(元)

基本生产车间一般耗用承担的费用＝1 200×3.4＝4 080(元)

公司行政管理部门承担的费用＝800×3.4＝2 720(元)

公司专设销售机构承担的费用＝400×3.4＝1 360(元)

（3）计算后分配辅助生产车间——供电车间的分配率及除先分配的供水车间外各受益对象承担的费用：

❶ 分配率＝(3 685＋5 440)÷(14 000－1 500)＝0.73

❷ 除先分配的供水车间外各受益对象承担的费用：

基本生产车间 A 产品承担的费用＝5 000×0.73＝3 650(元)

基本生产车间一般耗用承担的费用＝3 400×0.73＝2 482(元)

公司行政管理部门承担的费用＝2 500×0.73＝1 825(元)

公司专设销售机构承担的费用＝1 600×0.73＝1 168(元)

（4）编制会计分录：

❶ 供水车间：

借：辅助生产成本——供电车间	5 440	
基本生产成本——A 产品(燃料及动力)	6 800	
制造费用——水电费	4 080	
管理费用——水电费	2 720	
销售费用——水电费	1 360	
贷：辅助生产成本——供水车间		20 400

❷ 供电车间：

借：基本生产成本——A 产品(燃料及动力)	3 650	
制造费用——水电费	2 482	
管理费用——水电费	1 825	
销售费用——水电费	1 168	
贷：辅助生产成本——供电车间		9 125

4. 计划成本分配法

知识详解：辅助生产费用的分配——计划成本分配法

计划成本分配法，是指先根据劳务的计划单位成本和各受益单位（包括辅助生产车间）的受益量进行分配，然后再将计划成本分配额与实际费用（原待分配费用加上按计划成本分入的费用）之间的差额进行调整的分配方法。辅助生产车间实际发生的费用与计划分配额之间的差异应采用简化计算方法全部计入管理费用。

计划成本分配法适用于单位计划成本比较稳定、准确的企业。按照计划单位成本分配时，辅助生产实际费用对各受益单位成本费用没有影响，便于考核和分析各受益单位的经济责任；各种辅助生产费用只分配一次，且计划单位成本已事先确定，能简化和加速分配计算工作；对辅助生产成本超支或节约数额的计算，能考核计划的执行情况。其缺点是依赖历史或上年资料，在年度内也不宜变动。

采用计划成本分配法时，必须具备正确的计划成本资料。在分配辅助生产费用时，我们应先按计划单位成本进行分配，然后再分配结转成本差异。

案例 3－4 黄河股份有限公司设有供电和供水两个辅助生产车间，主要为本公司基本生产车间和行政管理部门服务。2024 年 5 月，供电车间发生费用为 21 000 元，供水车间发生费用为 109 400 元。供电车间计划单位成本为 0.70 元/千瓦·时，供水车间计划单位成本为 3 元/吨。辅助生产车间供应劳务数量表如表 3－15 所示。

表 3－15　辅助生产车间供应劳务数量表

受益单位		耗用数量	
		耗电/千瓦·时	耗水/吨
辅助生产车间	供电车间	—	3 500
	供水车间	4 000	—
基本生产车间	丙产品	13 000	15 000
	一般耗用	12 000	10 000
公司行政管理部门		2 000	9 500
公司专设销售机构		1 000	3 000
合计		32 000	41 000

要求：采用计划成本法分配辅助生产费用并编制相关会计分录。

辅助生产费用分配表如表 3－16 所示。

表 3－16　辅助生产费用分配表

（计划成本法）

项目	按计划成本分配				成本差异分配	
	供电车间		供水车间			
	数量/千瓦·时	金额/元	数量/吨	金额/元	供电车间/元	供水车间/元
待分配费用		21 000		109 400		
劳务总量	32 000		41 000			

续　表

项　　目		按计划成本分配				成本差异分配	
		供电车间		供水车间			
		数量/千瓦·时	金额/元	数量/吨	金额/元	供电车间/元	供水车间/元
分配率		0.7		3.0			
分配费用			22 400		123 000		
辅助生产车间	供电车间			3 500	10 500		
	供水车间	4 000	2 800				
基本生产车间	丙产品	13 000	9 100	15 000	45 000		
	一般耗用	12 000	8 400	10 000	30 000		
公司行政管理部门		2 000	1 400	9 500	28 500	9 100	−10 800
公司专设销售机构		1 000	700	3 000	9 000		
合　计			22 400		123 000	9 100	−10 800

表 3-16 中有关数字结果的计算过程如下：

(1) 按计划单位成本计算：

❶ 供电车间分配情况：

供电车间分给供水车间的费用＝4 000×0.7＝2 800(元)

基本生产车间丙产品承担的电费＝13 000×0.7＝9 100(元)

基本生产车间一般耗用承担的电费＝12 000×0.7＝8 400(元)

公司行政管理部门承担的电费＝2 000×0.7＝1 400(元)

公司专设销售机构承担的电费＝1 000×0.7＝700(元)

❷ 供水车间分配情况：

供水车间分给供电车间费用＝3 500×3＝10 500(元)

基本生产车间丙产品承担的水费＝15 000×3＝45 000(元)

基本生产车间一般耗用承担的水费＝10 000×3＝30 000(元)

公司行政管理部门承担的水费＝9 500×3＝28 500(元)

公司专设销售机构承担的水费＝3 000×3＝9 000(元)

(2) 辅助生产车间实际成本：

供电车间实际成本＝21 000＋10 500＝31 500(元)

供水车间实际成本＝109 400＋2 800＝112 200(元)

(3) 辅助生产车间计划成本：

供电车间计划成本＝32 000×0.7＝22 400(元)

供水车间计划成本＝41 000×3＝123 000(元)

(4) 辅助生产车间成本差异：

供电车间成本差异＝31 500－22 400＝9 100(元)

供水车间成本差异＝112 200－123 000＝－10 800(元)

(5) 编制会计分录：

❶ 按计划成本分配：

借：辅助生产成本——供电车间	10 500	
——供水车间	2 800	
基本生产成本——丙产品(燃料及动力)	54 100	
制造费用——水电费	38 400	
管理费用——水电费	29 900	
销售费用——水电费	9 700	
贷：辅助生产成本——供电车间		22 400
——供水车间		123 000

❷ 分配结转差异(超支用蓝字，节约用红字)：

借：管理费用——水电费	10 800	
贷：辅助生产成本——供水车间		10 800
借：管理费用——水电费	9 100	
贷：辅助生产成本——供电车间		9 100

结转差异后，我们可以用“T”型账验算供电车间和供水车间的辅助生产成本余额是否为零。

辅助生产成本——供电车间

21 000	22 400
10 500	9 100

辅助生产成本——供水车间

109 400	123 000
2 800	10 800

知识详解：辅助生产费用的分配——代数分配法

5. 代数分配法

代数分配法，是指运用多元一次联立方程的原理，列出方程，计算出各辅助生产车间的分配率，然后再根据各受益单位的受益量和分配率计算并分配辅助生产费用的方法。

代数分配法适用于辅助生产车间较少的企业。其优点是分配结果很准确；缺点是在辅助生产车间较多的情况下，未知数较多，计算复杂。

代数分配法的操作步骤为：

(1) 根据各辅助生产车间相互提供产品和劳务的数量，求解联立方程式，计算辅助生产车间的分配率。列方程的依据为：

本车间发生的辅助生产费用＋其他辅助车间转入的费用＝本车间发生的劳务总量×分配率

(2) 根据各受益单位耗用产品或劳务的数量和分配率，计算并分配辅助生产费用。

案例 3-5　黄河股份有限公司设有供电和供水两个辅助生产车间，主要为本公司基本生产车间和行政管理部门服务。2024 年 5 月，供电车间发生费用为 9 490 元，供水车间发生费用为 17 000 元，辅助生产车间供应对象和数量表如表 3-17 所示。

表 3-17　辅助生产车间供应对象和数量表

受益单位		耗用数量	
		耗电/千瓦·时	供水/吨
辅助生产车间	供电车间	—	1 000
	供水车间	2 000	—
基本生产车间	丙产品	4 000	1 500
	一般耗用	3 000	1 000
公司行政管理部门		2 500	900
公司专设销售机构		1 500	600
合计		13 000	5 000

要求：采用代数分配法分配辅助生产费用并编制相关会计分录。

辅助生产费用分配表如表 3-18 所示。

表 3-18　辅助生产费用分配表

（代数分配法）

项目		供电车间		供水车间		金额合计/元
		数量/千瓦·时	金额/元	数量/吨	金额/元	
劳务总量及总费用		13 000	9 490.00	5 000	17 000.00	26 490.00
计算出的单位成本			1.023		3.809	
辅助生产车间	供电车间			1 000	3 809.00	3 809.00
	供水车间	2 000	2 045.00			2 045.00
基本生产车间	丙产品	4 000	4 092.00	1 500	5 713.50	9 805.50
	一般耗用	3 000	3 069.00	1 000	3 809.00	6 878.00
公司行政管理部门		2 500	2 558.50	900	3 428.10	5 986.60
公司专设销售机构		1 500	1 534.50	600	2 285.40	3 819.90
合计		13 000	13 299.00	5 000	19 045.00	32 344.00

表 3-18 中有关数字结果的计算过程如下：

（1）设供电车间的辅助生产费用分配率为 x 元/千瓦·时，供水车间的辅助生产费用分配率为 y 元/吨，根据题意，得：

$$\begin{cases}9\,490+1\,000y=13\,000x,\\17\,000+2\,000x=5\,000y。\end{cases}$$

解方程组，得 $x\approx1.023$，$y\approx3.809$。

(2) 各受益对象应负担的费用：

将供电车间和供水车间的单位成本分别乘以各自为受益对象提供的劳务量，计算出各受益对象应负担的费用。

❶ 供电车间：

供电车间分给供水车间的费用=2 000×1.023−1=2 045(元)

分配率不能除尽，将 $x\approx1.023$，$y\approx3.809$ 代入方程 $17\,000+2\,000x=5\,000y$ 后，左右两方相差 1 元，是为调节供水车间尾差，尾差的存在可以保证分配后辅助生产成本余额为零。

基本生产车间丙产品承担的电费=4 000×1.023=4 092(元)

基本生产车间一般耗用承担的电费=3 000×1.023=3 069(元)

公司行政管理部门承担的电费=13 000×1.023−4 092−3 069−1 534.5=2 558.50(元)

公司专设销售机构承担的电费=1 500×1.023=1 534.50(元)

❷ 供水车间：

供水车间分给供电车间费用=1 000×3.809=3 809(元)

基本生产车间丙产品承担的水费=1 500×3.809=5 713.50(元)

基本生产车间一般耗用承担的水费=1 000×3.809=3 809(元)

公司行政管理部门承担的水费=900×3.809=3 428.10(元)

公司专设销售机构承担的水费=1 500×3.809=2 285.40(元)

(3) 编制会计分录：

借：辅助生产成本——供电车间	3 809.00	
——供水车间	2 045.00	
基本生产成本—丙产品(燃料及动力)	9 805.50	
制造费用	6 878.00	
管理费用	5 986.60	
销售费用	3 819.90	
贷：辅助生产成本——供电车间		13 299.00
——供水车间		19 045.00

辅助生产费用分配后，我们可以用“T”型账验算供电车间和供水车间的辅助生产成本余额是否为零。

辅助生产成本——供电车间

9 490 3 809	13 299

辅助生产成本——供水车间

17 000 2 045	19 045

小知识

代数分配法下，如果所设未知数（即辅助车间的辅助生产费用分配率）是不能除尽的，我们则需要将结果代入方程验算并作出调整，否则辅助生产费用在月末分配后就会出现余额。

知识拓展

在进行成本分配时，最核心的问题是如何精确地分配成本。在上述的方法中，代数分配法和交互分配法充分地考虑了服务部门之间的成本交互流动，因此，它能比直接分配法和顺序分配法更为完整和准确地将服务部门的成本分配至生产部门。

此外，精确的成本分配也取决于分配基础（成本动因）的选择。因果关系在选择分配基础时起到了决定性作用，比如，在一个自动化程度很高的生产部门中，使用直接人工工时来分配成本显然是不合理的。在一些情况下，即使采用了合理的分配基础，细节性的问题也会引发不合理的结论。

任务二　归集与分配制造费用

任务描述

（1）企业各个生产单位为生产产品和提供劳务而发生的各项间接费用，以及企业各生产单位所发生的固定资产使用费应计入制造费用。我们首先应熟悉哪些费用应归集到制造费用中去。

（2）月末还需将归集的制造费用按一定标准在生产的各种产品间进行合理分配，我们应掌握制造费用的分配方法。

一、制造费用概述

（一）制造费用的含义

制造费用是构成产品成本的综合性成本项目，包括企业各个生产单位（包括基本生产车间和分厂）为生产产品和提供劳务而发生的各项间接费用以及固定资产使用费。伴随着科技进步和企业生产工艺水平的提高，制造费用在产品成本中的比重越来越高。因此，正确地核算制造费用对于正确计算产品成本至关重要。

知识详解：制造费用的归集与分配

（二）制造费用的核算内容

（1）直接用于产品生产，但不便于单独核算或管理制度未进行要求，因而没有专设成本项目的生产费用，如机器设备的折旧费、租赁费等。

（2）间接用于产品生产，无法直接判断被哪个成本计算对象所耗用的生产费用，如生产车间的照明费、机物料消耗费用等。

（3）车间或其他生产部门用于组织和管理生产而发生的费用，如车间管理部门用的照明费、办公费、车间管理人员的薪金等。

二、归集制造费用

为核算与监督制造费用，企业应设置“制造费用”账户对其进行归集，该账户总括地反映企业在一定时期内发生的制造费用及其分配情况，其借方登记一定时期内发生的全部制造费用，贷方登记制造费用的分配额，期末一般无余额。此外，企业还应分别按生产车间设置制造费用明细账，按明细项目设置专栏进行明细核算。

下面以项目二、项目三中长江股份有限公司 2024 年 5 月发生的业务为例，归集公司 5 月发生的制造费用，登记制造费用明细账。

根据［案例 2－4］、［案例 2－8］、［案例 2－11］、［案例 2－14］、［案例 2－17］、［案例 2－22］、［案例 3－1］登记该公司制造费用明细账，如表 3－19 所示。

表 3－19　　制造费用明细账

车间名称：基本生产车间　　2024 年 5 月 31 日

2024 年		凭证字号	摘　　要	材料费	低值易耗品摊销	职工薪酬	水电费	折旧费	其他	合计
月	日									
5	31	略	案例 2－4 材料费用分配	2 000						2 000
5	31		案例 2－8 周转材料分配		300					300
5	31		案例 2－11 水电费用分配				4 900			4 900
5	31		案例 2－14 职工薪酬分配			4 000				4 000
5	31		案例 2－14 职工薪酬分配			1 040				1 040
5	31		案例 2－17 折旧费用分配					75 000		75 000
5	31		案例 2－22 其他费用分配						1 660	1 660
5	31		案例 3－1 分配辅助生产成本				12 000		9 950	21 950
5	31		本月合计	2 000	300	5 040	16 900	75 000	11 610	110 850
5	31		案例 3－6 分配制造费用	2 000	300	5 040	16 900	75 000	11 610	110 850

三、分配制造费用

企业需要先分配辅助生产成本，把由车间承担的辅助生产费用计入制造费用，然后再对其进行分配。制造费用一般按照车间进行归集，在月末时按照一定的标准在各车间所生产的产品间进行合理分配。制造费用的分配原则是：生产单一产品的车间，其制造费用直接计入该种产品的成本；生产多种产品的车间，其制造费用应采取一定的分配方法，按一定比例分配后计入每种产品的成本。

制造费用的分配方法一般有生产工人工资比例法、生产工人工时比例法、机器工时比例法、年度计划分配率分配法等。企业应结合自己的实际情况，选择合理的分配方法，分配方法一经确定，不得随意改变。

（一）生产工人工资比例法

生产工人工资比例法，是以各种产品生产工人工资的比例作为标准来分配制造费用的方法。其优点是核算工作简便，缺点是只能用于各种产品机械化水平大致相同的企业，否则计算结果的合理性会受到影响。计算公式为：

$$制造费用分配率=\frac{制造费用总额}{各产品生产工人工资之和}$$

$$某种产品应承担的制造费用=该产品生产工人工资\times制造费用分配率$$

案例 3－6　长江股份有限公司基本生产车间生产甲、乙两种产品。2024 年 5 月，发生制造费用 110 850 元（查表 3－19），甲产品工人工资为 14 000 元，乙产品工人工资为 16 000 元。要求：采用生产工人工资比例法分配制造费用并编制相关会计分录。

制造费用分配率＝110 850÷（14 000＋16 000）＝3.695 0

甲产品分担制造费用＝14 000×0.3.695 0＝51 730（元）

乙产品分担制造费用＝16 000×3.695 0＝59 120（元）

根据上列计算结果，编制制造费用分配表，如表 3－20 所示。

表 3－20　**制造费用分配表**

生产车间：基本生产车间　　2024 年 5 月

产品名称	生产工人工资/元	分配率	分配金额/元
甲产品	14 000	3.695 0	51 730
乙产品	16 000		59 120
合　计	30 000	—	110 850

操作示范：制造费用分配表计算步骤

根据表 3－20，编制会计分录如下：

借：基本生产成本——甲产品（制造费用）　51 730
　　　　　　　——乙产品（制造费用）　59 120
　贷：制造费用——材料费　2 000
　　　　　　——低值易耗品摊销　300
　　　　　　——职工薪酬　5 200
　　　　　　——水电费　16 900
　　　　　　——折旧费　75 000
　　　　　　——其他　11 450

最后，将案例 3－6 中制造费用的发生额登记到制造费用明细账中，分配后制造费用余额应为零。

【技能实训 3－4】

某企业基本生产车间生产 A、B、C 三种产品。2024 年 5 月发生制造费用 60 000 元，A 产品工人工资为 15 000 元，B 产品工人工资为 45 000 元，C 产品工人工资为 20 000 元。要求：按生产工人工资比例分配制造费用并编制相应会计分录。

制造费用分配率＝60 000÷(15 000＋45 000＋20 000)＝0.75

A 产品分担制造费用＝15 000×0.75＝11 250(元)

B 产品分担制造费用＝45 000×0.75＝33 750(元)

C 产品分担制造费用＝20 000×0.75＝15 000(元)

根据以上计算结果，编制制造费用分配表，如表 3－21 所示。

表 3－21 **制造费用分配表**

生产车间：基本生产车间 2024 年 5 月

产品名称	生产工人工资/元	分配率	分配金额/元
A 产品	15 000	0.75	11 250
B 产品	45 000		33 750
C 产品	20 000		15 000
合　计	80 000	—	60 000

根据表 3－21，编制会计分录如下：

借：基本生产成本——A 产品(制造费用)　　11 250
　　　　　　　——B 产品(制造费用)　　33 750
　　　　　　　——C 产品(制造费用)　　15 000
　贷：制造费用　　60 000

(二) 生产工人工时比例法

生产工人工时比例法，是以各种产品生产工人工时数为标准来分配制造费用的方法。其优点是将劳动生产率与产品负担的制造费用结合起来，分配结果比较合理，在实际工作中运用较多。计算公式为：

$$制造费用分配率＝\frac{制造费用总额}{各产品生产工人工时之和}$$

某种产品应承担的制造费用＝该产品生产工人工时×制造费用分配率

案例 3－7 黄河股份有限公司基本生产车间生产丙、丁两种产品。2024 年 5 月，发生制造费用 100 000 元，丙产品实际生产工时为 18 000 小时，丁产品实际生产工时为 22 000 小时。要求：采用生产工人工时比例法分配制造费用并编制相关会计分录。

制造费用分配率＝100 000÷(18 000＋22 000)＝2.5

丙产品分担制造费用＝18 000×2.5＝45 000(元)

丁产品分担制造费用＝22 000×2.5＝55 000(元)

根据上列计算结果，编制制造费用分配表，如表 3－22 所示。

表 3－22　　制造费用分配表

生产车间：基本生产车间　　2024 年 5 月

产品名称	生产工人工时/小时	分配率	分配金额/元
丙产品	18 000	2.5	45 000
丁产品	22 000		55 000
合　计	40 000	—	100 000

根据表 3－22，编制会计分录如下：

借：基本生产成本——丙产品(制造费用)　　45 000

　　　　　　　　——丁产品(制造费用)　　55 000

　贷：制造费用　　100 000

【技能实训 3－5】

某企业基本生产车间生产 A、B、C 三种产品。2024 年 5 月发生制造费用 500 000 元，A 产品实际生产工时为 10 000 小时，B 产品实际生产工时为 35 000 小时，C 产品实际生产工时为 5 000 小时。要求：按生产工人工时比例法分配制造费用并编制相应会计分录。

制造费用分配率＝500 000÷(10 000＋35 000＋5 000)＝10

A 产品分担制造费用＝10 000×10＝100 000(元)

B 产品分担制造费用＝35 000×10＝350 000(元)

C 产品分担制造费用＝5 000×10＝50 000(元)

根据上列计算结果，编制制造费用分配表，如表 3－23 所示。

表 3－23　　制造费用分配表

生产车间：基本生产车间　　2024 年 5 月

产品名称	生产工人工时/小时	分配率	分配金额/元
A 产品	10 000	10	100 000
B 产品	35 000		350 000
C 产品	5 000		50 000
合　计	50 000	—	500 000

根据表 3－23，编制会计分录如下：

借：基本生产成本——A产品(制造费用) 100 000
——B产品(制造费用) 350 000
——C产品(制造费用) 50 000
贷：制造费用 500 000

(三)机器工时比例法

机器工时比例法是按各种产品所耗用的机器设备运转时间为标准来分配制造费用的方法。采用这种方法时，必须做好各种产品所耗用机器工时的原始记录工作，保证制造费用分配的正确性。机械化程度和自动化较高的车间适合使用这种方法，在这种车间里，与机器设备使用有关的费用所占比重较大。计算公式为：

$$制造费用分配率=\frac{制造费用总额}{各产品机器工时之和}$$

某种产品应承担的制造费用＝该产品机器工时×制造费用分配率

案例3-8 黄河股份有限公司基本生产车间生产丙、丁两种产品。2024年5月，发生制造费用10 000元，丙产品耗用机器工时为12 000小时，丁产品耗用机器工时为13 000小时。要求：采用机器工时比例法分配制造费用并编制相关会计分录。

制造费用分配率＝10 000÷(12 000＋13 000)＝0.4

丙产品分担制造费用＝12 000×0.4＝4 800(元)

丁产品分担制造费用＝13 000×0.4＝5 200(元)

根据上列计算结果，编制制造费用分配表，如表3-24所示。

表3-24 制造费用分配表

生产车间：基本生产车间　　2024年5月

产品名称	机器工时/小时	分配率	分配金额/元
丙产品	12 000	0.4	4 800
丁产品	13 000		5 200
合　计	25 000	—	10 000

根据表3-24，编制会计分录如下：

借：基本生产成本——丙产品(制造费用) 4 800
——丁产品(制造费用) 5 200
贷：制造费用 10 000

【技能实训3-6】

某企业基本生产车间生产A、B、C三种产品。2024年5月发生制造费用40 000元，A产品耗用机器工时为20 000小时，B产品耗用机器工时为16 000小时，C产品耗用机器工时为14 000小时。要求：按机器工时比例法分配制造费用并编制相应会计分录。

制造费用分配率＝40 000÷(20 000＋16 000＋14 000)＝0.8

A 产品分担制造费用＝20 000×0.8＝16 000(元)

B 产品分担制造费用＝16 000×0.8＝12 800(元)

C 产品分担制造费用＝14 000×0.8＝11 200(元)

根据上列计算结果，编制制造费用分配表，如表 3－25 所示。

表 3－25　　制造费用分配表

生产车间：基本生产车间　　2024 年 5 月

产品名称	机器工时/小时	分配率	分配金额/元
A 产品	20 000		16 000
B 产品	16 000	0.8	12 800
C 产品	14 000		11 200
合　计	50 000	—	40 000

根据表 3－25，编制会计分录如下：

借：基本生产成本——A 产品(制造费用)　16 000
　　　　　　　　——B 产品(制造费用)　12 800
　　　　　　　　——C 产品(制造费用)　11 200
　贷：制造费用　40 000

小知识

为解决季节性生产企业制造费用负担水平的波动问题，及时分配制造费用，企业可采用计划分配率法分配制造费用。

(四) 年度计划分配率分配法

年度计划分配率分配法，是在企业正常的生产经营条件下，根据年度开始前确定的全年适用的计划分配率对制造费用进行分配的方法。采用这种方法时，无论每月实际发生的制造费用是多少，当月各种产品成本中的制造费用都应按年度计划确定的分配率来分配，“制造费用”账户余额到年末再作调整。但是如果在年度内发现全年制造费用的实际数与计划数存在较大差额时，企业应及时调整计划分配率。

知识详解：制造费用的分配——年度计划分配率分配法

其计算步骤及计算公式为：

(1) 计算年度计划分配率。

$$制造费用计划分配率=\frac{年度制造费用总额}{年度计划产量的定额工时之和}$$

(2) 每月按年度计划分配率计算分配额。

某产品当月应分配的制造费用＝该种产品实际产量定额工时×制造费用计划分配率

(3) 年末调整“制造费用”余额。

在采用这种方法分配制造费用时,实际发生的制造费用与按年度计划分配率计算的制造费用分配额之间会存在差异,因而在全年前11个月中,“制造费用”账户可能有余额。余额若在借方,表示实际发生的制造费用大于按计划分配的费用;余额若在贷方,表示实际发生的制造费用小于按计划分配的费用。一般应在年末调整计入12月份的产品成本。实际发生额大于计划分配额时,借记“基本生产成本”账户,贷记“制造费用”账户;实际发生额小于计划分配额时,用红字冲减。

案例3-9 2024年,黄河股份有限公司基本生产车间全年制造费用计划为150 000元,全年计划生产丙产品的定额工时为7 000小时,计划生产丁产品的定额工时为5 000小时;4月份实际发生制造费用8 000元,4月份丙产品实耗工时300小时,丁产品实耗工时400小时。制造费用明细账中,4月初有借方余额1 000元。要求:按年度计划分配率法分配制造费用并作相关会计分录。

第一步,计算年度计划分配率:

制造费用计划分配率=150 000÷(7 000+5 000)=12.5

第二步,按年度计划分配率算出本月产品分配制造费用:

丙产品分担制造费用=300×12.5=3 750(元)

丁产品分担制造费用=400×12.5=5 000(元)

根据以上计算结果,编制制造费用分配表,如表3-26所示。

表3-26 制造费用分配表

生产车间:基本生产车间 2024年4月

产品名称	本月实际生产工时/小时	计划分配率	本月分配额/元
丙产品	300	12.5	3 750
丁产品	400		5 000
合 计	700	—	8 750

月末登记制造费用总账,如表3-27所示。

表3-27 制造费用总账

2024年 月	日	摘 要	借 方	贷 方	借或贷	余 额
4	1	期初余额			借	1 000
4	30	本月实际发生制造费用	8 000		借	9 000
4	30	月末分配转出		8 750	借	250

第三步，年末调整：

12月底，企业发现，全年制造费用实际发生额为200 000元，年终制造费用账户存在借方余额50 000元，按计划分配率分配，丙产品已负担90 000元，丁产品已负担60 000元，应按分配比例进行调整。

年终制造费用账户存在借方余额50 000元，说明平时按计划分配率分配的制造费用少了，应进行调增，调整分配后制造费用余额应为零。

丙产品调整金额＝50 000÷(90 000＋60 000)×90 000＝30 000(元)

丁产品调整金额＝50 000÷(90 000＋60 000)×60 000＝20 000(元)

编制分录如下：

借：基本生产成本——丙产品(制造费用)　　30 000
　　　　　　　　——丁产品(制造费用)　　20 000
　贷：制造费用　　50 000

若企业在12月底发现，全年制造费用实际发生额为110 000元，年终制造费用账户有贷方余额40 000元，按计划分配率分配，丙产品已负担90 000元，丁产品已负担60 000元，应按分配比例进行调整。

年终制造费用账户存在贷方余额40 000元，说明平时按计划分配率分配的制造费用多了，应进行调减，调整分配后制造费用余额应为零。

丙产品调整金额＝40 000÷(9 000＋6 000)×90 000＝24 000(元)

丁产品调整金额＝40 000÷(9 000＋6 000)×60 000＝16 000(元)

编制分录如下：

借：基本生产成本——丙产品(制造费用)　　24 000
　　　　　　　　——丁产品(制造费用)　　16 000
　贷：制造费用　　40 000

任务三 归集与分配损失性费用

任务描述

(1) 企业生产过程中会有废品产生，为加强对废品损失的控制管理，正确核算产品成本，应对废品损失进行归集和分配。

(2) 企业停工期间，原材料费用、职工薪酬和制造费用依旧会产生，为加强对停工损失的管理，正确核算产品成本，应对停工损失进行归集和分配。

损失性费用，是指企业在生产过程中发生的，由生产原因所造成的损失，即企业因生产组织管理不合理或不执行技术操作规程而造成的各种生产性损失，包括废品损失和停工损失。

一、归集与分配废品损失

（一）废品损失概述

知识详解：废品损失的归集与分配

废品，指不符合规定的技术标准，不能按照原定用途使用，或者需要加工修理才能使用的在产品、半成品或产成品。废品可分为可修复废品和不可修复废品两种。可修复废品，是指经过修理可以使用，而且所花费的修复费用在经济上合算的废品；不可修复废品，指不能修复，或者所花费的修复费用在经济上不合算的废品。

废品损失，是指在生产过程中发生的或入库后发现不可修复废品的生产成本，以及可修复废品的修复费用扣除回收的废品残料价值和应收赔款以后的损失。

废品损失不包括：❶ 产品入库后由保管不善等原因造成的变质损失，变质损失不作为废品损失处理，应计入管理费用。❷ 经鉴定不需要返修，可以降价出售的不合格品，应与合格品同样计算成本，其降价损失不作为废品损失，在计算损益时体现。❸ "三包"（包退、包修、包换）产品出售以后出现的废品所引发的一切损失，应计入管理费用，不计入废品损失。

（二）废品损失核算的原始凭证和账户

废品损失核算的原始凭证是"废品通知单"。我们应在"废品通知单"中填写废品的名称和数量、产生原因及责任人等主要内容，废品通知单如表 3－28 所示。

表 3－28　　废品通知单

车间：　　生产班组：　　编号：　　日期：

<table>
<tr><td rowspan="2">原工作通知单号</td><td colspan="2">零　件</td><td rowspan="2">计量单位</td><td rowspan="2">加工单价</td><td rowspan="2">工序</td><td rowspan="2">定额工时</td><td rowspan="2">实际工时</td><td rowspan="2">应负担的工资</td><td colspan="3">废 品 数 量</td></tr>
<tr><td>名称</td><td>编号</td><td>工废</td><td>料废</td><td>退料</td></tr>
<tr><td></td><td></td><td></td><td></td><td></td><td></td><td></td><td></td><td></td><td></td><td></td><td></td></tr>
<tr><td>造成废品的原因</td><td colspan="11"></td></tr>
<tr><td colspan="3">责 任 人</td><td colspan="3">赔 偿 情 况</td><td colspan="6" rowspan="3">备　　注</td></tr>
<tr><td>姓名</td><td>工号</td><td>工种</td><td>数量</td><td>单价</td><td>金额</td></tr>
<tr><td></td><td></td><td></td><td></td><td></td><td></td></tr>
</table>

企业为反映一定时期内废品损失的发生情况，加强对废品损失的控制管理，一般设"废品损失"账户对废品损失进行归集和分配，并在基本生产成本中增设"废品损失"项目。该账户借方登记可修复废品的修复费用和不可修复废品的生产成本；贷方登记过失人的赔偿和回收废料的价值。月末，企业的全部废品净损失（账户借贷双方相抵后的差额）应转入"基本生产成本"账户，借记"基本生产成本"账户，贷记"废品损失"账户，结转后该账户应无期末余额存在。该账户下按车间设明细账，账内按产品品种分设专栏进行明细核算。

（三）可修复废品损失的核算

第一步，归集修复费用。可修复废品的修复费用包括材料费用、人工费用和制造费用等，发生后应全部归集到“废品损失”账户的借方，借记“废品损失”账户，贷记“原材料”“应付职工薪酬”“制造费用”等账户。

第二步，如有废料残值和应收赔款存在，成本工作者应根据废料交库凭证及其他有关结算凭证，借记“原材料”“其他应收款”等账户，贷记“废品损失”账户。

第三步，确认废品净损失，废品净损失等于修复费用与残值的差额，借记“基本生产成本”账户，贷记“废品损失”账户。

小知识

可修复废品返修以前所发生的费用在“基本生产成本”账户及有关的成本计算单中，不必转出，这是因为它并非废品损失；修复完成继续正常加工所发生的费用也不属于废品损失，应记入“基本生产成本”账户及相应明细账。

案例 3-10 2024 年 5 月，黄河股份有限公司生产丙产品 1 000 件，生产过程中发现可修复废品 10 件，修复 10 件废品共耗材料费 500 元，应付工人工资 300 元，应分配制造费用 100 元，另用库存现金支付修复费用 80 元；废品残料入库，估价 150 元；经查明原因，过失人小王赔款 100 元，其余作为废品净损失处理。要求：做废品损失的相关账务处理。

第一步，损失发生时，将修复费用记入“废品损失”账户，编制分录如下：

借：废品损失——丙产品　　980

　　贷：原材料　　500

　　　　应付职工薪酬　　300

　　　　制造费用　　100

　　　　库存现金　　80

第二步，回收废品残料和应收赔款时，编制分录如下：

借：原材料　　150

　　其他应收款——小王　　100

　　贷：废品损失——丙产品　　250

第三步，确认废品净损失，转入合格产品成本时，编制分录如下：

确认废品净损失＝980－250＝730（元）

借：基本生产成本——丙产品（废品损失）　　730

　　贷：废品损失——丙产品　　730

废品发生较少的企业可以将发生的废品损失直接计入产品成本，不必单独设置“废品损失”账户。如果黄河股份有限公司废品较少，不单独设置“废品损失”账户，则案例 3-10 的会计处理应为：

第一步，发生损失时，将修复费用记入“基本生产成本”账户，编制分录如下：

借：基本生产成本——丙产品(废品损失)　980
　　贷：原材料　500
　　　　应付职工薪酬　300
　　　　制造费用　100
　　　　库存现金　80

第二步，回收废品残料和应收赔款时，编制分录如下：

借：原材料　150
　　其他应收款——小王　100
　　贷：基本生产成本——丙产品(废品损失)　250

(四) 不可修复废品损失的核算

知识详解：不可修复废品损失的核算

在归集与分配不可修复的废品损失之前，首先要计算废品的成本。一种方法是按废品所耗实际费用计算；另一种方法是按废品所耗定额费用计算。

1. 按废品所耗实际费用计算废品成本

采用这种方法时，应将报废前发生的各项费用在废品与合格品之间进行分配，这是因为报废前发生的费用是一起计算的。此方法的操作步骤如下：

(1) 计算废品损失额，将其从基本生产成本转入废品损失，借记“废品损失”账户，贷记“基本生产成本”账户。

(2) 回收废品残料及应收赔偿，借记“原材料”“其他应收款”等账户，贷记“废品损失”账户。

(3) 核算废品净损失，废品净损失为废品生产成本与残值的差额。然后将废品净损失转入合格产品成本，借记“基本生产成本”账户，贷记“废品损失”账户。

案例 3-11　2024 年 5 月，黄河股份有限公司基本车间生产丁产品 4 000 件，在完工验收入库时发现 200 件为不可修复废品。丁产品的成本资料为：直接材料(一次投料) 8 000 元，直接人工 3 000 元，制造费用 2 000 元，共计 13 000 元。废品残值 100 元可回收，责任人小张应赔偿 200 元。要求：按废品所耗实际费用计算废品成本编制废品损失计算表及会计分录。

根据上述资料，编制不可修复废品成本计算表，如表 3-29 所示。

表 3-29　不可修复废品成本计算表

生产单位：基本生产车间　　2024 年 5 月　　产品名称：丁　　废品数量：200 件　　单位：元

项　目	直接材料	直接人工	制造费用	合计
生产总成本	8 000	3 000	2 000	13 000
分配数量	4 000	4 000	4 000	
分配率	2	0.75	0.5	

续 表

项　　目	直接材料	直接人工	制造费用	合计
废品生产成本	400	150	100	650
减：废料残值				100
减：责任人赔偿				200
废品净损失				350

表 3-29 中有关数字结果的计算过程如下：

直接材料分配率＝8 000÷4 000＝2

直接人工分配率＝3 000÷4 000＝0.75

制造费用分配率＝2 000÷4 000＝0.5

废品承担的直接材料＝200×2＝400(元)

废品承担的直接人工＝200×0.75＝150(元)

废品承担的制造费用＝200×0.5＝100(元)

废品净损失＝650－100－200＝350(元)

根据废品损失计算表编制会计分录如下：

(1) 计算废品损失额，将其由基本生产成本中转出：

借：废品损失——丁产品　650

　　贷：基本生产成本——丁产品(直接材料)　400

　　　　　　　　　　——丁产品(直接人工)　150

　　　　　　　　　　——丁产品(制造费用)　100

(2) 回收废品残料及应收有关赔款时：

借：原材料　100

　　其他应收款——小张　200

　　贷：废品损失——丁产品　300

(3) 核算废品净损失，转入合格产品成本：

借：基本生产成本——丁产品(废品损失)　350

　　贷：废品损失——丁产品　350

2. 按废品所耗定额费用计算废品成本

为简化核算，消耗定额制度比较健全的企业可按废品所耗定额费用计算废品成本，即按废品的实际数量和各项消耗定额计算不可修复废品的生产成本。操作步骤和会计分录与按废品所耗实际费用计算废品成本相同，这里不再赘述。

案例 3-12　黄河股份有限公司按定额成本计算不可修复废品成本。2024 年 5 月，丙产品发生不可修复废品 5 件，每件直接材料定额 100 元，每件工时定额为 20 小时，每小时直接人工成本 5 元，制造费用 6 元。不可修复废品回收残料计价 200 元，作为辅助材料入

价值引领：资源循环，合理利用

库；应由过失人赔款150元。废品净损失由当月同种产品成本负担。要求：进行相关的会计处理。

(1) 计算废品损失额，将其由基本生产成本转入废品损失。

不可修复废品的生产成本＝5×100＋5×20×5＋5×20×6＝1 600(元)

借：废品损失——丙产品　　1 600

　　贷：基本生产成本——丙产品(直接材料)　　500

　　　　　　　　　　——丙产品(直接人工)　　500

　　　　　　　　　　——丙产品(制造费用)　　600

(2) 回收废品残料及应收有关赔款。

借：原材料　　200

　　其他应收款　　150

　　贷：废品损失——丙产品　　350

(3) 确认废品净损失。

废品净损失＝1 600－200－150＝1 250(元)

借：基本生产成本——丙产品(废品损失)　　1 250

　　贷：废品损失——丙产品　　1 250

二、归集与分配停工损失

知识详解：停工损失的归集与分配

停工损失，是指企业生产单位(生产车间或车间内某个班组)在停工期间发生的各项费用，包括停工期间发生的原材料费用、职工薪酬和制造费用。停工范围有大有小，时间有长有短，应以具体停工时间来计算停工损失。为简化计算，不满1个工作日的停工可以忽略不计。应由过失单位或保险公司负责的赔款，从停工损失中扣除。季节性生产的企业在停工期间所发生的费用，在产品成本核算范围内的部分应计入产品成本，不作停工损失处理。

对发生的停工损失，应根据不同情况作出相应的分配处理。由自然灾害所引起的停工损失，应转作营业外支出；由原材料供应不足，机器设备发生故障，以及计划减产等原因所引起的停工损失，停工不满1个工作日的计入产品成本，否则转作营业外支出。

归集和分配停工损失时，其原始凭证应为停工报告单和各种费用分配表，企业应设置“停工损失”账户进行核算，借方登记生产单位发生的各项停工损失，贷方登记应索赔的停工损失和分配结转的停工净损失，该账户应按车间和成本项目进行明细核算。其核算步骤如下：

(1) 归集停工期间发生的各项费用，即根据停工报告单、领料单、工资分配表、制造费用分配表结算停工期间发生的实际费用，借记“停工损失”账户，贷记“原材料”“应付职工薪酬”“制造费用”等账户。

(2) 查明原因后进行损失处理，若存在应收过失赔偿款，则借记“其他应收款”账户，若停工损失是由自然灾害所引起的，则应借记“营业外支出”账户，贷记“停工损失”账户。

(3) 结转停工净损失，将停工期间发生的各项费用减去应收索赔款后的余额记入“基本生产成本”账户，借记“基本生产成本”账户，贷记“停工损失”账户。

案例 3-13 2024 年 5 月，黄河股份有限公司由于意外断电停工两天，正在生产的丙产品发生停工损失 6 000 元，其中材料损失 2 000 元，职工薪酬损失 3 000 元，制造费用损失 1 000 元，查明原因后，由责任部门赔偿 1 000 元，其余计入产品成本。要求：作相关会计处理。

（1）发生损失时，将停工损失记入“停工损失”账户。

借：停工损失　6 000
　贷：原材料　2 000
　　应付职工薪酬　3 000
　　制造费用　1 000

（2）查明原因后进行损失处理。

❶ 应收过失人赔款。

借：其他应收款　1 000
　贷：停工损失　1 000

❷ 结转停工净损失。

停工净损失＝6 000－1 000＝5 000（元）

借：基本生产成本——丙产品（停工损失）　5 000
　贷：停工损失　5 000

拓展阅读

企业的辅助生产同样重要

绝大多数企业都设有基本生产车间和辅助生产车间。虽然辅助生产车间一般不参与产品生产，主要为基本生产车间、企业行政管理部门提供辅助性服务，但它们在企业生产中的作用也是举足轻重的。

以钢铁企业为例，一般钢铁企业的辅助生产部门可分为动力、机修、运输三部分。属于动力部门的有发电、给水、燃气等车间；属于机修部门的有生产修理用备件的铸造、锻造和机械加工车间；专门从事修理工作的机械设备修理车间、电气设备修理车间（有的企业并入动力部门）和冶金炉修理车间；属于运输部门的有铁路运输和汽车运输及轮船运输。

在辅助生产部门工作的职工人数约占钢铁企业职工人数的 30%，这些部门所提供的产品、劳务和作业的价值，在基本生产车间产品成本构成中占 10%，因此，正确组织辅助生产部门产品、作业和劳务的成本计算，对加强钢铁企业成本管理具有同样重要的意义。

项目小结

本项目的内容结构如图 3-1 所示。

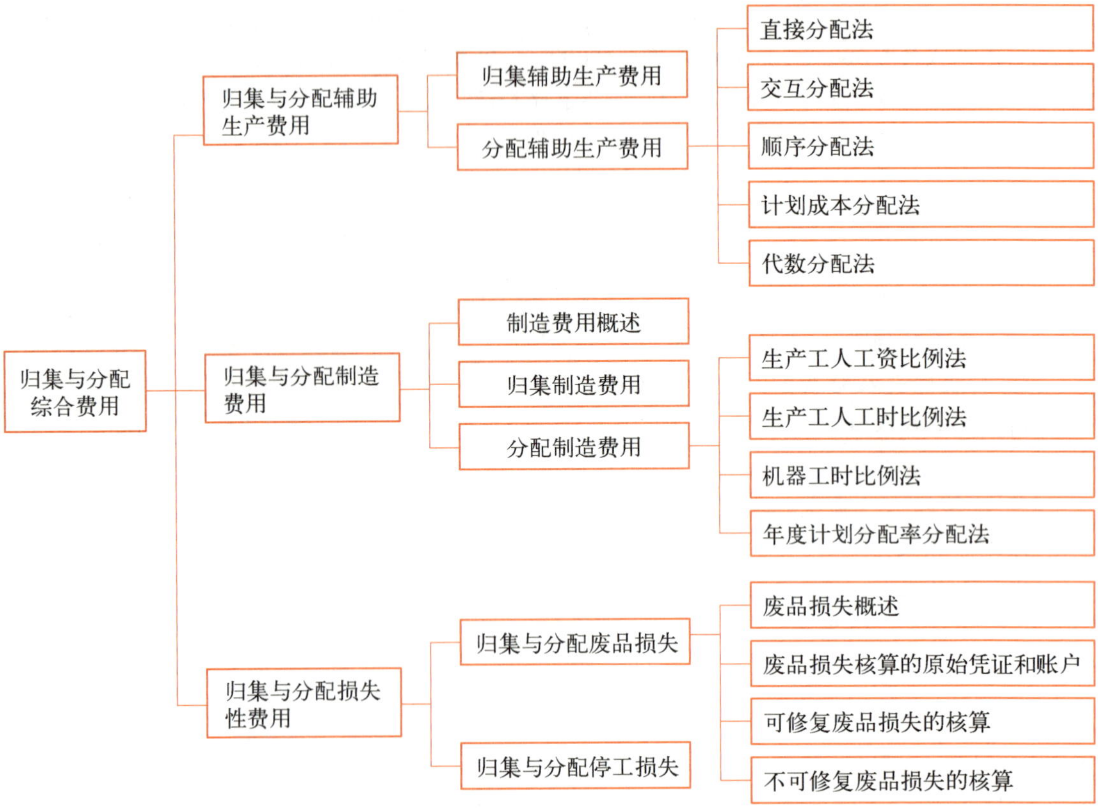

项目三在线测试

图 3－1 项目三内容结构图

项目训练

一、简答题

1. 直接分配法的内涵是什么？其优缺点和适用范围各是什么？
2. 直接分配法与交互分配法的区别是什么？
3. 制造费用的分配方法有哪些？

二、单项选择题

1. 下列方法中，属于辅助生产费用分配方法的是（　　）。

A. 生产工时比例分配法　　B. 机器工时比例分配法

C. 定额成本法　　D. 计划成本分配法

2. 采用交互分配法时，对外分配的费用总额为（　　）。

A. 交互分配前的费用

B. 交互分配前费用减去交互分配转出的费用

C. 交互分配前的费用加上交互分配转入的费用

D. 交互分配前的费用减去交互分配转出的费用，再加上交互分配转入的费用

3. 直接分配法，是将辅助生产费用（　　）。
A. 直接分配给辅助生产以外的各受益单位的方法
B. 直接计入辅助生产成本的方法
C. 直接计入基本生产成本的方法
D. 直接分配给所有受益单位的方法

4. 在下列辅助生产费用分配方法中，分配结果最正确的是（　　）。
A. 直接分配法　B. 代数分配法　C. 交互分配法　D. 顺序分配法

5. 单位计划成本比较稳定、准确的企业，可以采用的辅助生产费用分配法为（　　）。
A. 直接分配法　B. 交互分配法
C. 代数分配法　D. 计划成本分配法

6. 在各辅助生产车间相互提供劳务很少的情况下，适宜采用的辅助生产费用分配方法是（　　）。
A. 直接分配法　B. 交互分配法
C. 代数分配法　D. 计划成本分配法

7. 为简化计算工作，在按计划成本法分配辅助生产费用时，成本差异应全部计入（　　）。
A. 生产成本　B. 制造费用　C. 管理费用　D. 辅助生产成本

8. 辅助生产成本明细账一般按（　　）设立。
A. 车间以及产品和劳务　B. 车间
C. 产品品种　D. 产品名称

9. 计算工作已实现电算化的企业，可以采用（　　）。
A. 直接分配法　B. 交互分配法
C. 代数分配法　D. 计划成本分配法

10. 可能会引发"制造费用"账户余额出现的分配方法是（　　）。
A. 生产工人工时比例法　B. 年度计划分配率法
C. 生产工人工资比例法　D. 机器工时比例法

11. 将劳动生产率和产品负担的费用水平联系起来，使分配结果较为合理的制造费用分配方法是（　　）。
A. 生产工人工时比例法　B. 生产工人工资比例法
C. 年度计划分配率法　D. 机器工时比例法

12. 机器工时比例分配法适用于（　　）。
A. 制造费用较多的车间　B. 季节性生产的车间
C. 机械化程度较高的车间　D. 机械化程度大致相同的各种产品

13. "废品损失"账户核算的内容是（　　）。
A. 生产过程中发现的不可修复废品的生产成本
B. 出售不合格品的降价损失
C. 产品销售后的修理费用
D. 库存产品因水灾而变质的损失

14. 下列各项中，不应计入废品损失的是（　　）。
A. 不可修复废品的生产成本　B. 用于修复废品的材料费用
C. 用于修复废品的人工费用　D. 可修复废品的生产成本

15. 停工损失不包括(　　)期间发生的损失。

A. 季节性停工　B. 大修理停工　C. 自然灾害停工　D. 计划减产停工

三、多项选择题

1. 企业最常用的辅助生产费用分配方法有(　　)。

A. 代数分配法　B. 交互分配法　C. 直接分配法　D. 顺序分配法

2. 采用代数分配法分配辅助生产费用(　　)。

A. 能够提供正确的分配计算结果　B. 能够简化费用的分配计算工作

C. 适用于实现电算化的企业　D. 适用于辅助生产车间较少的企业

3. 下列方法中,属于辅助生产费用分配方法的有(　　)。

A. 直接分配法　B. 交互分配法　C. 代数分配法　D. 计划成本分配法

4. 辅助生产车间不设“制造费用”账户核算的原因有(　　)。

A. 辅助生产车间数量较少　B. 辅助生产车间不对外提供商品

C. 制造费用较少　D. 辅助生产车间规模较小

5. 顺序分配法的缺点有(　　)。

A. 各种辅助生产费用只计算一次

B. 分配结果不太准确

C. 必须参照上年或历史资料

D. 不便于调动排列在先的辅助生产车间降低耗用

6. 下列说法中,正确的有(　　)。

A. 直接分配法是对各辅助生产车间的成本费用进行交互分配和直接分配两次分配

B. 计划成本法便于考核和分析各受益单位的经济责任

C. 顺序分配法的优点是计算简便,各种辅助生产费用只计算一次

D. 交互分配法是对各辅助生产车间的成本费用进行交互分配和直接分配两次分配

7. 制造费用的分配方法有(　　)。

A. 直接分配法　B. 交互分配法

C. 机器工时比例法　D. 生产工人工资比例分配法

8. 下列费用中,属于制造费用的有(　　)。

A. 生产车间的保险费　B. 厂部办公楼折旧

C. 在产品盘亏和毁损　D. 生产车间管理人员工资

9. 下列各项中,不属于企业废品损失的有(　　)。

A. 可修复废品的修复费用　B. 不可修复废品的净损失

C. 产品销售后发生的产品“三包”费用　D. 产品运输过程中的意外损失

10. 下列说法中,正确的有(　　)。

A. 为简化核算工作,辅助生产车间一般不单独核算停工损失

B. 季节性停工期间发生的各项费用不属于停工损失,计入生产成本

C. 季节性停工期间发生的各项费用不属于停工损失,计入管理费用

D. 变质损失作为停工损失处理

四、判断题(在题后括号中正确的打“√”,错误的打“×”)

1. 采用交互分配法,计算结果十分准确。(　　)

2. 交互分配法只需进行一次分配。(　　)

3. 直接分配法适用于辅助生产车间之间提供劳务较多的企业。 ( )
4. 顺序分配法适用于计算工作已实现会计电算化的企业。 ( )
5. 交互分配法的工作量比直接分配法大。 ( )
6. 辅助生产车间发生的制造费用必须通过“制造费用”账户核算。 ( )
7. 无论采用什么方法对制造费用进行分配,“制造费用”账户月末都没有余额。 ( )
8. 凡是修复后可以正常使用的废品就是可修复废品。 ( )
9. 本期发生的废品损失应当全部由本期的完工产品负担。 ( )
10. 停工损失不满 1 个工作日的,可以不计算停工损失。 ( )

五、业务分析题

1. 某企业设有蒸汽和运输两个辅助生产车间、部门。蒸汽车间本月发生的费用为 19 000 元,运输部门本月发生的费用为 20 000 元,辅助生产车间供应劳务数量表如表 3-30 所示。

表 3-30 辅助生产车间供应劳务数量表

受益单位	蒸汽/立方米	运输/千米
辅助生产车间——蒸汽	—	1 500
辅助生产车间——运输	1 000	—
基本生产车间一般耗用	16 000	30 000
行政管理部门	3 000	8 500
合计	20 000	40 000

要求:采用直接分配法计算分配辅助生产费用并填写表 3-31,编制会计分录。

表 3-31 辅助生产费用分配表(直接分配法)

项目		蒸汽车间		运输车间		合计金额/元
		蒸汽/立方米	金额/元	运输/千米	金额/元	
待分配费用						
辅助生产车间以外劳务量						
辅助生产费用分配率						
辅助生产部门	蒸汽车间					
	运输车间					
基本生产车间						
行政管理部门						
合计						

2. 引用第 1 题的资料。
要求:采用交互分配法计算并分配辅助生产费用并填写表 3-32,编制会计分录。

表 3-32　　辅助生产费用分配表(交互分配法)

<table>
<tr><th colspan="2" rowspan="2">项　目</th><th colspan="3">蒸汽车间</th><th colspan="3">运输车间</th><th rowspan="2">合计/元</th></tr>
<tr><th>劳务量/立方米</th><th>分配率</th><th>分配额/元</th><th>劳务量/千米</th><th>分配率</th><th>分配额/元</th></tr>
<tr><td colspan="2">待分配费用</td><td></td><td></td><td></td><td></td><td></td><td></td><td></td></tr>
<tr><td rowspan="2">交互分配</td><td>蒸汽车间</td><td></td><td></td><td></td><td></td><td></td><td></td><td></td></tr>
<tr><td>运输车间</td><td></td><td></td><td></td><td></td><td></td><td></td><td></td></tr>
<tr><td colspan="2">对外分配费用</td><td></td><td></td><td></td><td></td><td></td><td></td><td></td></tr>
<tr><td rowspan="2">对外分配</td><td>基本生产车间</td><td></td><td></td><td></td><td></td><td></td><td></td><td></td></tr>
<tr><td>管理部门</td><td></td><td></td><td></td><td></td><td></td><td></td><td></td></tr>
</table>

3. 引用第 1 题的资料。

要求：采用代数分配法计算并分配辅助生产费用并填写表 3-33，编制会计分录。

表 3-33　　辅助生产费用分配表(代数分配法)

<table>
<tr><th colspan="3" rowspan="2">项　目</th><th colspan="2">蒸汽车间</th><th colspan="2">运输车间</th><th rowspan="2">费用合计/元</th></tr>
<tr><th>数量/立方米</th><th>费用/元</th><th>数量/千米</th><th>费用/元</th></tr>
<tr><td colspan="3">劳务提供总量及金额</td><td></td><td></td><td></td><td></td><td></td></tr>
<tr><td colspan="3">用代数法算出的实际单位成本</td><td></td><td></td><td></td><td></td><td></td></tr>
<tr><td rowspan="4">辅助生产车间</td><td rowspan="2">蒸汽车间</td><td>运输费</td><td></td><td></td><td></td><td></td><td></td></tr>
<tr><td>蒸汽费</td><td></td><td></td><td></td><td></td><td></td></tr>
<tr><td rowspan="2">运输车间</td><td>运输费</td><td></td><td></td><td></td><td></td><td></td></tr>
<tr><td>蒸汽费</td><td></td><td></td><td></td><td></td><td></td></tr>
<tr><td colspan="2" rowspan="2">基本生产车间</td><td>运输费</td><td></td><td></td><td></td><td></td><td></td></tr>
<tr><td>蒸汽费</td><td></td><td></td><td></td><td></td><td></td></tr>
<tr><td colspan="2" rowspan="2">行政管理部门</td><td>运输费</td><td></td><td></td><td></td><td></td><td></td></tr>
<tr><td>蒸汽费</td><td></td><td></td><td></td><td></td><td></td></tr>
<tr><td colspan="3">合　计</td><td></td><td></td><td></td><td></td><td></td></tr>
</table>

4. 引用第 1 题的资料。

要求：采用计划成本分配法计算并分配辅助生产费用并填写表 3-34，编制会计分录(计划单位成本：蒸汽每立方米 0.20 元，运输每千米 1 元)。

表 3-34　　辅助生产费用分配表(计划成本法)

项　目			计划分配/元			成本差异分配/元			实际成本
			蒸汽	运输	小计	蒸汽	运输	小计	
劳务供应总量									
分配率									
分配费用									
辅助生产车间	蒸汽车间	数量							
		金额							
	运输车间	数量							
		金额							
基本生产车间		数量							
		金额							
行政管理部门		数量							
		金额							

5. 某企业设有供水和供电两个辅助生产车间，供水车间本月发生的费用为 27 000 元，供电车间本月发生的费用为 36 960 元，辅助生产车间供应劳务数量表如表 3-35 所示。

表 3-35　　辅助生产车间供应劳务数量表

受　益　单　位	耗水/吨	耗电/千瓦·时
辅助生产车间——供水	—	12 000
辅助生产车间——供电	3 000	—
A 产品		48 000
基本生产车间	24 000	14 000
行政管理部门	2 000	4 000
销售部门	1 000	2 000
合　计	30 000	80 000

要求：采用顺序分配法计算并分配辅助生产费用，填写表 3-36，编制会计分录。

表 3-36　　辅助生产费用分配表(顺序分配法)

项　目	供电车间		供水车间		费用合计/元
	数量/千瓦·时	费用/元	数量/吨	费用/元	
车间本月发生的劳务及费用					
待分配费用					
劳务总量					

续 表

项 目		供电车间		供水车间		费用合计/元
		数量/千瓦·时	费用/元	数量/吨	费用/元	
费用分配率						
辅助生产车间	供电车间					
	供水车间					
A产品						
基本生产车间						
行政管理部门						
销售部门						
合 计						

6. 某企业基本生产车间生产甲、乙、丙三种产品，发生制造费用 90 000 元，甲产品的生产工时为 30 000 小时，乙产品的生产工时为 50 000 小时，丙产品的生产工时为 10 000 小时。

要求：按生产工人工时比例法分配制造费用，并填写表 3－37。

表 3－37　　制造费用分配表

生产车间：××　　×年×月

产品名称	生产工时/小时	分配率	分配金额/元
甲产品			
乙产品			
丙产品			
合 计			

7. 某企业基本生产车间生产甲、乙、丙三种产品，发生制造费用 80 000 元，甲产品工人工资为 84 000 元，乙产品工人工资为 70 000 元，丙产品工人工资为 96 000 元。

要求：按生产工人工资比例法分配制造费用，并填写表 3－38。

表 3－38　　制造费用分配表

生产车间：××　　×年×月

产品名称	生产工人工资/元	分配率	分配金额/元
甲产品			
乙产品			
丙产品			
合 计			

8. 某企业基本生产车间生产甲、乙、丙三种产品，发生制造费用 54 000 元，共消耗机器工时 9 000小时，其中甲产品耗用机器工时为 2 000 小时，乙产品耗用机器工时为 3 000 小时，丙

产品耗用机器工时为 4 000 小时。

要求：按机器工时比例法分配制造费用，并填写表 3-39。

表 3-39 制造费用分配表

生产车间：×× ×年×月

产品名称	机器工时/小时	分配率	分配金额/元
甲产品			
乙产品			
丙产品			
合计			

9. 某车间全年制造费用计划为 10 000 元，全年计划生产甲产品的定额工时为 600 小时，计划生产乙产品的定额工时为 400 小时；5 月份实际发生制造费用 540 元，5 月份甲产品实耗工时 25 小时，乙产品实耗工时 35 小时。“制造费用”账户期初贷方余额为 120 元。

要求：按年度计划分配率法分配制造费用，填写表 3-40 并登记制造费用总账。请写出计划分配率的计算过程。

表 3-40 制造费用分配表

生产车间：×× ×年×月

产品名称	本月实际生产工时/小时	计划分配率	本月分配额/元
甲产品			
乙产品			
合计			

月末登记制造费用总账，如表 3-41 所示。

表 3-41 制造费用总账

××年		摘要	借方	贷方	借或贷	余额
月	日					
5	1	期初余额			贷	120
5	31	本月实际发生制造费用				
5	31	月末分配转出				

承上，12 月底企业发现全年制造费用实际发生额为 9 600 元，年终“制造费用”账户贷方余额为 400 元，按计划分配率法分配，甲产品已负担 6 800 元，乙产品已负担 3 200 元。

要求：按分配比例进行调整，并编制会计分录。

10. 某企业本月生产 A 产品 300 件，生产过程中发现可修复废品 8 件，修复 8 件废品共耗材料费 1 500 元，应付工人工资 2 000 元，应分配制造费用 500 元，另用库存现金支付修复费用 200 元；废品残料入库，估价 190 元；经查，过失人张三应赔款 500 元，其余应作为废品净损失处理。

要求：编制有关会计分录。

11. 某企业生产甲产品，完工 1 000 件，其中 200 件为不可修复废品，在完工验收入库时发现的。废品残值 100 元，责任人赔偿 200 元。甲产品的成本资料如下：

直接材料（一次投料） 8 000

直接人工 3 000

制造费用 2 000

合 计 13 000

要求：填写表 3－42 并编制会计分录（按废品所耗实际费用计算废品成本）。

表 3－42 废品损失计算表（按实际成本计算）

生产单位：××车间 ×年×月 产品名称：甲 废品数量：300 件

项 目				
生产总成本/元				
分配数量/件				
分配率				
废品生产成本/元				
废料残值/元				
责任人赔偿/元				
废品净损失/元				

12. 某企业由于意外断电停工 2 天，发生甲产品停工损失 8 000 元，其中材料损失 3 000 元，工人薪酬损失 4 000 元，制造费用损失 1 000 元，查明原因后，责任部门赔偿 1 000元，其余计入产品成本。

要求：编制相关会计分录。

项目四

分配完工产品与在产品的成本

职业能力目标

1. 了解在产品的概念。
2. 熟悉在产品收发存的日常核算工作,掌握在产品盘盈盘亏的处理方法。
3. 掌握选择完工产品与在产品之间费用分配方法时应考虑的具体条件。
4. 掌握完工产品成本和在产品成本的计算方法。
5. 掌握结转完工产品成本的账务处理。

职业素养目标

1. 通过学习在产品清查的核算,引导学生养成自省自查的习惯。
2. 通过学习完工产品的成本,培养学生节约资源和保护环境的意识。

项目介绍

在成本计算与管理工作中，可用于分配完工产品与在产品成本的常用方法有6种，企业应根据月末在产品数量、各月月末在产品数量变化幅度、各项费用在成本总额中所占的比重以及定额管理工作的基础等具体条件进行选择，力求计算结果合理准确。

引导案例

黄河股份有限公司在生产过程中产生了完工产品与在产品，如何将生产费用在完工产品与在产品之间分配呢？一般而言，月末企业生产状况可包括如下三种：❶ 若当月产品已全部完工，产品成本明细账中归集的生产费用之和就是该完工产品的成本；❷ 若当月全部产品都没有完工，产品成本明细账中归集的生产费用之和就是该种在产品的成本；❸ 若当月产品一部分完工一部分没有完工，产品成本明细账中归集的生产费用之和，应在完工产品与在产品之间进行合理的分配。在本项目中，我们主要针对第三种情况，介绍生产费用在完工产品与在产品之间进行分配的具体方法，进而学会如何准确计算出月末完工产品成本与在产品成本。

任务一 核算在产品的数量

任务描述

（1）在产品亦称在制品，是指在生产过程中正处于加工流程或等待加工的产品，其概念有广义和狭义之分。我们应理解在产品的定义，明确其日常核算管理要求。

（2）掌握在产品数量的确认方式，通过对案例的处理、分析，掌握在产品盘盈盘亏的核算处理方法。

一、在产品概述

（一）在产品的定义

在产品亦称在制品，是指在生产过程中正处于加工过程或等待加工的产品，我们具体可从广义和狭义两方面来描述其内含。

知识详解：在产品数量核算

从整个企业的角度来看，没有完成全部生产过程，不能作为商品销售的产品就是广义的在产品，包括在各个生产单位加工或装配中的零部件或半成品，尚未验收入库的产成品和正在返修的可修复废品，不包括不可修复废品和供对外销售的半成品。

就某一生产车间或某一生产步骤而言，狭义的在产品指在本生产车间或该生产步骤正在加工中的在制品，本车间或该生产步骤完工的半成品不包括在内。

（二）在产品收发存的日常核算

在产品数量的确认，是正确计算产品成本的重要保障。在实际工作中，确定在产品数量的方式通常有两种：一是通过账面核算资料确定，二是通过月末实地盘点确定。第一种方式下，企业应按照在产品名称、类别、批次设置在产品台账（也称“在产品收发结存账簿”），以便正确记录在产品的收入、转出、报废及结存数量，为计算在产品成本提供资料。在产品台账可由车间核算人员登记，也可由企业生产调度部门专人登记，一般格式如表 4－1所示。

表 4－1 在产品台账

生产车间：第一车间　　产品名称：甲产品　　单位：件

2024 年		摘　要	投入生产		完工转出		结　　存		
月	日		凭证号	数量	凭证号	合格品	废品	已完工	未完工
5	1	上月转入							100
5	6	本月投入		500					
5	31	完工转出				400			
5	31	本月合计		500		400		400	200

（三）在产品清查的核算

为了核实在产品的数量，保护在产品的安全完整，企业必须认真做好在产品的清查工作。清查工作可以定期开展，也可以不定期开展。清查时，企业应根据盘点结果和账面资料编制在产品盘存表，填制在产品的账面数、实存数和盘盈盘亏数，盈亏原因和处理意见等；对于报废和毁损的在产品，还应登记其残值。成本核算员应对在产品的清查结果进行审核并及时进行账务处理。

在产品盘盈时，按计划成本或定额成本借记“基本生产成本”账户，贷记“待处理财产损溢”账户；按规定核销时，冲减制造费用，借记“待处理财产损溢”账户，贷记“制造费用”账户。

在产品盘亏时，应借记“待处理财产损溢”账户，贷记“基本生产成本”账户；按规定核销时，再根据不同情况分别转入“制造费用”“其他应收款”“营业外支出”等账户。

小知识

核销盘亏在产品时，准予计入产品成本的损失应转入“制造费用”账户的借方；应由保险公司或责任人赔偿的部分应转入“其他应收款”账户的借方；自然灾害造成的非常损失在扣除保险赔偿后应转入“营业外支出”账户的借方。

案例 4-1 2024 年 5 月 28 日，黄河股份有限公司基本生产车间在产品清查结果如下：丙产品的在产品盘盈 30 件，单位定额成本为 310 元；丁产品的在产品由于自然灾害毁损 80 件，单位定额成本为 50 元，应由保险公司赔偿 3 000 元。以上事项均已批准转账。要求：进行相关的账务处理。

(1) 丙产品在产品盘盈的处理：

❶ 审批前：

借：基本生产成本——丙产品	9 300	
贷：待处理财产损溢——待处理流动资产损溢		9 300

❷ 审批后：

借：待处理财产损溢——待处理流动资产损溢	9 300	
贷：制造费用		9 300

(2) 丁产品在产品盘亏、毁损的处理：

❶ 审批前：

借：待处理财产损溢——待处理流动资产损溢	4 000	
贷：基本生产成本——丁产品		4 000

❷ 审批后，分原因进行处理：

借：其他应收款	3 000	
营业外支出	1 000	
贷：待处理财产损溢——待处理流动资产损溢		4 000

在产品数量的核算工作是在完工产品和在产品之间分配生产费用的基础。在产品数量的准确性关系到分配结果的准确性。企业一方面要做好在产品收发结存的日常核算工作，提供可靠的在产品账面核算资料。另一方面，企业也要做好在产品的定期清查工作，提供在产品的实际资料。

二、在产品与完工产品的成本计算关系

企业在生产过程中发生的生产费用，在各种产品之间进行归集和分配后，应计入本月各种产品成本的生产费用，都已集中反映在“基本生产成本”账户和所属各种产品成本明细账中。

在确定完工产品的总成本与单位成本之前，还必须按一定的分配标准，将“基本生产成本”账户所归集的费用在完工产品与在产品之间进行分配。在产品成本与完工产品成本计算关系可用以下公式表示：

月初在产品成本＋本月生产费用＝本月完工产品成本＋月末在产品成本

我们可以看到：前两项费用之和，即产品生产过程中所发生的累计生产费用应该由完工产品和月末在产品共同承担。分配方法是将前两项费用之和在完工产品与月末在产品之间按一定的比例进行分配，从而计算完工产品成本和月末在产品成本。因此，上式移项可得：

本月完工产品成本＝月初在产品成本＋本月生产费用－月末在产品成本

综上所述，在进行这项工作时，应先确定月末在产品成本，再从前两项费用之和中减去月末在产品成本，倒挤出完工产品成本。

任务二 计算完工产品与在产品的成本

任务描述

（1）理解选择在完工产品与在产品之间分配费用的方法时应考虑的具体条件，企业应根据实际情况合理选择，并做到正确应用。

（2）熟练掌握在完工产品和在产品之间分配费用的各种方法的特点及具体的分配计算过程，重点掌握约当产量的计算方法和约当产量法的应用条件。

（3）熟练掌握结转完工产品成本的账务处理。

知识详解：不计算在产品成本法、在产品按固定成本计价法

科学合理地确定在产品成本是正确计算完工产品成本的基础。企业应该根据在产品数量，各月在产品数量变化幅度，各项费用在成本总额中所占的比重以及定额管理工作的基础等具体条件，结合企业管理的要求，选择合理而又简便的方法。实务中，常用的方法有 6 种：❶ 在产品忽略不计法；❷ 在产品按固定成本计价法；❸ 在产品按所耗原材料费用计价法；❹ 约当产量法；❺ 在产品按定额成本计价法；❻ 定额比例法。月末“基本生产成本”账户余额即是月末在产品的成本，完工产品成本在月末应由“基本生产成本”账户转至“库存商品”账户。

一、在产品忽略不计法

（一）在产品忽略不计法的特点

采用在产品忽略不计法时，基本生产成本明细账所归集的生产费用全部由本月完工产品负担，月末在产品不分担。虽然每月月末有在产品存在，但在产品成本是不需计算的，每月发生的费用全部由完工产品负担，账面上没有期末在产品成本，即：

本月完工产品成本＝本月发生的生产费用

（二）在产品忽略不计法的适用范围

在产品忽略不计法适用于各月月末在产品数量较小的企业，如采煤企业、自来水企业等。

由于各月月末在产品数量较小，月初和月末在产品的差额更小，企业不计算各月在产品成本对于完工产品成本的影响也就很小。

知识详解：在产品按完工产品成本计算法

二、在产品按固定成本计价法

（一）在产品按固定成本计价法的特点

采用在产品按固定成本计价法时，年内各月在产品成本都是按年初在产品成本计算的，固定不变，在此种方法下：

$$本月完工产品成本=月初在产品成本+本月发生生产费用-月末在产品成本$$

即：

$$本月完工产品成本=本月发生生产费用$$

（二）在产品按固定成本计价法的适用范围

在产品按固定成本计价法适用于各月月末之间在产品数量较少，或虽然数量较多但各月月末数量变化不大的产品，如炼铁企业和化工企业的产品等。由于各月月末在产品数量变化不大，月初、月末在产品成本的差额也就不大，因此，不计算各月初、月末在产品成本的差额对于完工产品成本的影响也就很小。值得注意的是，采用在产品按固定成本计价法时，应在每年年末对在产品进行实地盘点，以实地盘存数为计算基础重新确定年末在产品成本，以免在产品成本与实际出入过大，影响成本计算的正确性。

三、在产品按所耗原材料费用计价法

（一）在产品按所耗原材料费用计价法的特点

知识详解：在产品按所耗原材料费用计价法

采用在产品按所耗原材料费用计价法时，月末在产品成本只涉及其所耗用的材料费用，不考虑直接人工和制造费用，产品的加工费用全部由完工产品成本负担。在此种方法下：

$$单位产品原材料成本=\frac{原材料费用总额}{完工产品数量+月末在产品数量}$$

$$月末在产品成本=月末在产品数量\times单位产品原材料成本$$

$$本月完工产品成本=月初在产品成本+本月生产费用-月末在产品成本$$

案例 4-2 2024 年 5 月，黄河股份有限公司生产丙产品，原材料费用在产品成本中所占比重较大，加工费用全部由完工产品负担。月初在产品成本（原材料费用）为 30 000 元，本月发生原材料费用 220 000 元，加工费用为 10 000 元。完工产品 850 件，月末在产品 150 件。原材料在生产开始时一次投入，按数量比例分配费用。要求：计算完工产品和在产品成本。

（1）单位产品原材料成本＝(30 000＋220 000)÷(850＋150)＝250(元/件)

（2）月末在产品负担的直接材料费用（月末在产品成本）＝150×250＝37 500(元)

（3）完工产品负担的材料费用＝850×250＝212 500(元)

（4）本月完工产品成本＝30 000＋(220 000＋10 000)－37 500＝222 500(元)

根据本月发生的生产费用资料，编制产品成本计算单如表 4-2 所示。

表 4－2　产品成本计算单

产品名称：丙产品　　2024 年 5 月　　单位：元

项　　目	直接材料	加工费用	合　计
月初在产品成本	30 000		30 000
本月生产费用	220 000	10 000	230 000
生产费用合计	250 000	10 000	260 000
本月完工产品成本	212 500	10 000	222 500
月末在产品成本	37 500		37 500

（二）在产品按所耗原材料费用计价法的适用范围

在产品按所耗原材料费用计价法适用于各月月末在产品数量较大，各月在产品数量变化也较大且原材料费用在产品成本中所占比重也较大的产品，如酿酒、造纸和纺织企业。产品成本中原材料费用所占比重较大，工资及制造费用比重较小，未完工的在产品工资、制造费用就更小，月初、月末在产品加工费用的差额也就很小。

四、约当产量法

（一）约当产量法的特点

约当产量也称为在产品约当产量，是指在产品数量按其完工程度所能够折算的相当于完工产品的数量，表示在产品大约相当于多少完工产品。约当产量法，就是按完工产品产量与月末在产品约当产量的比例分配计算完工产品成本和月末在产品成本的方法。约当产量法的应用步骤如下：

（1）计算在产品约当产量：

在产品约当产量＝在产品数量×完工程度（或投料程度）

月末在产品数量可通过实地盘点或在产品台账得出。

（2）计算生产费用分配率（每件完工产品应分配的生产费用）：

$$某项生产费用分配率=\frac{某项生产费用累计数}{完工产品数量+月末在产品约当产量}$$

（3）计算完工产品总成本和月末在产品成本：

完工产品成本＝完工产品数量×生产费用分配率

月末在产品成本＝在产品约当产量×生产费用分配率

＝生产费用累计数－完工产品成本

知识详解：约当产量法

（二）约当产量法的具体应用

1. 计算在产品约当产量

计算在产品的约当产量，是约当产量法应用的第一步，而测定在产品的完工程度，则是计算在产品约当产量的关键。在实际生产中，在产品耗用原材料的程度与耗用直接人工、制造费用的情况不同，因此，在分配不同的成本费用时，我们计算完工程度的方式也有所不同。

（1）分配原材料费用时在产品约当产量的计算：

第一种情况：原材料在开工前一次投入

如果原材料在生产开始时就已经全部投入了，投料程度为100%，那么无论在产品完工程度如何，单位在产品所负担的材料费用与单位完工产品所负担的材料费用是一样的。此时，月末在产品约当产量等于月末在产品数量。

第二种情况：原材料在开工后陆续投入

❶ 如果原材料是在生产过程中陆续投入的，并且与产品加工程度一致，则用于分配原材料费用的投料程度与用于分配加工费用的加工程度是相同的。其计算公式如下：

$$\text{月末在产品约当产量}=\text{月末在产品数量}\times\text{完工程度}$$

❷ 所需材料在每道工序开始时一次投入。在这种情况下，某工序在产品的投料程度应按该工序在产品的累计原材料费用定额除以完工产品原材料费用定额计算确定。其计算公式如下：

$$\text{某工序在产品投料程度}=\frac{\text{前面各道工序投料定额}+\text{本工序投料定额}}{\text{单位完工产品投料定额}}\times 100\%$$

$$\text{某工序在产品约当产量}=\text{某工序在产品数量}\times\text{该工序在产品投料程度}$$

$$\text{在产品约当产量}=\sum\text{各工序在产品约当产量}$$

案例4-3 黄河股份有限公司生产丙产品需经过三道工序，原材料分别在各工序生产开始时一次性投入，该产品材料单位消耗定额为220元，其中：第一道工序132元，第二道工序66元，第三道工序22元；月末盘存该产品在产品数量有300件，其中：第一道工序进行中的有80件，第二道工序进行中的有120件，第三道工序进行中的有100件。要求：计算在产品在月末的约当产量。

（1）计算各工序在产品的投料程度：

第一工序在产品投料程度＝132÷220×100%＝60%

第二工序在产品投料程度＝(132＋66)÷220×100%＝90%

第三工序在产品投料程度＝(132＋66＋22)÷220×100%＝100%

（2）计算月末在产品的约当产量：

月末在产品约当产量计算表，如表4-3所示。

表4-3 月末在产品约当产量计算表

工序	单位产品材料消耗定额/(元/件)	月末在产品数量/件	在产品投料程度/%	在产品约当产量/件
1	132	80	60	48
2	66	120	90	108

续 表

工序	单位产品材料消耗定额/(元/件)	月末在产品数量/件	在产品投料程度/%	在产品约当产量/件
3	22	100	100	100
合计	220	300	—	256

月末在产品的约当产量＝80×60%＋120×90%＋100×100%＝256(件)

❸ 在每道工序中陆续投入本工序所需材料。在这种情况下，某工序在产品的投料程度，应按该工序在产品的累计原材料费用定额，除以完工产品原材料费用定额来计算确定。该工序在产品的累计原材料费用定额，以前面各道工序材料消耗定额加上本工序材料消耗定额的50%求得。其计算公式如下：

$$\text{某工序在产品投料程度}=\frac{\text{前面各道工序投料定额}+\text{本工序投料定额}\times 50\%}{\text{单位完工产品投料定额}}\times 100\%$$

案例 4－4 黄河股份有限公司生产丙产品需经过三道工序，如果原材料分别在各工序中陆续投入，该产品材料单位消耗定额为 220 元，其中：第一道工序 132 元，第二道工序 66 元，第三道工序 22 元；月末盘存该产品在产品数量有 300 件，其中：第一道工序进行中的有 80 件，第二道工序进行中的有 120 件，第三道工序进行中的有 100 件。要求：计算在产品在月末的约当产量。

(1) 计算各工序在产品的投料程度：

第一工序在产品投料程度＝(132×50%)÷220×100%＝30%

第二工序在产品投料程度＝(132＋66×50%)÷220×100%＝75%

第三工序在产品投料程度＝(132＋66＋22×50%)÷220×100%＝95%

(2) 计算月末在产品的约当产量：

月末在产品约当产量计算表，如表 4－4 所示。

表 4－4　　月末在产品约当产量计算表

工序	单位产品材料消耗定额/(元/件)	月末在产品数量/件	在产品投料程度/%	在产品约当产量/件
1	132	80	30	24
2	66	120	75	90
3	22	100	95	95
合计	220	300	—	209

月末在产品的约当产量＝80×30%＋120×75%＋100×95%＝209(件)

结合案例 4－3、案例 4－4，我们可以看出：投料方式不同，所计算出的投料程度和在产品约当产量也不同。

小知识

约当产量是在产品所能够折算的，完工产品，由于投料方式不同，折算方法也就不同。在制作服装时，布料是一次裁剪的，完工服装与未完工服装投入的布料都是一样的；在织毛衣时，毛线的投入和纺织的进度成正比，因此完工的毛衣与未完工毛衣所耗的毛线量显然是不一样的。

(2) 分配直接人工和制造费用时在产品约当产量的计算：

❶ 平均计算法。在各工序在产品数量和单位产品在各工序的加工程度都差不多的情况下，后面各工序对在产品加工的程度可以抵补前面各道工序少加工的程度，所有在产品的完工程度都可以按照 50%的平均数值计算。

$$月末在产品约当产量=月末在产品数量\times50\%$$

❷ 工序测定法。如果各工序在产品数量和完工程度差别较大，需要依工序分别计算在产品的完工程度。工序测定法是按照各工序的累计工时定额占完工产品工时定额的比例计算的，每一工序在产品完工程度可以按 50%计算。其计算公式为：

$$某工序在产品完工程度=\frac{前面各工序累计工时定额+本工序工时定额\times50\%}{单位完工产品工时定额}\times100\%$$

$$某工序在产品约当产量=某工序在产品数量\times该工序在产品完工程度$$

$$在产品约当产量=各工序在产品约当产量之和$$

案例 4-5 黄河股份有限公司生产丁产品需经过两道工序，单位定额工时为 500 小时，其中第一工序单位定额工时为 220 小时，第二工序单位定额工时为 280 小时；第一工序的在产品有 300 件，第二工序的在产品有 200 件。要求：计算各工序的完工程度，并计算月末在产品的约当产量。

(1) 计算各工序在产品完工程度：

第一工序在产品完工程度=(220×50%)÷500×100%=22%

第二工序在产品完工程度=(220+280×50%)÷500×100%=72%

(2) 计算月末在产品约当产量：

月末在产品约当产量计算表如表 4-5 所示。

表 4-5 月末在产品约当产量计算表

工序	单位定额工时/小时	月末在产品数量/件	在产品完工程度/%	在产品约当产量/件
1	220	300	22	66
2	280	200	72	144
合计	500	500	—	210

月末在产品约当产量=300×22%+200×72%=210(件)

2. 应用在产品约当产量分配生产费用

求得在产品的约当产量后，应将生产费用在完工产品和月末在产品之间进行分配。分配标准是折合的生产总量，即完工产品数量和月末在产品约当产量之和。

案例 4-6 黄河股份有限公司生产 A 产品，加工流程包括三道工序，2024 年 5 月 A 产品生产费用表如表 4-6 所示。

表 4-6 A 产品生产费用表

产品名称：A 产品　　2024 年 5 月　　单位：元

摘　　要	直接材料	直接人工	制造费用	合　计
月初在产品成本	12 000	3 000	2 000	17 000
本月生产费用	60 000	15 000	10 000	85 000
生产费用合计	72 000	18 000	12 000	102 000

本月完工产品数量为 1 000 件，月末在产品数量 500 件，各工序在产品数量及定额资料表如表 4-7 所示。

表 4-7 各工序在产品数量及定额资料表

工序	在产品数量/件	材料消耗定额/千克	工时定额/小时
1	120	50	25
2	200	50	30
3	180	80	45
合计	500	180	100

要求：根据原材料的投料程度的不同，确定月末在产品的生产量并计算完工产品和在产品成本，编制成本计算单。

(1) 如果原材料在开工前一次投入，且各工序上的在产品数量和完工程度差别较大，我们应采用约当产量法计算完工产品与月末在产品的成本。

第一步，计算在产品的约当产量：

❶ 分配材料费用时的约当产量。原材料是在开工前一次投入的，所以，分配材料费用时的完工程度为 100%。

直接材料约当产量＝120×100%＋200×100%＋180×100%＝500(件)

❷ 分配直接人工和制造费用时的约当产量。各工序上的在产品数量和完工程度差别较大，所以，在计算分配直接人工和制造费用的约当产量时，应采用工序测定法测定完工程度。

各工序完工程度：

第 1 工序在产品完工程度＝(25×50%)÷100×100%＝12.5%

第 2 工序在产品完工程度＝(25＋30×50%)÷100×100%＝40%

第 3 工序在产品完工程度＝(25＋30＋45×50%)÷100×100%＝77.5%

加工费用约当产量=120×12.5%+200×40%+180×77.5%=234.5(件)

根据计算结果编制月末在产品约当产量计算表，如表4-8所示。

表4-8　　月末在产品约当产量计算表

工序	在产品数量/件	直接材料约当产量		加工费用约当产量	
		投料程度/%	约当产量/件	完工程度/%	约当产量/件
1	120	100	120	12.5	15.0
2	200	100	200	40.0	80.0
3	180	100	180	77.5	139.5
合计	500		500		234.5

第二步，计算生产费用分配率：

❶ 直接材料分配率=72 000÷(1 000+500)=48

❷ 直接人工分配率=18 000÷(1 000+234.5)≈14.58

❸ 制造费用分配率=12 000÷(1 000+234.5)≈9.72

第三步，计算完工产品成本与在产品成本：

❶ 完工产品成本=48×1 000+14.58×1 000+9.72×1 000=72 300(元)

❷ 在产品成本=102 000-72 300=29 700(元)

根据计算结果编制产品成本计算单，如表4-9所示。

表4-9　　产品成本计算单

产品名称：A产品　　2024年5月

项　目	直接材料	直接人工	制造费用	合　计
生产费用合计/元	72 000	18 000	12 000	102 000
在产品约当产量/件	500.00	234.50	234.50	—
完工产品产量/件	1 000	1 000	1 000	—
分配率	48.00	14.58	9.72	72.30
完工产品总成本/元	48 000	14 580	9 720	72 300
月末在产品成本/元	24 000	3 420	2 280	29 700

操作示范：A产品生产成本计算单计算步骤

说明：因为在计算费用分配率时有保留小数位数，所以表中月末在产品成本数据是用生产费用合计数减去完工产品成本数所倒算出来的。

(2) 如果原材料在每工序开始前投入，那么，采用约当产量法计算完工产品与月末在产品成本的任务处理流程为：

第一步，计算在产品的约当产量：

❶ 分配材料费用时的约当产量。

各工序投料程度：

第1工序在产品投料程度=50÷180×100%≈27.78%

第 2 工序在产品投料程度＝(50＋50)÷180×100％＝55.56％

第 3 工序在产品投料程度＝(50＋50＋80)÷180×100％＝100％

直接材料约当产量＝120×27.78％＋200×55.56％＋180×100％≈324.5(件)

② 分配直接人工和制造费用时的约当产量(计算过程同上)。

加工费用约当产量＝120×12.5％＋200×40％＋180×77.5％＝234.5(件)

根据计算结果编制月末在产品约当产量计算表,如表 4－10 所示。

表 4－10　月末在产品约当产量计算表

工序	在产品数量/件	直接材料约当产量		加工费用约当产量	
		投料程度/％	约当产量/件	完工程度/％	约当产量/件
1	120	27.78	33.30	12.50	15.00
2	200	55.56	111.20	40.00	80.00
3	180	100.00	180.00	77.50	139.50
合计	500	—	324.50	—	234.50

第二步,计算生产费用分配率:

① 直接材料分配率＝72 000÷(1 000＋324.5)≈54.36

② 直接人工分配率＝18 000÷(1 000＋234.5)≈14.58

③ 制造费用分配率＝12 000÷(1 000＋234.5)≈9.72

第三步,计算完工产品成本与在产品成本:

① 完工产品成本＝54.36×1 000＋14.58×1 000＋9.72×1 000＝78 660(元)

② 在产品成本＝102 000－78 660＝23 340(元)

根据计算结果编制产品成本计算单,如表 4－11 所示。

表 4－11　产品成本计算单

产品名称:A 产品　　　　2024 年 5 月

项　　目	直 接 材 料	直 接 人 工	制 造 费 用	合　计
生产费用合计/元	72 000	18 000	12 000	102 000
在产品约当产量/件	324.50	234.50	234.50	—
完工产品产量/件	1 000	1 000	1 000	—
分配率	54.36	14.58	9.72	78.66
完工产品总成本/元	54 360	14 580	9 720	78 660
月末在产品成本/元	17 640	3 420	2 280	23 340

【教学互动】

请用“T”型账登记项目二和项目三中长江股份有限公司 2024 年 5 月甲产品、乙产品发生的基本生产成本,月初甲产品在产品成本为 57 000 元,月初乙产品未在产。

案例4－7 下面以项目二、项目三中长江股份有限公司2024年5月发生的业务为例，登记甲产品的“基本生产成本”明细账。月末甲产品的完工产品数量、在产品数量、投料程度、完工程度如表4－12所示，月初甲产品在产品成本如表4－13所示。

表4－12　产品生产情况表　（单位：件）

产品名称	完工产品数量	在产品数量	在产品投料程度	在产品完工程度
甲产品	800	500	40%（生产中陆续投入）	40%

表4－13　月初在产品成本　（单位：元）

产品名称	直接材料	直接人工	制造费用	合计
甲产品	12 000	20 000	25 000	57 000

要求：采用约当产量法计算甲产品月末完工产品成本与在产品成本。

根据[案例2－4][案例2－7][案例2－14][案例3－6]，登记2024年5月甲产品基本生产成本明细账如表4－14所示。

表4－14　基本生产成本明细账

产品名称：甲产品

2024年		凭证字号	摘要	直接材料	直接人工	制造费用	合计
月	日						
5	1	略	月初在产品成本	12 000	20 000	25 000	57 000
5	31		案例2－4材料费用分配	15 750			15 750
5	31		案例2－7燃料费用分配	2 000			2 000
5	31		案例2－14职工薪酬分配		36 000		36 000
5	31		案例2－14职工薪酬分配		9 360		9 360
5	31		案例3－6分配制造费用			51 730	51 730
5	31		本月生产费用合计	17 750	45 360	51 730	114 840
5	31		生产费用合计	29 750	65 360	76 730	171 840
5	31		案例4－7结转完工产品成本	23 800	52 288	61 384	137 472
5	31		月末在产品成本	5 950	13 072	15 346	34 368

第一步，计算约当产量合计：

完工产品数量＝800件

在产品约当产量＝500×40%＝200（件）

约当产量合计＝800＋200＝1 000（件）

第二步，计算生产费用分配率：

生产费用分配率＝171 840÷1 000＝171.84

第三步，计算完工产品成本和在产品成本：

完工产品成本＝800×171.84＝137 472(元)

在产品成本＝200×171.84＝34 368(元)

根据计算结果编制产品成本计算单，如表 4－15 所示。

表 4－15　产品成本计算单

产品名称：甲产品　　2024 年 5 月

项目	直接材料	直接人工	制造费用	合计
月初在产品成本/元	12 000	20 000	25 000	57 000
本月生产费用/元	17 750	45 360	51 730	114 840
生产费用合计/元	29 750	65 360	76 730	171 840
在产品约当产量/件	200	200	200	—
完工产品产量/件	800	800	800	—
约当产量合计/件	1 000	1 000	1 000	
分配率	29.75	65.36	76.73	171.84
完工产品总成本/元	23 800	52 288	61 384	137 472
月末在产品成本/元	5 950	13 072	15 346	34 368

操作示范：甲产品成本计算单计算步骤

最后，根据产品成本计算单登记甲产品基本生产成本明细账，如表 4－14 所示。

【技能实训】

基本资料：以项目二、项目三中长江股份有限公司 2024 年 5 月发生的业务为例，登记乙产品的基本生产成本明细账。月末乙产品的完工产品数量、在产品数量、在产品投料程度、在产品完工程度如表 4－16 所示，乙产品期初没有在产品。

表 4－16　产品生产情况表　　单位：件

产品名称	完工产品数量	在产品数量	在产品投料程度	在产品完工程度
乙产品	600	400	100%(开工前一次投入)	50%

要求：采用约当产量法计算乙产品月末完工产品成本与在产品成本。

根据[案例 2－4][案例 2－7][案例 2－14][案例 3－6]，登记 2024 年 5 月乙产品基本生产成本明细账，如表 4－17 所示。

表 4－17　基本生产成本明细账

产品名称：乙产品

2024 年		凭证字号	摘要	直接材料	直接人工	制造费用	合计
月	日						
5	31	略	案例 2－4 材料费用分配	8 250			8 250
5	31		案例 2－7 燃料费用分配	800			800

续 表

2024年		凭证字号	摘　　要	直接材料	直接人工	制造费用	合　计
月	日						
5	31		案例2-14职工薪酬分配		24 000		24 000
5	31		案例2-14职工薪酬分配		6 240		6 240
5	31		案例3-6分配制造费用			59 120	59 120
5	31		生产费用合计	9 050	30 240	59 120	98 410
5	31		结转完工产品成本	5 430	22 680	44 340	72 450
5	31		月末在产品成本	3 620	7 560	14 780	25 960

第一步，计算在产品的约当产量：

(1) 分配材料费用时的约当产量。

原材料是开工前一次投入的，因此，分配材料费用时的完工程度为100%。

直接材料约当产量=400×100%=400(件)

(2) 分配直接人工和制造费用时的约当产量。

直接人工约当产量=400×50%=200(件)

制造费用约当产量=400×50%=200(件)

第二步，计算生产费用分配率：

直接材料分配率=9 050÷(600+400)=9.05

直接人工分配率=30 240÷(600+200)=37.8

制造费用分配率=59 120÷(600+200)=73.9

第三步，计算完工产品成本与在产品成本：

(1) 完工产品成本=9.05×600+37.8×600+73.9×600=72 450(元)

(2) 在产品成本=98 410-72 450=25 960(元)

根据计算结果编制产品成本计算单，如表4-18所示。

表4-18　　产品成本计算单

产品名称：乙产品　　2024年5月

项　　目	直接材料	直接人工	制造费用	合　计
生产费用合计/元	9 050	30 240	59 120	98 410
在产品约当产量/件	400	200	200	
完工产品产量/件	600	600	600	
约当产量合计/件	1 000	800	800	
分配率	9.05	37.8	73.90	120.75
完工产品总成本/元	5 430	22 680	44 340	72 450
月末在产品成本/元	3 620	7 560	14 780	25 960

最后，根据产品成本计算单登记乙产品基本生产成本明细账，如表4-17所示。

（三）约当产量法的适用范围

约当产量法适用于月末在产品数量较大，各月月末在产品数量变化也较大，产品成本中原材料费用和人工及制造费用的比重相差不大的产品。

企业在采用约当产量法计算完工产品与月末在产品成本时必须正确核算在产品数量并正确计算在产品的完工程度，然后才能正确确定在产品的直接材料费用和加工费用的约当产量，从而保证最终计算完工产品成本的真实性与正确性。

五、在产品按定额成本计价法

（一）在产品按定额成本计价法的特点

在产品按定额成本计价法，是指根据月末在产品数量和单位定额成本计算出月末在产品成本，然后将其从本月该种产品的全部生产费用（如果有月初在产品，包括月初在产品成本）中扣除，从而求得完工产品成本的方法，在此种方法下：

知识详解：在产品按定额成本计算法

月末在产品定额成本＝在产品直接材料定额成本＋在产品直接人工定额成本＋在产品制造费用定额成本

＝在产品数量×（单位在产品直接材料费用定额＋工时定额×计划小时工资率＋工时定额×计划小时费用率）

完工产品总成本＝月初在产品定额成本＋本月发生生产费用－月末在产品定额成本

案例 4－8 2024 年 5 月，黄河股份有限公司生产 B 产品，月初在产品和本月发生的生产费用累计数为：直接材料 235 000 元，直接人工费用 80 000 元，制造费用 70 000 元，合计 385 000 元；本月完工产品 1 000 件，月末在产品 100 件，每件在产品的直接材料费用定额为 100 元，全部在产品定额工时为 200 小时，每小时各项费用的计划分配率为：直接人工 30 元，制造费用 15 元。要求：计算月末在产品定额成本和完工产品总成本并编制产品成本计算单。

（1）计算月末在产品定额成本：

月末在产品定额直接材料成本＝100×100＝10 000（元）

月末在产品定额人工成本＝200×30＝6 000（元）

月末在产品定额制造费用成本＝200×15＝3 000（元）

月末在产品定额成本＝10 000＋6 000＋3 000＝19 000（元）

（2）计算完工产品总成本：

完工产品总成本＝385 000－19 000＝366 000（元）

根据计算结果编制产品成本计算单，如表 4－19 所示。

表 4－19 产品成本计算单

2024 年 5 月

产品名称：B 产品　　完工产品数量：1 000 件　　月末在产品数量：100 件　　单位：元

项　　目	直接材料	直接人工	制造费用	合　计
生产费用合计	235 000	80 000	70 000	385 000
月末在产品成本	10 000	6 000	3 000	19 000

续 表

项　目	直接材料	直接人工	制造费用	合　计
本月完工产品成本	225 000	74 000	67 000	366 000
完工产品单位成本	225	74	67	366

(二) 在产品按定额成本计价法适用范围

在产品按定额成本计价法适用于各种消耗定额和费用定额比较准确、稳定，各月在产品数量也比较稳定的产品。如果产品各项定额准确，月初和月末单位在产品实际费用脱离定额的差异就不会太大，各月月末在产品数量变化不大，月初和月末在产品实际总费用脱离定额总费用的差异也就不会大。因此，不计算月末在产品成本成本差异对完工产品成本影响不大。

六、定额比例法

(一) 定额比例法的特点

知识详解：定额比例法

定额比例法将完工产品和月末在产品按照生产费用占完工产品和月末在产品的定额消耗量或定额费用的比例来求解，其计算也是分成本项目进行的，在这种方法下：

$$\text{本月完工产品成本}=\sum(\text{本月完工产品总定额}\times\text{各成本项目费用分配率})$$

$$\text{月末在产品成本}=\sum(\text{月末在产品总定额}\times\text{各成本项目费用分配率})$$

我们可以进一步推断出：

$$\text{本月完工产品总定额}=\text{本月完工产品数量}\times\text{单位产品定额消耗量}$$

$$\text{月末在产品总定额}=\sum(\text{某工序月末在产品数量}\times\text{该工序单位在产品定额消耗量})$$

$$\text{某成本项目费用分配率}=\frac{\text{该成本项目生产费用合计数}}{\text{本月完工产品总定额}+\text{月末在产品总定额}}$$

注意：直接材料费用应按原材料定额消耗量或原材料定额费用比例分配，其他成本项目应按定额工时比例分配。

案例 4-9 2024 年 5 月，黄河股份有限公司生产 C 产品，本月完工产品 2 000 件，单件产品原材料费用定额 5 元，工时定额 2 小时。月末在产品 500 件，单件在产品原材料费用定额 4 元，工时定额 1 小时。生产 C 产品发生的费用资料如表 4-20 所示。

表 4-20　C 产品 5 月份生产费用表

产品名称：C 产品　　2024 年 5 月　　单位：元

项　目	直接材料	直接人工	制造费用	合　计
月初在产品成本	2 000	800	1 500	4 300
本月生产费用	12 000	4 000	6 000	22 000
生产费用合计	14 000	4 800	7 500	26 300

要求：采用定额比例法分配本月生产费用。

根据以上资料，编制产品成本计算单如表 4－21 所示。

表 4－21　　产品成本计算单

产品：C 产品　　2024 年 5 月　　单位：元

项　目	直接材料	直接人工	制造费用	合　计
本月生产费用合计数	14 000	4 800	7 500	26 300
完工产品定额成本或定额工时	10 000	4 000	4 000	—
月末在产品定额成本或定额工时	2 000	500	500	—
单位耗费	1.17	1.07	1.67	—
完工产品成本	11 700	4 280	6 680	22 660
月末在产品成本	2 300	520	820	3 640

表 4－21 中各项数字结果的计算过程为：

❶ 完工产品直接材料定额成本＝5×2 000＝10 000(元)

月末在产品直接材料定额成本＝4×500＝2 000(元)

直接材料分配率＝14 000÷(10 000＋2 000)≈1.17

完工产品直接材料费用＝1.17×10 000＝11 700(元)

月末在产品直接材料费用＝14 000－11 700＝2 300(元)

注意：月末在产品费用本应该通过“分配率×月末在产品定额成本”来计算，但本题中的分配率是保留了小数位数的，故应通过减法倒推。

❷ 完工产品直接人工定额工时＝2×2 000＝4 000(小时)

月末在产品直接人工定额工时＝1×500＝500(小时)

直接人工分配率＝4 800÷(4 000＋500)≈1.07

完工产品直接人工费用＝1.07×4 000＝4 280(元)

月末在产品直接人工费用＝4 800－4 280＝520(元)

❸ 完工产品制造费用定额工时＝2×2 000＝4 000(小时)

月末在产品制造费用定额工时＝1×500＝500(小时)

制造费用分配率＝7 500÷(4 000＋500)≈1.67

完工产品制造费用＝1.67×4 000＝6 680(元)

月末在产品制造费用＝7 500－6 680＝820(元)

(二) 定额比例法适用范围

定额比例法适用于各项消耗定额或费用定额比较准确、稳定，但月末在产品数量变动较大的产品。准确、稳定的消耗定额或费用定额使月初、月末单位在产品实际费用与定额总费用的差异不大，但由于各月月末在产品数量变化较大，月初和月末在产品实际总费用与定额总费用的差异也就会较大。此时，如果我们仍采用定额成本法，将会使月初、月末在产品费用脱离定额总费用所产生的差异额被记入完工产品成本，从而影响完工产品成本计算结果的真实性、正确性。

七、结转完工产品的成本

知识详解：完工产品成本结转的核算

制造企业生产产品发生的各项生产费用，已在各种产品之间进行了分配。在此基础上，我们又在同种产品的完工产品和月末在产品之间进行了分配，从而计算出各种完工产品和月末在产品的成本。月末在产品成本留在账上，作为下月的月初在产品成本；完工产品成本则应转入“库存商品”账户。

案例 4－10 以项目二、项目三中长江股份有限公司 2024 年 5 月发生的业务为例，编制甲产品、乙产品的“产品成本汇总表”，并结转完工产品成本。

根据甲、乙产品成本计算单（表 4－15、表 4－18）汇总的本月完工产品成本，编制“完工产品成本汇总表”，如表 4－22 所示。

表 4－22　　完工产品成本汇总表

2024 年 5 月　　单位：元

项目		直接材料	直接人工	制造费用	合计
甲产品（完工 800 件）	总成本	23 800	52 288	61 384	137 472
	单位成本	29.75	65.36	76.73	171.84
乙产品（完工 600 件）	总成本	5 430	22 680	44 340	72 450
	单位成本	9.05	37.8	73.90	120.75

根据表 4－22，编制会计分录如下：

借：库存商品——甲产品　　137 472
　　　　　　——乙产品　　72 450
　贷：基本生产成本——甲产品（直接材料）　　23 800
　　　　　　　　　——甲产品（直接人工）　　52 288
　　　　　　　　　——甲产品（制造费用）　　61 384
　　　　　　　　　——乙产品（直接材料）　　5 430
　　　　　　　　　——乙产品（直接人工）　　22 680
　　　　　　　　　——乙产品（制造费用）　　44 340

价值引领：解决月饼过度包装问题，需修订相关国家标准

“基本生产成本”总账账户的月末余额就是在产品的成本，也就是当前基本生产过程所占用的生产资金，应与所属各种产品成本明细账中月末在产品成本之和对勘。

初学者容易将完工产品成本的结转与已销产品成本的结转混淆，在库存商品出售后，应将成本从“库存商品”账户转入“主营业务成本”账户，“主营业务成本”与“主营业务收入”配比即可计算毛利。如果本月完工的甲、乙产品被全部售出，在结转销售成本过程中，应进行如下账务处理：

借：主营业务成本——甲产品　　138 624
　　　　　　　　——乙产品　　73 170
　贷：库存商品——甲产品　　138 624
　　　　　　　——乙产品　　73 170

拓展阅读

零库存管理

零库存管理，是指对企业的采购、生产、配送环节进行合理计划和安排，使物料处于不断运动，不停周转的状态的新型管理模式。同时，存货作为企业生产经营的重要组成部分，作为联系产品和销售的重要纽带，贯穿于企业生产经营的各个环节，关系着存货控制或管理效率的高低，决定着企业财务状况和经营成果。存货种类繁多，占用资金量大，因此，存货管理的目的就在于既满足需要，又能在不同情况下使相关总成本达到最低，故其在整体投资决策中居于举足轻重的地位。如何有效降低存货，提高客户服务水平一直都是企业在发展中所考虑的首要问题，目前，零存货管理成为企业最理想的存货管理办法。

项目小结

本项目的内容结构如图 4－1 所示。

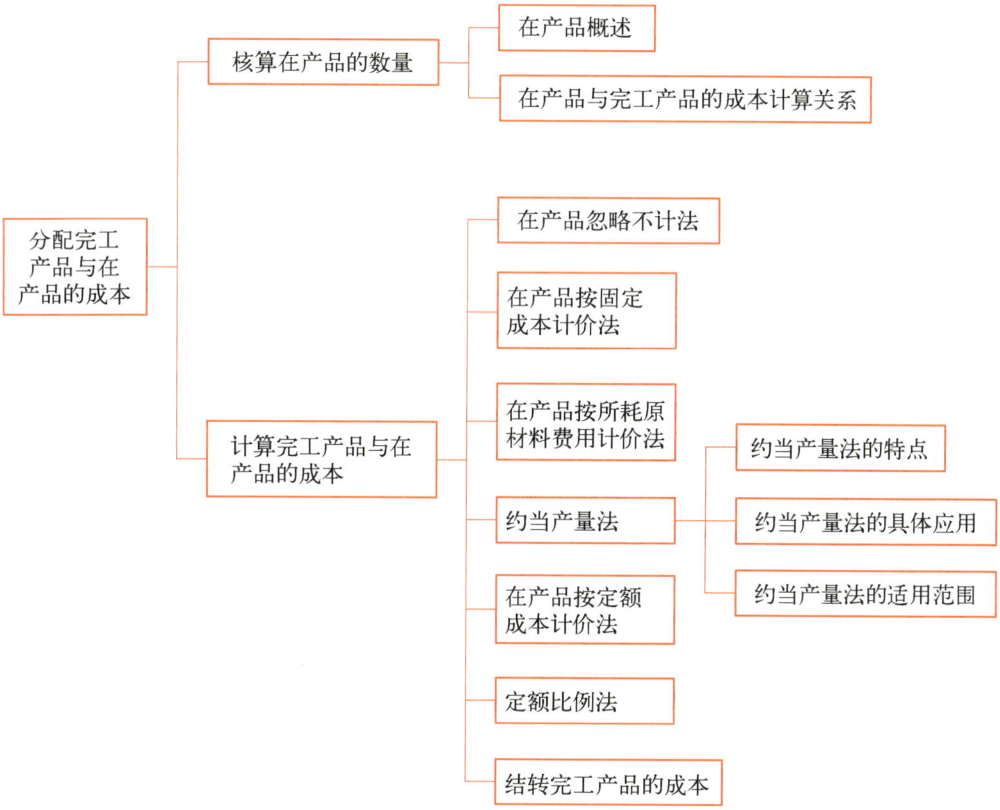

图 4－1　项目四内容结构图

项目四在线测试

项目训练

一、简答题

1. 简述在产品的含义。
2. 什么是约当产量？约当产量法的具体操作是怎样的？
3. 在产品按定额成本法与定额比例法计价有什么区别？

二、单项选择题

1. 采用在产品成本按年初固定成本计价法，将生产费用在完工产品与期末在产品之间的分配，适用于（　　）的情况。

A. 各月在产品数量很大
B. 各月月末在产品数量虽大，但各月之间变化不大
C. 各月月末在产品数量变化较大
D. 各月成本水平相差不大

2. 当企业月末在产品数量较大且数量变化也较大时，原材料费用在成本中所占比重较大的产品，其生产费用通常应按（　　）在完工产品和月末在产品之间分配。

A. 定额比例法　　B. 在产品按所耗原材料费用计价法
C. 约当产量法　　D. 在产品按定额成本计价法

3. 企业某种产品的各项定额准确、稳定，各月月末在产品数量变化不大，为了简化成本计算工作，其生产费用在完工产品与在产品之间分配应采用（　　）。

A. 定额比例法　　B. 在产品按完工产品计价法
C. 约当产量法　　D. 在产品按定额成本计价法

4. 假设企业月末在产品数量较大且数量变化也较大，产品成本中而原材料费用和工资等加工费用在成本中所占比重相当，应选用的费用分配方法是（　　）。

A. 约当产量法　　B. 在产品按原材料费用计价法
C. 定额比例法　　D. 在产品按定额成本计价法

5. 原材料在每道工序开始时一次投料的情况下，分配原材料费用的在产品投料程度，是将（　　）与完工产品原材料消耗定额的比率。

A. 在产品所在工序原材料累计消耗定额的 50%
B. 在产品所在工序原材料消耗定额的 50%
C. 在产品所在工序原材料累计消耗定额
D. 在产品所在工序原材料消耗定额

6. 在产品采用定额成本计价法计算时，其实际成本与定额成本之间的差异应计入（　　）。

A. 在产品成本　　B. 营业外支出　　C. 完工产品成本　　D. 期间费用

7. 为了加强在产品的实物管理，组织在产品数量的日常核算，可以设置（　　）。

A. “基本生产成本”明细账　　B. “在产品”账户
C. “在产品台账”　　D. “库存商品”账户

8. 对于盘盈的在产品，在有关部门批准后，应该记入的账户是（　　）。

A. “制造费用”　　B. “基本生产成本”　　C. “管理费用”　　D. “营业外支出”

9. 甲产品期初在产品 30 件，本期投产 160 件，期末在产品 15 件，其中本期完工产品为（　　）件。

A. 145　　B. 160　　C. 175　　D. 190

10. 某企业产品经过两道工序，各工序的工时定额分别为 30 小时和 40 小时，各道工序的在产品在本道工序的加工程度按工时定额的 50%计算，则第二道工序的完工率为（　　）%。

A. 68　　B. 69　　C. 70　　D. 71

11. 某种产品经两道工序加工完成，第一道工序月末在产品数量为 100 件，完工程度为 20%；第二道工序月末在产品数量为 200 件，完工程度为 70%。据此计算的月末在产品约当产量为（　　）件。

A. 20　　B. 135　　C. 140　　D. 160

12. 甲产品分三道工序加工，原材料分三次投入，且在每工序开始时一次投入，各工序原材料消耗定额为：第一工序 10 千克，第二工序 20 千克，第三工序 10 千克，该产品第二工序的投料率为（　　）%。

A. 12.5　　B. 50　　C. 75　　D. 100

13. 某种产品本月完工 250 件，月末在产品 160 件，在产品完工程度为 40%，月初和本月发生的原材料费用共 56 520 元，原材料随着加工进度陆续投入，则完工产品和月末在产品的原材料费用分别为（　　）。

A. 45 000 元和 11 250 元　　B. 40 000 元和 16 250 元

C. 45 000 元和 11 520 元　　D. 34 298 元和 21 952 元

14. 企业完工产品经验收入库后，其成本应从（　　）账户的贷方转入“库存商品”账户的借方。

A. “制造费用”　　B. “基本生产成本”

C. “辅助生产成本”　　D. “主营业务成本”

15. 如果企业定额管理基础较好，能够制定比较准确、稳定的消耗定额，各月月末在产品数量变化较大的产品，应采用（　　）。

A. 在产品成本按年初固定数计算法　　B. 按定额成本计算在产品成本法

C. 按所耗直接材料费用计算在产品成本法　　D. 定额比例法

三、多项选择题

1. 广义的在产品包括（　　）。

A. 需要进一步加工的半成品　　B. 正在返修的废品

C. 对外销售的自制半成品　　D. 正在车间加工中的在产品

2. 生产费用在完工产品和月末在产品之间分配的方法有（　　）。

A. 定额比例法　　B. 按定额成本计算在产品成本法

C. 约当产量法　　D. 不计算在产品成本法

3. 企业应根据（　　）具体条件，采用适当的方法进行完工产品和在产品之间的费用分配。

A. 在产量数量的多少　　B. 各月在产品数量变化的大小

C. 定额管理基础的好坏　　D. 各项费用在成本中所占的比重

4. 在产品成本按年初固定数计算法，适用于（　　）。

A. 各月成本水平相差不大

B. 各月月末在产品数量较小

C. 各月月末在产量数量较大

D. 各月月末在产品数量虽大，但各月之间变化不大

5. 约当产量法适用于（　　）。

A. 各月月末在产品数量较大

B. 各月月末在产品数量变化较大

C. 各月月末在产品接近完工

D. 消耗定额比较准确、稳定

四、判断题（在题后括号中正确的打“√”，错误的打“×”）

1. 在产品按所耗直接材料费用计算成本时，在产品所耗加工费用全部由完工产品成本负担。（　　）

2. 返修的废品属于广义在产品。（　　）

3. 在各工序在产品数量和单位产品在各工序的加工程度都差不多的情况下，对所有在产品的完工程度，都可以按照50%平均计算。（　　）

4. 各月月末的在产品数量变化不大的产品，可以不计算在产品成本。（　　）

5. 在产品盘盈时，应该按定额成本借记“基本生产成本”账户，贷记“待处理财产损溢”账户。（　　）

五、业务分析题

1. 某企业生产A产品，其月初在产品数量较少，因此不计算在产品成本，某月份发生生产费用为：直接材料50 000元，直接人工14 000元，制造费用6 000元。本月完工产品1 000件，月末在产品2件。

要求：计算该月份A产品完工产品的总成本和单位成本。

2. 某企业生产B产品，原材料费用在产品成本所占比重很大，月末在产品只计算原材料费用，原材料在生产开始时一次投入。该种产品某月月初原材料费用6 500元，当月发生原材料费用123 500元，人工费用1 500元，制造费用1 000元，当月完工产品120件，月末在产品80件。

要求：计算本月完工产品和期末在产品成本，完成产品成本计算单，如表4－23所示。

表4－23　产品成本计算单

产品名称：B产品　　××年×月　　单位：元

项　目	直接材料	直接人工	制造费用	合　计
月初在产品成本				
本月生产费用				
生产费用合计				
本月完工产品成本				
月末在产品成本				

3. 某企业生产C产品，本月完工525件，月末在产品180件，在产品完工程度60%；月初在产品和本月原材料费用共计31 725元，人工和制造费用等加工费用共计28 485元。原材料是生产开始时一次投入。

要求：使用约当产量法计算本月完工产品和期末在产品成本。

4. 某企业生产D产品需经过3个工序加工完成，原材料分别在各工序生产开始时投入。该产品单位产品成本中原材料消耗定额为2 000元，其中第一工序投料定额600元；第二工序投料定额900元；第三工序投料定额500元。该企业月末盘存D产品的在产品数量为1 000件，其中第一工序进行中的有300件，第二工序进行中的有200件，第三工序进行中的有500件。

要求：确定分配材料费用时各工序的投料程度和月末在产品的约当产量，完成表4－24。

表4－24　月末在产品约当产量计算表

工序	单耗定额/(元/件)	月末在产品数量/件	在产品投料程度/%	在产品约当产量/件
1				
2				
3				
合计				

5. 某企业生产E产品需经过两步工序，单位定额工时为500小时，第1工序用260小时，第2工序用240小时，现正处于第1工序的在产品有200件，正处于第2工序的在产品有300件。

要求：确定各工序的完工程度，并计算月末在产品的约当产量。

6. 某企业生产乙产品，需经过两道工序的加工才能完成。原材料随着生产进度逐步投入，原材料在第一工序和第二工序的消耗定额均为50元。本月完工乙产品1 200件，月末在产品为第一工序600件，第二工序400件。该月月初在产品的原材料费用和本月原材料费用合计为132 000元。

要求：

(1) 计算在产品的约当产量。

(2) 按约当产量法分配计算乙产品的完工产品和月末在产品的原材料费用。

7. 某企业生产A产品，本月生产费用累计数为15 000元，其中直接材料6 000元，直接人工5 000元，制造费用4 000元，本月完工产品数量为100件，月末在产品数量200件。在产品投料程度为50%，加工程度为40%。

要求：

(1) 采用约当产量法计算完工产品与月末在产品的成本。

(2) 根据资料编制产品成本计算单，如表4－25所示。

表4－25　产品成本计算单

××年×月

产品名称：A产品　　完工产品：100件　　在产品：200件

项　目	直接材料	直接人工	制造费用	合　计
生产费用合计/元	6 000	5 000	4 000	15 000
在产品约当产量/件				
完工产品产量/件				

续 表

项 目	直接材料	直接人工	制造费用	合 计
分配率				
完工产品总成本/元				
月末在产品成本/元				

8. 某企业某月生产的B产品期初在产品成本为1 000元，本期发生生产费用44 000元。本月完工1 000件，月末在产品100件，原材料在生产开始时一次投入，每件在产品直接材料费用定额为20元，单件在产品定额工时为4小时，计划每工时费用分配率为：直接人工3元/小时，制造费用2元/小时。

要求：按定额成本计算在产品成本法分配本月完工产品和月末在产品成本。

9. 某企业生产A产品，月初在产品直接材料费用30 000元，直接人工费用2 500元，制造费用1 500元。本月实际发生直接材料费用194 000元，直接人工费25 000元，制造费用15 000元。完工产品5 000件，单件原材料费用定额30元，单件工时定额3.8小时。月末在产品400件，单件原材料费用定额25元，工时定额2.5小时。

要求：

(1) 根据以上资料，采用定额比例法，编制完工产品与月末在产品费用分配表，如表4－26所示。

(2) 写出完工产品成本和期末在产品成本的计算过程。

表4－26　完工产品与月末在产品费用分配表

产品：A产品　　单位：元

项 目	直接材料	直接人工	制造费用	合 计
月初在产品成本	30 000	2 500	1 500	34 000
本月投入生产费用	194 000	25 000	15 000	234 000
本月生产费用合计数				
完工产品定额成本或定额工时				—
月末在产品定额成本或定额工时				—
分配率				—
完工产品成本				
月末在产品成本				

项目五

运用品种法计算产品成本

职业能力目标

1. 了解生产类型和管理要求对产品成本计算的影响。
2. 熟悉产品成本计算的主要方法。
3. 理解品种法的特点、适用范围和优缺点。
4. 掌握品种法的成本计算程序。
5. 熟练地运用品种法计算产品成本并进行相应的账务处理。

职业素养目标

1. 通过学习工业企业生产的主要类型，引出中国高铁的发展，增强学生的民族自信。

2. 通过学习运用品种法计算产品成本，培养学生良好的职业素养和职业操守。

项目介绍

企业的生产类型不同，管理要求不同，对产品成本计算的影响也不同。前面各项目是对工业企业生产过程中发生的各项费用进行了归集和分配，本项目是要认识成本计算的主要方法，学习产品成本计算中最基本的方法——品种法，并为学习其他的成本计算方法打下基础。

引导案例

长江股份有限公司大量生产甲、乙两种产品，另有一个供电辅助车间，为基本生产车间和管理部门供电。在生产甲、乙产品过程中，产生了材料费、人工费、动力费等生产费用，月末甲产品全部完工 7 500 件，乙产品完工 3 000 件，在产品 400 件，我们应怎样归集和分配生产费用，从而计算完工的甲产品、乙产品的总成本及单位成本呢？本项目将学习产品成本计算最基本的方法——品种法。

任务一 了解成本计算方法

任务描述

（1）产品成本计算的前提是确定成本计算对象，成本计算对象的确定必须符合企业生产特点，满足成本管理要求。

（2）产品成本计算有品种法、分批法、分步法、分类法、定额法等，企业必须从具体情况出发，充分考虑企业生产工艺特点和成本管理要求，选择适合的成本计算方法。

一、工业企业生产的主要类型

由于企业的生产特点以及对成本管理的要求不同，费用归集和分配的方法也不同，进而形成不同的产品成本计算方法。“生产类型”就是按照一定的标准对不同企业的生产过程进行分类，体现了不同企业的生产特点。企业的生产类型，可按生产工艺过程的特点和生产组织特点来划分。

知识详解：生产特点和管理要求对产品成本计算的影响

（一）按生产工艺过程特点分类

生产工艺过程即生产工艺流程，是指从原料投入到产品完工的生产加工过程。工业企业的生产，按照生产工艺过程的特点，可以分为单步骤生产和多步骤生产两种类型。

1. 单步骤生产

单步骤生产也称简单生产，是指产品生产工艺不能间断，或者不便于分散在不同工作地点进行的生产。单步骤生产的产品生产周期一般比较短，通常没有自制半成品或其他中间产品。由于技术上的不可间断性（如发电）或由于工作地点上的限制（如采掘），这类企业的生产通常由一个车间整体进行，不能由几个车间协作进行。例如发电、化工、采掘、铸件的熔铸等企业的生产就属于单步骤生产的企业类型。

2. 多步骤生产

多步骤生产也称复杂生产，是指产品生产工艺过程由若干个可以间断的，分散在不同地点，分别在不同时间进行的步骤所组成的生产过程。这类生产工艺技术较复杂，生产周期一般较长，产品品种较多，有半成品或中间产品，一般由一个企业的若干步骤或车间协作进行生产。

按其加工方式的不同，多步骤生产又可以分为连续式多步骤生产和装配式多步骤生产。连续式多步骤生产是指对投入生产的原材料，要依次经过各个生产步骤的加工，到最后生产步骤才生产出产成品的生产过程。前一步骤生产出来的半成品，是后一个加工步骤的加工对象，直到最后加工步骤才能生产出产成品。例如冶金、纺织、造纸、服装等企业的生产。装配式多步骤生产是指先将原材料分别加工为零件、部件，再将零件、部件装配为成品的生产。例如机械制造、汽车制造、仪表制造等企业的生产。

（二）按生产组织方式分类

生产组织方式，是保证生产过程各个环节、各个因素相互协调的生产工作方式。按照生产的组织特点，工业企业的生产可以分为大量生产、成批生产和单件生产三种类型。

1. 大量生产

大量生产，是指不断重复生产品种相同的产品生产。它的特点是陆续投入，陆续产出，不分批别，产量较大，品种少，生产的重复性强，专业化程度高，比较稳定。例如纺织、面粉、采掘、冶金、发电、造纸等产品的生产。

2. 成批生产

成批生产，指按照事先规定的产品批别和数量进行的生产。在这种生产类型的企业或车间中，产品的品种比较多，各种产品的生产往往是成批轮番进行，生产具有一定的重复性。例如，服装和某些机械产品的生产都是这种类型的生产。按照产品批量的大小，成批生产还可分为大批生产和小批生产。大批生产的产品数量较多，因而其特点接近大量生产；小批生产的数量较少，其特点接近单件生产。在实际工作中，由于“大量”和“大批”的界限一般较难划分，通常合在一起，称为大量大批生产，与单件小批生产相对。

3. 单件生产

单件生产，是指根据订单单位的要求，依据订单中规定的规格、型号、性能进行的对特定产品进行的少量生产。其特点是产量少、品种多，一般不重复生产等。如船舶、大型机械设备、试制新产品等的生产过程。

二、生产类型特点对产品成本计算方法的影响

价值引领：中国高铁百年发展史，从“追赶者”到领先世界

企业的生产特点和成本管理要求，在很大程度上决定了企业的成本计算方法。构成产品成本计算方法的主要因素有成本计算对象、成本计算期及生产费用在完工产品与在产品之间的分配。

（一）对成本计算对象的影响

成本计算对象，是为计算产品成本而确定的归集和分配生产费用的各个对象，即生产费用的承担者。计算产品成本必须先确定成本计算对象，它是设置产品成本明细账、分配生产费用和计算产品成本的前提，也是区别各种成本计算方法的主要标志。

在产品成本计算工作中，主要有三种不同的成本计算对象：产品的品种、产品的批别及其所经过的生产步骤。

（1）单步骤大量生产的企业，由于工艺过程比较短，不可能划分为几个步骤生产，又由于不断大量重复某几种产品的生产，也无法分批。因此，不论管理要求如何，都只能以产品的品种作为成本计算对象。

（2）多步骤连续式大量生产的企业，由于不断地重复生产同品种的产品而无法分批，但工艺过程可划分为若干可间断的生产步骤。因此，既可以按各种产成品，也可以按其所经过的各生产步骤的半成品为成本计算对象，既计算最终完工产品又计算各步骤半成品的成本。但如果管理上不要求分步骤计算半成品成本，就只需要计算最终完工产品成本。

（3）多步骤装配式成批生产企业，一般是先制造零部件，再装配为产品，因而对成本计算对象的影响主要在生产组织方面。如果是单件、小批生产，按订货方的订单或企业生产计划部门下达的生产批号来组织生产，则以订单或生产批号作为成本计算对象；如果生产组织是大量大批生产，则以最终产品为成本计算对象。

（二）对成本计算期的影响

成本计算期，指的是生产费用计入产品成本所规定的起讫日期，也就是每次计算产品成本的期间。成本计算期主要取决于生产组织的特点，可分为两种情况：

（1）在大量、大批生产企业中，由于生产活动连续不断地进行着，在会计分期原则下，产品成本的计算只能按月定期进行，以满足分期计算损益的需要。这种成本计算期与会计报告期一致，但与产品生产周期不一致。

（2）在单件和小批生产企业中，各种产品的生产周期往往不同，而且批量小，生产不重复或重复很少，产品成本有可能在某件或某批产品完工后计算，因而成本计算是不定期的，成本计算期与产品生产周期一致，而与会计报告期不一致。

（三）对生产费用在完工产品和在产品之间分配的影响

生产类型的特点还会影响月末在产品的成本计算，即生产费用是否需要在完工产品和在产品之间分配。

单步骤大量大批生产企业，由于产品生产周期较短，月末一般没有在产品或者在产品数量很小，因而一般不要求计算在产品成本；在多步骤单件小批生产企业，一批产品一般同时投入，同时完工，成本要到该批产品完工后才能计算，同批产品未全部完工前，所归集的生产费用都是在产品成本，同批产品全部完工后，所归集的生产费用就是该批完工产品的成本，所以不存在生产费用在完工产品和在产品之间进行分配；多步骤大量大批生产企业，由于生产不间断地进行，不断地投入和产出，因而既有完工产品不断出产，又有正在加工中的在产品随时继续，因此，月末计算产品成本时，就必须将生产费用在完工产品和在产品之间进行分配。

三、管理要求对成本计算方法的影响

成本计算方法主要受企业生产特点的制约，但不完全服从于企业生产特点。企业成本管理的不同要求也会对成本计算方法的确定产生影响，当然这种影响主要是对成本计算对象的影响。如在大量大批多步骤生产的企业，由于产品生产过程可以间断，并可分散在不同地点进行，这样，客观上具备了按生产步骤计算半成品成本的条件。如果企业管理上要求分步骤计算各步骤产品的成本，那么成本计算对象就可确定为各加工步骤的半成品和最后步骤的产成品；但如果成本管理上不要求提供半成品资料，就不需要分步骤计算，而只需以最终产品为计算对象。工业企业生产按不同的生产标准，可以分为不同的生产类型，这些类型的特点客观上决定了产品成本计算对象，从而决定产品成本的计算方法。

四、产品成本计算的主要方法

产品成本计算方法受企业生产类型特点和企业成本管理要求影响，生产类型的不同特点和不同的成本管理要求决定着产品成本的计算对象、成本计算期和生产费用在完工产品与在产品之间的分配方法，不同的成本计算对象、成本计算期和生产费用在完工产品与在产品之间分配方法相互组合，形成了工业企业产品成本计算的不同方法。

知识详解：产品成本核算的主要方法

（一）产品成本计算的基本方法

1. 品种法

品种法，是以产品品种为成本计算对象的产品成本计算方法。这种方法不要求分批，也不要求分步计算产品成本。一般适用于单步骤的大量大批生产，如采掘、发电等；也可用于管理上不需要分步骤计算成本的多步骤大量大批生产，如水泥生产等。

2. 分批法

分批法，是以产品的批别或订单为成本计算对象的产品成本计算方法。这种方法主要适用于单件、小批的生产，如重型机械制造、精密仪器加工等。

3. 分步法

分步法，是以产品的生产步骤为成本计算对象的产品成本计算方法。这种方法适用于大量大批且管理上要求分步骤计算产品成本的复杂生产，如纺织、冶金等。分步法按各步骤生产成本的结转方式不同，又可分为逐步结转分步法和平行结转分步法。

上述产品成本计算的三种基本方法，其成本计算对象、生产类型均存在区别，产品成本计算基本方法比较如表 5-1 所示。

表 5-1 产品成本计算基本方法比较表

成本计算方法	成本计算对象	成本计算期	期末在产品成本的计算	生产工艺特点
品种法	产品品种	与会计报告期一致	一般单步骤生产下不需计算，多步骤生产下需要计算	单步骤生产或多步骤生产
分步法	生产步骤	与会计报告期一致	需要计算	多步骤生产
分批法	产品批别	与生产周期一致	一般不需计算	单步骤生产或多步骤生产

特别要指出的是，上述三种方法，无论采用哪种方法计算成本，最后都必须要计算出各种产品的实际总成本和单位成本。按照产品的品种计算成本，是成本计算和成本管理工作的共同要求，也是最起码的要求。因此，在三种产品成本计算的方法中，品种法是最基本的方法。

(二) 产品成本计算的辅助方法

在实际工作中，由于产品生产复杂多样，企业管理条件各不相同，为了简化成本计算工作或较好地利用管理条件，除上述三种产品成本的基本方法外，还会采用其他成本计算方法，如分类法、定额法等，这些方法也称为成本计算的辅助方法。

1. 分类法

实际工作中一些产品品种规格繁多的企业，如灯泡厂、钉厂等，为了简化成本计算工作，可采用分类法。分类法的基本特点是以产品类别为成本计算对象，将生产费用先按产品类别进行归集，计算各类产品成本，再按照一定的分配标准在类内各种产品之间分配，最后计算各种产品的实际总成本和单位成本。

2. 定额法

定额法，是定额管理较好的企业，为了加强生产费用和产品成本的定额管理，加强成本控制而采用的成本计算方法。它的基本特点是以产品的定额成本为基础，加上或减去脱离定额差异以及定额变动差异来计算产品的实际成本。定额法一般是在定额管理基础工作比较好，产品生产定型和消耗定额合理且稳定的企业采用。它可以将成本核算和成本控制结合起来，解决了成本的日常控制问题。

知识拓展

成本计算的主要和辅助方法都统称为传统成本计算方法。在现代管理学中还有一种成本计算方法是作业成本法。

作业成本法是根据事物的经济、技术等方面的主要特征，运用数理统计方法，进行统计、排列和分析，旨在抓住主要矛盾，分清重点与一般，从而有区别地采取管理方式。它把直接成本和间接成本(包括期间费用)作为产品(服务)消耗作业的成本同等地对待，拓宽了成本的计算范围，使计算出来的产品(服务)成本更准确真实。作业成本计算法不仅是一种成本计算方法，更是成本计算与成本管理的有机结合。

任务二 认识品种法

任务描述

（1）品种法作为成本计算的基本方法，主要适用于单步骤大量大批生产以及在管理上不要求分步计算产品成本的生产。

（2）根据品种法的特点，要从成本计算对象等方面去进行理解和把握。

一、品种法的含义及适用范围

品种法，是指以产品品种为成本计算对象，归集和分配生产成本，计算产品成本的一种方法。品种法是产品成本计算最基本的方法，在实际工作中应用较为广泛。

知识详解：品种法的概述

这种方法适用于单步骤、大量生产的企业，如发电、供水、采掘等企业。在这种类型的生产中，产品的生产过程不能从技术上划分为步骤，企业或车间规模较小，或者车间是封闭的，也就是从材料投入到产品产出的全部生产过程都是在一个车间内进行。另外，生产按流水线组织，管理上不要求按照生产步骤计算产品成本的多步骤大量生产企业，都可以按照品种计算产品成本。

二、品种法的特点

（一）以产品品种作为成本计算对象

1. 如果企业只生产一种产品，成本计算对象就是该种产品的产成品

只生产一种产品时，生产成本明细账按该种产品设置，企业发生的生产费用都是直接费用，可以直接记入该种产品的生产成本明细账，各种生产费用（包括制造费用）都不需要在各成本计算对象之间分配，这种成本计算方法也称为简单品种法。

2. 如果企业生产多种产品，成本计算对象就是每种产品

生产多种产品时，生产成本明细账则分别按每种产品设置，发生的直接费用就直接记入各生产成本明细账，间接费用则应另行归集，然后采用适当的分配方法在各成本计算对象之间分配，再记入各生产成本明细账，这种成本计算方法具有品种法的典型特征，可称为典型品种法。

（二）成本计算定期按月进行

采用品种法计算成本的企业是大量大批生产组织形式，这种类型的生产是连续不断地重复生产一种或几种产品，不可能在产品全部完工以后才计算其成本。因此，成本计算是定期按月进行的，因而成本计算期与会计报告期一致而与产品生产周期不一致。

（三）生产费用在完工产品和期末在产品之间进行分配

由于品种法的成本计算是按月进行的，一般情况下，需要采用一定的方法，将生产费用在完工产品和月末在产品之间进行分配，以便计算完工产品成本和月末在产品成本。当然，如果月末没有在产品，或者在产品很少，则不需要计算月末在产品成本。

任务三 运用品种法计算产品成本

任务描述

掌握品种法的计算程序是运用品种法进行成本计算的前提。品种法的运用，要在掌握要素费用、综合费用的归集与分配基础上进行。

一、品种法的成本计算程序

知识详解：品种法的运用

品种法是最基本的产品成本计算方法，因而品种法下的成本计算程序也是产品成本计算的一般程序。采用品种法计算产品成本时，首先要按照产品的品种开设基本生产成本明细账或成本计算单，然后按照以下程序进行产品成本计算：

(1) 按所生产的产品品种开设基本生产成本明细账（成本计算单），并按成本项目设置专栏。

(2) 根据取得的生产过程中发生的各种生产费用的原始凭证和其他相关资料，归集、整理编制各种要素费用分配表，如材料费用分配表，燃料与动力费用分配表，人工费用分配表，折旧及其他费用分配表等。

(3) 根据各种要素费用分配表，进行相关会计处理。凡能直接计入产品成本的费用（如直接材料费用、生产工人工资等），记入该产品基本生产成本明细账相关成本项目中；凡不能直接计入产品成本的间接费用（如车间为组织和管理生产发生的费用、辅助生产车间发生的费用、厂部管理部门发生的费用），应分别记入制造费用明细账、辅助生产成本明细账和管理费用明细账等。

(4) 根据辅助生产成本明细账归集的费用，编制辅助生产费用分配表，采用适当的分配方法在各受益部门之间进行分配，并据以登记相关明细账。

(5) 根据制造费用明细账归集的费用，编制制造费用分配表，采用适当的方法在各种产品之间进行分配，并据以登记各种产品基本生产成本明细账（成本计算单）。

(6) 根据各种产品基本生产成本明细账所归集的全部生产费用，采用适当的分配方法在完工产品与月末在产品之间进行分配，计算当月完工产品与月末在产品的成本，并编制完工产品成本汇总表，计算出各种产品的总成本和单位成本。

二、品种法的应用

应用品种法计算产品成本，应按照品种法的成本计算程序，将企业在生产过程中所发生的各项直接生产费用、辅助生产费用、制造费用分别归集和分配到各完工产品的成本中，计算出完工产品的总成本和单位成本。

案例 5－1 长江股份有限公司的一个基本生产车间大量生产甲、乙两种产品，另有一供电辅助生产车间，供电车间分别为基本生产车间和管理部门供电，根据生产特点采用品种法计算产品生产成本。2024 年 6 月有关资料如下：

(1) 产品产量资料如表 5－2 所示。

表 5－2　**产品产量资料**　单位：件

产品名称	月初在产品	本月投产	本月完工产品	月末在产品
甲产品	500	7 000	7 500	0
乙产品	300	3 100	3 000	400

注：月末在产品完工率 50%。

（2）月初在产品成本资料如表 5－3 所示。

表 5－3　**月初在产品资料**　单位：元

产品名称	直接材料	直接人工	制造费用	合计
甲产品	6 860	5 460	4 316	16 636
乙产品	4 216	2 080	1 800	8 096

（3）其他有关资料：

❶ 工时记录。甲、乙产品实际耗用工时分别为 4 000 小时、6 000 小时。

❷ 供电车间供电 10 000 千瓦・时，其中：基本车间一般耗用 8 800 千瓦・时，管理部门耗用 1 200 千瓦・时。

（4）有关费用分配方法：

❶ 甲、乙两种产品共同耗用材料按定额耗用量比例分配。

❷ 生产工人工资按甲、乙产品工时比例分配。

❸ 辅助生产费用按用电量分配。

❹ 制造费用按甲、乙产品工时比例分配。

❺ 按约当产量分配计算月末在产品成本，甲产品耗用的材料随加工进度陆续投入，乙产品耗用的材料于生产开始时一次投入。

按品种法成本计算程序举例说明如下。

（一）归集和分配生产费用

1. 要素费用的归集和分配

该公司 6 月份发生的生产费用资料如下：

❶ 材料费用。生产甲产品直接耗用材料 38 000 元，生产乙产品直接耗用材料 26 000 元，生产甲、乙产品共同耗用材料 28 000 元（甲、乙产品材料定额耗用量分别为 2 000 千克、800 千克）。供电车间耗用消耗性材料 6 800 元，基本生产车间一般耗用材料 3 600 元，管理部门耗用 1 000 元。

根据以上资料编制材料费用分配表如表 5－4 所示。

表 5－4　**材料费用分配表**

2024 年 6 月

用途		直接耗用材料费用/元	共同耗用材料			合计/元
			分配标准/千克	分配率	金额/元	
基本生产车间	甲产品	38 000	2 000	10	20 000	58 000
	乙产品	26 000	800		8 000	34 000
	小计	64 000	2 800	—	28 000	92 000

续 表

用 途	直接耗用材料费用/元	共同耗用材料			合计/元
		分配标准/千克	分配率	金额/元	
供电车间	6 800				6 800
基本车间一般耗用	3 600				3 600
管理部门	1 000				1 000
合 计	75 400			28 000	103 400

根据表 5－4 编制会计分录如下：

借：基本生产成本——甲产品(直接材料)　58 000
　　　　　　　　——乙产品(直接材料)　34 000
　　辅助生产成本——供电车间(材料费用)　6 800
　　制造费用——材料费用　3 600
　　管理费用——材料费用　1 000
　　贷：原材料　103 400

小知识

由于本公司只有一个基本生产车间和一个辅助生产车间，因此辅助生产成本和制造费用都可以不按车间设置明细分类账。

❷ 职工薪酬。基本生产工人工资 70 000 元(按甲产品、乙产品所耗工时进行分配)，基本车间管理人员工资 6 000 元，供电车间工人工资 4 000 元，公司管理人员工资 18 000 元；按工资总额的 20%提取社会保险费。

根据资料编制职工薪酬分配表如表 5－5 所示。

表 5－5　**职工薪酬分配表**

2024 年 6 月

车间部门		工资			社会保险费/元	合计/元
		分配标准/工时	分配率	金额/元		
基本生产车间	生产甲产品	4 000	7	28 000	5 600	33 600
	生产乙产品	6 000		42 000	8 400	50 400
小 计		10 000	—	70 000	14 000	84 000
车间管理人员				6 000	1 200	7 200
供电车间				4 000	800	4 800
管理部门				18 000	3 600	21 600
合 计				98 000	19 600	117 600

根据表 5－5 编制会计分录如下：

借：基本生产成本——甲产品（直接人工）　33 600
　　　　　　　　——乙产品（直接人工）　50 400
　　辅助生产成本——供电车间（职工薪酬）　4 800
　　制造费用——职工薪酬　7 200
　　管理费用——职工薪酬　21 600
　　贷：应付职工薪酬——工资　98 000
　　　　　　　　　　——社会保险费　19 600

❸ 其他费用。基本生产车间折旧费 5 800 元，办公费 480 元。供电车间固定资产折旧费 1 450 元，办公费 450 元。管理部门折旧费 800 元，办公费 600 元（办公费通过银行存款支付）。

其他费用分配表如表 5－6 所示。

表 5－6　其他费用分配表

2024 年 6 月　　单位：元

车间部门	折旧费	办公费	合计
供电车间	1 450	450	1 900
基本生产车间	5 800	480	6 280
管理部门	800	600	1 400
合计	8 050	1 530	9 580

根据表 5－6 分别编制计提折旧的分录和支付办公费的分录如下：

借：辅助生产成本——供电车间（折旧费）　1 450
　　制造费用——折旧费　5 800
　　管理费用——折旧费　800
　　贷：累计折旧　8 050

借：辅助生产成本——供电车间（办公费）　450
　　制造费用——办公费　480
　　管理费用——办公费　600
　　贷：银行存款　1 530

2. 归集和分配辅助生产成本

月末，根据辅助生产成本明细账归集的费用，采用一定的分配方法（这里采用直接分配法）将辅助生产成本分配给各受益对象，作为各受益对象的成本费用。

根据相关记账凭证，登记辅助生产成本明细账如表 5－7 所示。

表 5－7　辅助生产成本明细账

车间名称：供电车间

2024 年		凭证字号	摘要	材料费用	职工薪酬	折旧费	办公费	合计
月	日							
6	30	略	分配材料费用	6 800				6 800
	30		分配职工薪酬		4 800			4 800

续 表

2024 年 月	日	凭证字号	摘 要	材料费用	职工薪酬	折旧费	办公费	合 计
	30		分配折旧费用			1 450		1 450
	30		分配办公费用				450	450
	30		本月合计	6 800	4 800	1 450	450	13 500
	30		分配转出	6 800	4 800	1 450	450	13 500

表 5－7 中归集的辅助生产费用为 13 500 元，按各部门用电量分配并编制辅助生产费用分配表如表 5－8 所示。

表 5－8　　辅助生产费用分配表

2024 年 6 月

部 门 用 途	分配标准/千瓦·时	分 配 率	分配金额/元
基本生产车间一般耗用	8 800	1.35	11 880
管理部门耗用	1 200		1 620
合 计	10 000	—	13 500

根据表 5－7 及表 5－8 编制会计分录如下：

借：制造费用——电费　　11 880

　　管理费用——电费　　1 620

　　贷：辅助生产成本——供电车间（材料费用）　　6 800

　　　　——供电车间（职工薪酬）　　4 800

　　　　——供电车间（折旧费）　　1 450

　　　　——供电车间（办公费）　　450

3. 归集和分配制造费用

月末，根据制造费用明细账，将归集的费用按生产工人工时比例进行分配，登记制造费用明细账如表 5－9 所示。

表 5－9　　制造费用明细账

车间名称：基本生产车间

2024 年 月	日	凭证字号	摘 要	材料费用	职工薪酬	折旧费	办公费	电 费	合 计
6	30	（略）	材料费用分配	3 600					3 600
	30		职工薪酬分配		7 200				7 200
	30		折旧费用分配			5 800			5 800
	30		办公费用分配				480		480

续 表

2024 年		凭证字号	摘 要	材料费用	职工薪酬	折旧费	办公费	电 费	合 计
月	日								
	30		分配辅助生产成本					11 880	11 880
	30		本月合计	3 600	7 200	5 800	480	11 880	28 960
	30		分配转出	3 600	7 200	5 800	480	11 880	28 960

编制的制造费用分配表如表 5 - 10 所示。

表 5 - 10　　制造费用分配表

2024 年 6 月

项 目	生产工时/小时	分 配 率	分配金额/元
甲产品	4 000	2.896	11 584
乙产品	6 000		17 376
合 计	10 000	—	28 960

根据表 5 - 9 及表 5 - 10 编制会计分录如下：

借：基本生产成本——甲产品(制造费用)　　11 584

　　　　　　　　——乙产品(制造费用)　　17 376

　贷：制造费用——材料费用　　3 600

　　　　　　　——职工薪酬　　7 200

　　　　　　　——折旧费　　5 800

　　　　　　　——办公费　　480

　　　　　　　——电费　　11 880

(二) 计算并结转完工产品成本

月末，根据各种产品基本生产成本明细账所归集的全部生产费用，采用适当的分配方法在完工产品与月末在产品之间进行分配，计算当月完工产品与月末在产品的成本，并编制完工产品成本汇总表，计算出各种产品的总成本和单位成本。基本生产成本明细账如表 5 - 11 和表 5 - 13 所示，产品成本计算单如表 5 - 12 和表 5 - 14 所示，完工产品成本汇总表如表 5 - 15 所示。

表 5 - 11　　基本生产成本明细账

产品名称：甲产品

2024 年		凭证字号	摘 要	直接材料	直接人工	制造费用	合 计
月	日						
6	1	(略)	月初在产品成本	6 860	5 460	4 316	16 636
	30		分配材料费用	58 000			58 000
	30		分配职工薪酬		33 600		33 600

续 表

2024年 月	日	凭证字号	摘 要	直接材料	直接人工	制造费用	合 计
	30		分配制造费用			11 584	11 584
	30		生产费用合计	64 860	39 060	15 900	119 820
	30		结转本月完工产品成本	64 860	39 060	15 900	119 820

表 5－12 产品成本计算单

产品名称：甲产品　　2024年6月　　完工产品数量：7 500

投料方式：陆续投料　　在产品完工率：　　在产品数量：0

项 目	直接材料	直接人工	制造费用	合 计
月初在产品成本/元	6 860	5 460	4 316	16 636
本月生产费用/元	58 000	33 600	11 584	103 184
生产费用合计/元	64 860	39 060	15 900	119 820
在产品约当产量/件	0	0	0	
完工产品产量/件	7 500	7 500	7 500	7 500
约当产量合计/件	7 500	7 500	7 500	
分配率	8.648	5.208	2.120	15.976
完工产品总成本/元	64 860	39 060	15 900	119 820

表 5－13 基本生产成本明细账

产品名称：乙产品

2024年 月	日	凭证字号	摘 要	直接材料	直接人工	制造费用	合计
6	1	（略）	月初在产品成本	4 216	2 080	1 800	8 096
	30		分配材料费用	34 000			34 000
	30		分配职工薪酬		50 400		50 400
	30		分配制造费用			17 376	17 376
	30		生产费用合计	38 216	52 480	19 176	109 872
	30		结转本月完工产品成本	33 720.0	49 200.0	17 977.5	100 897.5
	30		月末在产品成本	4 496.0	3 280.0	1 198.5	8 974.5

表 5-14 产品成本计算单

产品名称：乙产品　　2024 年 6 月　　完工产品数量：3 000

投料方式：一次投料　　在产品完工率：50%　　在产品数量：400

项目	直接材料	直接人工	制造费用	合计
月初在产品成本①/元	4 216	2 080	1 800	8 096
本月生产费用②/元	34 000	50 400	17 376	101 776
生产费用合计③/元	38 216	52 480	19 176	109 872
在产品约当产量④/件	400	200	200	
完工产品产量⑤/件	3 000	3 000	3 000	
约当产量合计⑥/件	3 400	3 200	3 200	
分配率⑦	11.240 0	16.400 0	5.992 5	33.632 5
完工产品总成本⑧/元	33 720.0	49 200.0	17 977.5	100 897.5
月末在产品成本⑨/元	4 496.0	3 280.0	1 198.5	8 974.5

注：表中③=①+②；⑥=④+⑤；⑦=③÷⑥；⑧=⑤×⑦；⑨=③−⑧

表 5-15 完工产品成本汇总表

2024 年 6 月　　单位：元

项目		直接材料	直接人工	制造费用	合计
甲产品(完工 7 500 件)	总成本	64 860.0	39 060.0	15 900.0	119 820.0
	单位成本	8.648	5.208	2.120	15.976
乙产品(完工 3 000 件)	总成本	33 720.0	49 200.0	17 977.5	100 897.5
	单位成本	11.240 0	16.400 0	5.992 5	33.632 5

根据表 11，表 13 和表 15，编制会计分录如下：

借：库存商品——甲产品　　119 820.0

　　　　　　——乙产品　　100 897.5

　贷：基本生产成本——甲产品(直接材料)　　64 860.0

　　　　　　　　　——甲产品(直接人工)　　39 060.0

　　　　　　　　　——甲产品(制造费用)　　15 900.0

　　　　　　　　　——乙产品(直接材料)　　33 720.0

　　　　　　　　　——乙产品(直接人工)　　49 200.0

　　　　　　　　　——乙产品(制造费用)　　17 977.5

【教学互动】

品种法下计算完工产品和在产品成本方法有哪几种？采用不同方法计算的完工产品成本相同吗？若本案例长江股份有限公司采用在产品按所耗原材料费用计价法计算完工产品与在

产品成本，该企业本月完工产品成本应该怎么计算？

【技能实训】

H公司设有一个基本生产车间和一个辅助生产车间。基本生产车间生产甲、乙两种产品；辅助生产车间为运输车间，为基本生产车间和管理部门提供运输服务。产品是单步骤大量大批生产，按照品种法进行成本计算。成本项目：直接材料、直接人工、制造费用。

2024年8月，企业生产情况表和月初在产品成本表如表5－16和表5－17所示。

表5－16 企业生产情况表

2024年8月 单位：件

产品名称	月初在产品	本月投产	本月完工产品	月末在产品	在产品完工率
甲产品	60	800	760	100	40%
乙产品	80	700	660	120	50%

表5－17 月初在产品成本表

2024年8月 （单位：元）

产品名称	直接材料	直接人工	制造费用	合计
甲产品	660	490	340	1 490
乙产品	820	1 152	492	2 464
合计	1 480	1 642	832	3 954

2024年8月发生的有关费用如下：

（1）材料费用。生产甲产品耗用材料10 580元，生产乙产品耗用材料8 420元，生产甲、乙产品共同耗用材料30 600元。基本生产车间一般耗用材料6 300元，运输车间耗用材料5 000元。共同材料按材料定额消耗量比例分配。本期甲、乙产品材料定额消耗量分别为2 000千克和1 400千克，甲、乙产品耗用原材料均在生产开始时一次投入。

（2）人工费用。生产工人工资25 000元，运输车间人员工资1 000元，基本生产车间管理人员工资6 000元。社会保险费按工资总额的20%计提。

（3）其他费用。运输车间固定资产折旧费为1 000元，办公费为500元，水电费为360元。基本生产车间厂房、机器设备折旧费为3 000元，办公费为2 000元，水电费为810元。（水电费及办公费通过银行存款支付）

（4）工时记录。甲产品实际耗用工时为4 000小时，乙产品实际耗用工时为6 000小时。

（5）本月运输车间共完成10 000千米运输工作量，其中基本生产车间耗用6 000千米，企业管理部门耗用4 000千米。

（6）人工费用、制造费用按工时比例在甲、乙两产品之间分配；生产成本在完工产品和期末在产品之间分配采用约当产量法。

（7）辅助生产成本按运输里程比例分配。

要求：

（1）分配各项要素费用并编制会计分录；

（2）归集和分配辅助生产费用并编制会计分录；

(3) 归集和分配制造费用并编制会计分录；
(4) 登记基本生产成本明细账并计算完工产品与在产品成本；
(5) 编制完工产品成本汇总表并结转完工产品成本。
任务处理：
(1) 分配各项要素费用并编制会计分录。
❶ 归集与分配材料费用。材料费用分配表如表 5-18 所示。

表 5-18　材料费用分配表

2024 年 8 月

用途		直接耗用/元	共同耗用材料分配			合计/元
			定额耗用量/千克	分配率	金额/元	
基本生产车间	甲产品	10 580	2 000	9	18 000	28 580
	乙产品	8 420	1 400		12 600	21 020
	小计	19 000	3 400	—	30 600	49 600
运输车间		5 000				5 000
基本车间一般耗用		6 300				6 300
合计		30 300			30 600	60 900

根据表 5-18，编制会计分录如下：

借：基本生产成本——甲产品（直接材料）　28 580
　　　　　　　　——乙产品（直接材料）　21 020
　　辅助生产成本——运输车间（材料费）　5 000
　　制造费用——材料费　6 300
　　贷：原材料　60 900

❷ 归集与分配职工薪酬费用。职工薪酬费用分配表如表 5-19 所示。

表 5-19　职工薪酬费用分配表

2024 年 8 月

车间部门	工资			社会保险费/元	合计/元
	分配标准/小时	分配率	金额/元		
基本生产车间甲产品生产人员	4 000	2.5	10 000	2 000	12 000
基本生产车间乙产品生产人员	6 000		15 000	3 000	18 000
小计	10 000		25 000	5 000	30 000
基本生产车间管理人员			6 000	1 200	7 200
运输车间			1 000	200	1 200
合计			32 000	6 400	38 400

根据表 5－19，编制会计分录如下：

借：基本生产成本——甲产品（直接人工） 12 000
——乙产品（直接人工） 18 000
辅助生产成本——运输车间（职工薪酬） 1 200
制造费用——职工薪酬 7 200
贷：应付职工薪酬——工资 32 000
——社会保险 6 400

❸ 归集与分配其他费用。其他费用汇总表如表 5－20 所示。

表 5－20 其他费用汇总表

2024 年 8 月 单位：元

账户名称	折旧费	办公费	水电费	合计
辅助生产成本	1 000	500	360	1 860
制造费用	3 000	2 000	810	5 810
合计	4 000	2 500	1 170	7 670

根据表 5－20，编制会计分录如下：

借：辅助生产成本——运输车间（折旧费） 1 000
制造费用——折旧费 3 000
贷：累计折旧 4 000
借：辅助生产成本——运输车间（水电费） 360
——运输车间（办公费） 500
制造费用——水电费 810
——办公费 2 000
贷：银行存款 3 670

（2）归集和分配辅助生产费用，并编制会计分录。辅助生产成本明细账如表 5－21 所示，辅助生产成本分配表如表 5－22 所示。

表 5－21 辅助生产成本明细账

车间名称：运输车间

2024 年		凭证字号	摘要	材料费	职工薪酬	折旧费	办公费	水电费	合计
月	日								
8	31	略	材料费用分配	5 000					5 000
	31		职工薪酬分配		1 200				1 200
	31		折旧费用分配			1 000			1 000

续 表

2024 年 月	日	凭证字号	摘 要	材料费	职工薪酬	折旧费	办公费	水电费	合 计
	31		办公费用分配				500		500
	31		水电费分配					360	360
	31		本月合计	5 000	1 200	1 000	500	360	8 060
	31		分配转出	5 000	1 200	1 000	500	360	8 060

表 5－22 **辅助生产成本分配表**

2024 年 8 月

账 户 名 称	分配标准/千米	分 配 率	分配金额/元
制造费用(基本生产车间运输费)	6 000	0.806	4 836
管理费用(管理部门运输费)	4 000		3 224
合计	10 000	—	8 060

根据表 5－21、表 5－22,编制会计分录如下:

借:制造费用——运输费 4 836
　　管理费用——运输费 3 224
　贷:辅助生产成本——运输车间(材料费) 5 000
　　　　　　　　——运输车间(职工薪酬) 1 200
　　　　　　　　——运输车间(折旧费) 1 000
　　　　　　　　——运输车间(办公费) 500
　　　　　　　　——运输车间(水电费) 360

(3) 归集和分配制造费用,并编制会计分录。制造费用明细账如表 5－23 所示,制造费用分配表如表 5－24 所示。

表 5－23 **制造费用明细账**

2024 年 月	日	凭证字号	摘 要	材料费	职工薪酬	折旧费	办公费	水电费	运输费	合 计
8	31	略	材料费用分配	6 300.0						6 300.0
8	31		职工薪酬分配		7 200.0					7 200.0
	31		折旧费用分配			3 000.0				3 000.0
	31		办公费用分配				2 000.0			2 000.0
	31		水电费分配					810.0		810.0

续 表

2024 年 月	日	凭证字号	摘 要	材料费	职工薪酬	折旧费	办公费	水电费	运输费	合 计
	31		分配辅助生产成本						4 836.0	4 836.0
	31		本月合计	6 300.0	7 200.0	3 000.0	2 000.0	810.0	4 836.0	24 146.0
	31		分配转出	6 300.0	7 200.0	3 000.0	2 000.0	810.0	4 836.0	24 146.0

表 5 - 24　制造费用分配表

2024 年 8 月

账 户 名 称	生产工时/小时	分 配 率	分配金额/元
基本生产成本——甲产品	4 000	2.414 6	9 658.4
基本生产成本——乙产品	6 000		14 487.6
合 计	10 000	—	24 146.0

根据表 5 - 23、表 5 - 24，编制会计分录如下：

借：基本生产成本——甲产品（制造费用）　9 658.4
　　　　　　　　——乙产品（制造费用）　14 487.6
　贷：制造费用——材料费　6 300.0
　　　　　　——职工薪酬　7 200.0
　　　　　　——折旧费　3 000.0
　　　　　　——办公费　2 000.0
　　　　　　——水电费　810.0
　　　　　　——运输费　4 836.0

（4）登记基本生产成本明细账，并计算完工产品与在产品成本。甲产品的基本生产成本明细账、产品成本计算单如表 5 - 25、表 5 - 26 所示。乙产品的基本生产成本明细账、产品成本计算单如表 5 - 27、表 5 - 28 所示。

表 5 - 25　基本生产成本明细账

产品名称：甲产品

2024 年 月	日	凭证字号	摘 要	直接材料	直接人工	制造费用	合 计
8	1	略	月初在产品成本	660	490	340	1 490
8	31		材料费用分配	28 580			28 580
	31		工资及社保费用分配		12 000		12 000
	31		制造费用分配			9 658.4	9 658.4

续　表

2024年 月	日	凭证字号	摘　要	直接材料	直接人工	制造费用	合　计
	31		生产费用合计	29 240.0	12 490.0	9 998.4	51 728.4
	31		结转本月完工产品成本	25 840.00	11 865.50	9 498.48	47 203.98
	31		月末在产品成本	3 400.00	624.50	499.92	4 524.42

表 5－26　　**产品成本计算单**

产品名称：甲产品　　2024 年 8 月　　完工产品数量：760

投料方式：一次投料　　在产品完工率：40％　　在产品数量：100

项　目	直 接 材 料	直 接 人 工	制 造 费 用	合　计
月初在产品成本/元	660	490	340	1 490
本月生产费用/元	28 580.0	12 000.0	9 658.4	50 238.4
生产费用合计/元	29 240.0	12 490.0	9 998.4	51 728.4
在产品约当产量/件	100	40	40	
完工产品产量/件	760	760	760	
约当产量合计/件	860	800	800	
分配率	34.000 0	15.612 5	12.498 0	62.110 5
完工产品总成本/元	25 840.00	11 865.50	9 498.48	47 203.98
月末在产品成本/元	3 400.00	624.50	499.92	4 524.42

表 5－27　　**基本生产成本明细账**

产品名称：乙产品

2024年 月	日	凭证字号 略	摘　要	直接材料	直接人工	制造费用	合　计
8	1		月初在产品成本	820	1 152	492	2 464
8	31		材料费用分配	21 020			21 020
	31		工资及社保费用分配		18 000		18 000
	31		制造费用分配			14 487.6	14 487.6
	31		生产费用合计	21 840.0	19 152.0	14 979.6	55 971.6
	31		结转本月完工产品成本	18 480.0	17 556.0	13 731.3	49 767.3
	31		月末在产品成本	3 360.0	1 596.0	1 248.3	6 204.3

表 5－28 产品成本计算单

产品名称：乙产品　　2024 年 8 月　　完工产品数量：660

投料方式：一次投料　　在产品完工率：50%　　在产品数量：120

成本项目	直接材料	直接人工	制造费用	合计
月初在产品成本/元	820	1 152	492	2 464
本月生产费用/元	21 020.0	18 000.0	14 487.6	53 507.6
生产费用合计/元	21 840.0	19 152.0	14 979.6	55 971.6
在产品约当产量/件	120	60	60	
完工产品产量/件	660	660	660	
约当产量合计/件	780	720	720	
分配率	28.000	26.600	20.805	75.405
完工产品总成本/元	18 480.0	17 556.0	13 731.3	49 767.3
月末在产品成本/元	3 360.0	1 596.0	1 248.3	6 204.3

（5）编制完工产品成本汇总表，并结转完工产品成本。

根据甲、乙产品成本计算单中计算出来的本月完工产品成本，汇总编制完工产品成本汇总表，如表 5－29 所示。

表 5－29 完工产品成本汇总表

2024 年 8 月　　单位：元

项目		直接材料	直接人工	制造费用	合计
甲产品（760 件）	总成本	25 840.00	11 865.50	9 498.48	47 203.98
	单位成本	34.000 0	15.612 5	12.498 0	62.110 5
乙产品（660 件）	总成本	18 480.00	17 556.00	13 731.30	49 767.30
	单位成本	28.000	26.600	20.805	75.405

根据表 5－29，编制会计分录如下：

借：库存商品——甲产品　　47 203.98
　　　　　　——乙产品　　49 767.30
　贷：基本生产成本——甲产品（直接材料）　　25 840.00
　　　　　　　　　——甲产品（直接人工）　　11 865.50
　　　　　　　　　——甲产品（制造费用）　　9 498.48
　　　　　　　　　——乙产品（直接材料）　　18 480.00
　　　　　　　　　——乙产品（直接人工）　　17 556.00
　　　　　　　　　——乙产品（制造费用）　　13 731.30

项目小结

本项目的内容结构如图 5－1 所示。

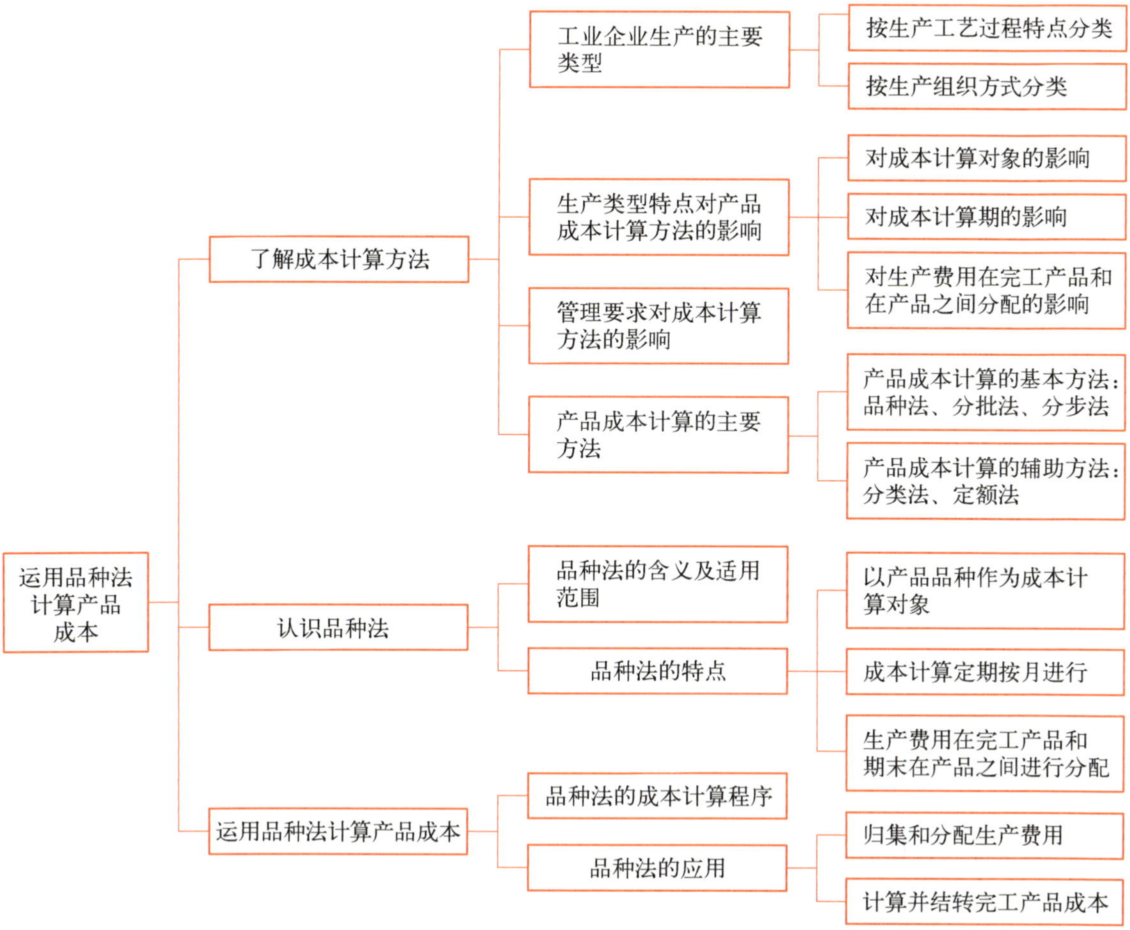

图 5－1　项目五内容结构图

项目五在线测试

项目训练

一、简答题

1. 工业企业按生产组织特点可以分为哪几类？
2. 工业企业按生产工艺过程的特点可以分为哪几类？
3. 产品成本计算为什么会产生三种不同的基本方法？
4. 试述生产特点对产品成本计算方法的影响。
5. 试述产品成本品种法的特点。
6. 试述产品成本品种法的计算程序。

二、单项选择题

1. 大量大批单步骤生产适用的成本计算方法是（　　）。

A. 品种法　B. 分批法　C. 分步法　D. 定额法

2. 单件小批单步骤生产适用的成本计算方法是（　　）。

A. 品种法　B. 分批法　C. 分步法　D. 分类法

3. 生产特点和管理要求对产品成本计算的影响，主要表现在（　　）。

A. 成本计算期的确定上　B. 间接费用的分配方法的确定上

C. 成本计算对象的确定上　D. 制造费用的分配的确定上

4. 各种成本计算基本方法区分的主要标志是（　　）。

A. 成本项目　B. 对成本管理作用的大小

C. 成本计算对象　D. 成本计算日期

5. 工业企业生产按工艺过程的特点分为（　　）。

A. 单步骤生产和多步骤生产　B. 大量大批生产和大量小批生产

C. 成批生产和大量生产　D. 单件生产和成批生产

6. 品种法是产品成本计算的（　　）。

A. 辅助方法　B. 重要方法　C. 最基本方法　D. 最一般方法

7. 产品成本计算实际上就是会计核算中成本费用账户的（　　）。

A. 明细核算　B. 总分类核算

C. 账务处理　D. 计算总成本和单位成本

8. 品种法是计算产品成本的一种主要方法，它是按照产品（　　）归集生产费用。

A. 批别　B. 类别　C. 生产步骤　D. 品种

9. 品种法适用的经济组织是（　　）。

A. 大量大批单步骤生产　B. 大量大批多步骤生产

C. 大量小批生产　D. 单件小批生产

10. 在品种法下，若只生产一种产品，则发生的费用（　　）。

A. 全部间接计入费用

B. 全部直接计入费用，构成产品成本

C. 部分是直接费用，部分是间接费用

D. 不需要将生产费用在各种产品当中分配

三、多项选择题

1. 产品成本计算的基本方法有（　　）。

A. 品种法　B. 分类法　C. 定额法　D. 分批法

2. 产品成本计算的辅助方法有（　　）。

A. 品种法　B. 分类法　C. 定额法　D. 分批法

3. 企业在确定产品成本计算方法时必须依据企业的不同特点，同时还应考虑（　　）等因素。

A. 企业的生产特点　B. 企业成本管理的要求

C. 企业生产规模的大小　D. 企业管理水平的高低

4. 判定为成本计算辅助法的依据主要有（　　）。

A. 与生产组织方式没有直接联系

B. 从计算产品实际成本的角度是否必不可少
C. 不涉及成本计算对象的确定
D. 是否能单独适用

5. 产品成本计算期与会计报告期一致的成本计算方法有(　　)。
A. 品种法　B. 分批法　C. 分步法　D. 定额法

6. 采用品种法月末一般要计算在产品成本,如果(　　),也可以不计算在产品成本。
A. 没有在产品
B. 在产品数量很少且成本数额不大
C. 在产品数量很少,但成本数额很大
D. 在产品数量很多,但成本数额不大

7. 采用品种法计算产品成本,需根据各种费用分配表登记(　　)等。
A. 管理费用明细账
B. 产品成本明细账
C. 辅助生产成本明细账
D. 制造费用明细账

8. 品种法适用于(　　)。
A. 大量大批的单步骤生产
B. 大量大批的多步骤生产
C. 管理上不要求分步骤计算成本的多步骤生产
D. 管理上要求分步骤计算成本的多步骤生产

9. (　　)等企业,在计算成本时适宜采用品种法。
A. 发电厂　B. 煤厂　C. 水厂　D. 机械制造厂

10. 生产成本明细项目包含(　　)。
A. 直接材料　B. 管理费用　C. 直接人工　D. 制造费用

四、判断题(在题后括号中正确的打"√",错误的打"×")

1. 成本计算对象是区分产品成本计算基本方法的主要标志。(　　)
2. 进行产品成本计算时,都必须将生产费用在完工产品和在产品之间进行分配。(　　)
3. 产品成本计算的辅助方法一律不能单独使用,都必须结合基本方法进行。(　　)
4. 为了加强各生产步骤的成本管理,所有多步骤生产都应当按照生产步骤计算产品成本。(　　)
5. 品种法既不要求按产品的批次计算成本,也不要求按产品的生产步骤计算成本,而只要求按品种计算。(　　)
6. 品种法的成本计算对象是每批产品。(　　)
7. 采用品种法计算成本时不一定是在月末进行。(　　)
8. 采用品种法计算成本时,月末都需要计算完工产品成本和在产品成本。(　　)
9. 采用品种法计算成本,月末需汇总编制"完工产品成本汇总计算表"。(　　)
10. 采用品种法,如果没有在产品,则归集的生产费用全部都是完工产品成本。(　　)

五、业务分析题

1. 重庆三峡股份有限公司下设有一个基本生产车间和一个辅助生产车间。基本生产车间生产甲、乙两种产品,采用品种法计算产品成本。基本生产成本明细账设置"直接材料""直接人工"和"制造费用"三个成本项目。辅助生产车间发生一般耗费不通过"制造费用"账户进行核算。

(1) 在产品期初明细表如表5-30所示。

表 5－30 在产品期初明细表

产　　品	数量/件	直接材料/元	直接人工/元	制造费用/元
甲产品	80	20 000	10 000	10 000
乙产品	100	35 000	15 000	8 000

(2) 2024 年 6 月各车间、部门发生的经济业务如下：

❶ 两种产品共同领用 A 材料 94 500 元，按定额比例分配，甲产品 A 材料消耗定额为 50 千克，乙产品 A 材料消耗定额为 40 千克；甲产品直接领用 B 材料 85 000 元，乙产品直接领用 B 材料 65 000 元；为生产甲、乙产品车间管理耗用 C 材料 126 600 元；运输车间(辅助生产车间)领用 C 材料 5 800 元；厂级管理部门耗用 D 材料 15 000 元。

❷ 两种产品共耗生产工时 60 000 小时，其中甲产品 32 000 小时，乙产品 28 000 小时。本月基本生产车间生产工人工资 697 680 元，生产工人工资按生产工时比例分配；车间管理人员工资 17 100 元；运输车间人员工资 4 218 元；厂部管理人员工资 34 200 元。

❸ 提取本月的固定资产折旧费共 205 000 元，其中生产车间 170 000 元，运输车间 11 000 元，管理部门 24 000 元。

❹ 银行存款支付本月电费共 140 400 元，其中基本生产车间 138 000 元，运输车间用电 1 040 元，管理部门耗电 1 360 元。

❺ 本月以银行存款支付基本生产车间办公费、差旅费 31 400 元，运输车间办公费 1 600 元，厂部办公费、差旅费 87 900 元。

(3) 本月运输车间为基本生产车间提供运输服务 15 000 千米，为管理部门提供运输服务 5 000 千米。

(4) 产品投产情况表如表 5－31 所示。

表 5－31 产品投产情况表 单位：件

产　　品	月初在产品	本月投入	本月完工	月末在产品
甲产品	80	620	600	100
乙产品	100	800	720	180

甲、乙产品均系投产时一次投料，月末在产品完工程度为 50%，月末在产品成本按约当产量比例法计算。(计算过程、计算结果均保留两位小数)

要求：

(1) 编制要素费用分配的会计分录。

(2) 归集分配辅助生产成本，填入表 5－32，并编制会计分录。

表 5－32 辅助生产成本分配表

项　　目	运输里程/千米	分配率	分配金额/元
基本生产车间			
行政管理部门			
合　　计		—	

(3) 归集分配本月制造费用填入表5－33，同时编制会计分录(分配率保留两位小数，尾差计入乙产品)。

表5－33　　制造费用分配表

项　　目	生产工时/小时	分 配 率	分配金额/元
甲产品			
乙产品			
合　计		—	

(4) 计算完工产品和在产品成本，并结转完工产品成本，填入表5－34、表5－35、表5－36。(分配率保留两位小数，尾差计入在产品)。

表5－34　　产品成本计算单

产品名称：甲产品　　2024年　月　　完工产品数量：

投料方式：　　在产品完工率：　　在产品数量：

项　　目	直接材料	直接人工	制造费用	合　计
月初在产品成本/元				
本月生产费用/元				
生产费用合计/元				
在产品约当产量/件				
完工产品产量/件				
约当产量合计/件				
分配率				
完工产品总成本/元				
月末在产品成本/元				

表5－35　　产品成本计算单

产品名称：乙产品　　2024年　月　　完工产品数量：

投料方式：　　在产品完工率：　　在产品数量：

项　　目	直接材料	直接人工	制造费用	合　计
月初在产品成本/元				
本月生产费用/元				
生产费用合计/元				
在产品约当产量/件				

续 表

项　目	直接材料	直接人工	制造费用	合　计
完工产品产量/件				
约当产量合计/件				
分配率				
完工产品总成本/元				
月末在产品成本/元				

表 5 - 36　　完工产品成本汇总表

2024 年　月　　单位：元

项　目		直接材料	直接人工	制造费用	合　计
甲产品(完工　件)	总成本				
	单位成本				
乙产品(完工　件)	总成本				
	单位成本				

2. 重庆嘉明机械有限公司设有一个基本生产车间，生产甲、乙两种产品，其生产工艺过程属单步骤生产，另外还设有一个辅助的蒸汽车间，为基本生产车间提供蒸汽。根据生产特点和管理要求，采用品种法计算产品成本。该厂 2024 年 6 月有关成本核算资料如下：

(1) 产品产量资料如表 5 - 37 所示。

表 5 - 37　　产品产量资料　　单位：件

产品名称	月初在产品	本月投产	本月完工	月末在产品
甲产品	120	280	300	100
乙产品	40	110	100	50

甲产品月末在产品完工程度为 60%，乙产品月末在产品完工程度为 40%。

(2) 月初在产品成本资料如表 5 - 38 所示。

表 5 - 38　　月初在产品成本资料　　单位：元

产品名称	直接材料	直接人工	制造费用	合　计
甲产品	150 000	20 000	5 000	175 000
乙产品	120 000	15 000	3 000	138 000

(3) 其他有关资料如下：

❶ 本月甲、乙产品生产工人工时分别为 8 000 工时和 5 000 工时。

❷ 本月蒸汽车间提供蒸汽 10 000 立方米。其中，基本生产车间耗用 8 000 立方米，对外单位提供蒸汽 2 000 立方米。

（4） 6 月发生的生产费用如下：

❶ 材料费用。根据领料凭证汇总，本月共发出材料 600 000 元，其中，甲、乙产品分别耗用 300 000 元和 215 000 元，甲、乙产品共同耗用辅助材料 20 000 元（甲产品和乙产品材料定额耗用量分别为 1 400 千克和 1 100 千克），基本生产车间一般耗用 50 000 元，蒸汽车间耗用 10 000 元，企业管理部门耗用 5 000 元。

❷ 外购燃料。以银行存款支付本月燃料费 2 500 元，其中基本生产车间一般耗用 1 000 元，蒸汽车间耗用 1 000 元，厂部耗用 500 元。

❸ 职工薪酬。根据工资结算汇总表，本月应付工资总额为 110 000 元，其中，基本生产车间工人工资为 78 000 元，车间管理人员工资为 8 000 元，蒸汽车间工人工资为 9 000 元，厂部管理人员工资为 15 000 元。基本车间工人工资按工人工时比例分配。同时按工资总额的 20% 提取社会保险费。

❹ 折旧费用分配表如表 5－39 所示。

表 5－39　折旧费用分配表　（单位：元）

车间、部门	金额
基本生产车间	8 000
辅助生产车间	2 000
管理部门	2 000
合计	12 000

❺ 其他费用。根据付款凭证汇总本月以银行存款支付的其他费用如表 5－40 所示。

表 5－40　其他费用表　（单位：元）

车间及部门	办公费	差旅费	劳动保护费	运输费	合计
基本生产车间	300	6 000	800	14 780	21 880
辅助生产车间	100	500	200		800
管理部门	800	1 300	100		2 200
合计	1 200	7 800	1 100	14 780	24 880

（5） 有关费用分配方法：

❶ 甲、乙两种产品共同耗用材料按定额耗用量比例分配；

❷ 生产工人工资按甲、乙产品生产工人工时比例分配；

❸ 辅助生产费用按蒸汽耗用量分配；

❹ 制造费用按甲、乙产品生产工人工时比例分配（分配率保留两位小数，尾差记入乙产品成本）；

❺ 按约当产量分配计算月末完工产品和在产品成本，甲、乙产品的原材料在生产开始时一次投入。（分配率保留两位小数，尾差记入在产品成本）

要求：

（1）分配各项要素费用填入表 5－41、表 5－42，并编制会计分录。

表 5－41 材料费用分配表

2024 年　月

项目		共同耗用			直接领用/元	合计/元
		定额/件	分配率	金额/元		
基本生产车间	甲产品					
	乙产品					
	小计					
蒸汽车间						
基本生产车间一般耗用						
管理部门						
合计						

表 5－42 职工薪酬分配表

2024 年 6 月

人员类别		工资			社会保险/元	合计/元
		工人工时/小时	分配率	金额/元		
基本生产车间工人	甲产品					
	乙产品					
	小计					
蒸汽车间工人						
生产管理人员						
行政管理人员						
合计						

（2）归集、分配辅助生产费用填入表 5－43，并编制会计分录。

表 5－43 辅助生产费用分配表

2024 年　月

项目	蒸汽耗用量/立方米	分配率	分配额/元
基本生产车间			
对外销售			
合计		—	

（3）归集和分配制造费用填入表5－44，并编制会计分录。

表5－44　　制造费用分配表

2024年　月

账户名称		工人工时/小时	分配率	金额/元
基本生产成本	甲产品			
	乙产品			
合计				

（4）计算完工产品及在产品成本（分配率保留两位小数，尾差记入在产品成本），填入表5－45、表5－46。

表5－45　　产品成本计算单（一）

产品名称：甲产品　　2024年　月　　完工产品数量：300

投料方式：一次投料　　在产品完工率：60%　　在产品数量：100

摘要	直接材料	直接人工	制造费用	合计
月初在产品成本/元				
本月生产费用/元				
生产费用合计/元				
完工产品数量/件				
在产品约当量/件				
约当产量合计/件				
分配率				
完工产品成本/元				
在产品成本/元				

表5－46　　产品成本计算单（二）

产品名称：乙产品　　2024年　月　　完工产品数量：100

投料方式：一次投料　　在产品完工率：40%　　在产品数量：50

摘要	直接材料	直接人工	制造费用	合计
月初在产品成本/元				
本月生产费用/元				
生产费用合计/元				
完工产品数量/件				

续　表

摘　　要	直接材料	直接人工	制造费用	合　计
在产品约当量/件				
约当产量合计/件				
分配率				
完工产品成本/元				
在产品成本/元				

（5）编制完工产品成本汇总表并结转完工产品成本，填入表 5-47。

表 5-47　　完工产品成本汇总表

2024 年　月　　　　单位：元

项　　目		直接材料	直接人工	制造费用	合　计
甲产品（完工　台）	总成本				
	单位成本				
乙产品（完工　台）	总成本				
	单位成本				

项目六

运用分批法计算产品成本

职业能力目标

1. 理解分批法的含义、适用范围、特点。

2. 掌握典型分批法和简化分批法的核算程序。

3. 能根据企业的实际情况运用典型分批法和简化分批法进行产品成本计算。

职业素养目标

1. 通过学习分批法的成本核算程序,培养学生养成专注、精益求精的工匠精神。

2. 通过学习典型分批法,培养学生用马克思主义理论联系实际的优良品德。

项目介绍

分批法，是以产品的批别作为成本核算对象，来归集生产费用、计算产品成本的一种方法。分批法作为一种成本计算的基本方法，在企业成本核算中应用较为广泛。本项目的任务就是在认识分批法及其成本核算流程的基础上，根据企业的实际情况选择并运用典型分批法和简化分批法计算产品的成本。

引导案例

长江股份有限公司对外接受单件小批量的生产订单，并按客户的订单来组织产品生产。公司在接到客户的订单后，由生产计划部门签发生产任务通知书，同时通知财务部门。生产车间则根据签发的生产任务通知单组织产品的生产，完工的产品经过质检部门人员检验合格后入库。如果你是长江股份有限公司的成本会计，你能否根据公司的生产特点选择合适的成本核算方法，正确计算完工产品的成本？

任务一 认识分批法

任务描述

（1）分批法，是以产品的生产批别或订单作为成本计算对象，来归集和分配生产费用，从而计算产品成本的一种成本计算方法，应掌握分批法的适用范围和特点。

（2）分批法的成本核算程序与品种法的成本核算程序类似，只是各种要素费用的归集、分配以及生产成本明细账的设置是按产品的批别来进行的，另外完工产品成本的计算与品种法也有所区别，应掌握分批法的成本核算程序。

一、分批法的含义

分批法，是指以产品的生产批别或订单作为成本计算对象，来归集和分配生产费用、计算产品成本的一种方法。在单件、小批生产的企业中，企业的生产活动基本上是根据订货单位的订单来签发工作任务通知单并组织生产，因而分批法也称为订单法。

二、分批法的适用范围和特点

（一）分批法的范围

分批法主要适用于单件、小批的生产，如重型机械、船舶、精密仪器、专用设备、专用工具、模具的生产。分批法也适用于企业新产品试制或试验、来料加工、自制设备、修理作业及在建工程等。

知识详解：分批法概述

（二）分批法的特点

分批法与其他成本计算方法比较，主要有以下几个特点：

1. 以产品的批别或订单作为成本计算对象

分批法的成本计算对象是产品的批别或购货者的订单。当然，订单和分批并不等同，它们不是同一个概念。当一份订单中只有一种产品且要求同时交货时，就可以将该订单作为成本计算对象；而当一份订单中有几种产品或虽然只有一种产品但数量较多且购货者要求分批交货时，就必须按品种划分为批别来组织生产并计算成本；如果几张订单中有相同的产品，在具备足够的生产能力和生产条件的情况下，也可以将其合并为一批产品来组织生产，由企业生产计划部门下达“生产任务通知单”，并以此来归集生产费用，计算产品成本。

总之，无论企业如何分批组织生产，成本计算始终依据的是产品的批别。在按照产品批别组织生产时，生产计划部门要发出“生产任务通知单”，将生产任务下达到各生产车间，同时通知财务部门。生产任务通知单是一种具有规定格式的书面通知，虽然各个企业由于生产特点、生产任务等各不相同，生产任务通知单格式也不尽相同，但其主要内容都大同小异。生产任务通知单一般具有如下内容：制造何种产品，产品的规格、式样，产品的生产数量，何时开工及预计的完工日期，产品的生产批号等。一般格式的生产任务通知单如图6-1所示。

生产任务通知单

订单号________	号数________
	填写日期：________
部门：________	生产数量：________
工序：________	单件定额：________
产品名称：________	
操作者：________	调度员：_
开始制造日期：________	
预计完工日期：________	
原材料清单　　第________号	图样　第________号

图 6－1　一般格式的生产任务通知单

2. 成本计算期与生产周期一致，与会计报告期不一致

分批法下，要按月归集各批产品的实际生产费用，但并不需要每月定期计算产品成本，通常只有在该批产品全部完工后，才计算其实际成本。所以分批法的成本计算期与会计报告期并不一致，而是与产品的生产周期一致。

3. 一般不需要在完工产品和在产品之间分配生产费用

因为分批法的成本计算期与产品的生产周期一致，所以一般不存在生产费用在完工产品和在产品之间分配的问题。产品完工前，该批产品成本计算单中归集的费用，全部为在产品的成本，仍留在该批产品成本计算单中；产品完工后，该批产品成本计算单中归集的费用，则为完工产品的成本，应全部转出。

如果产品的批量较大，出现产品跨月陆续完工的情况，则需要采取适当的方法计算完工产品和月末在产品的成本。计算方法一般有两类：

(1) 如果批内产品跨月陆续完工的数量不多，为了简化核算工作，可以采用按计划成本、定额成本或以前同种产品的实际成本计算完工产品的成本；

(2) 如果批内产品跨月陆续完工的数量较多，为了正确计算已完工产品的成本，则应该采用适当的方法，如定额比例法或约当产量法，将生产费用在完工产品和在产品之间进行分配，计算出完工产品的实际成本和月末在产品成本。

小知识

在分批法中产品的批别是其成本计算对象，因此要把成本精确地分配到各批，找到所有成本动因，即影响成本的因素。由于各批产品差别很大，其产生的各项成本也相差较大，因此，一般不在各批产品之间平均分配成本。

三、分批法的成本核算程序

（一）按产品批别设置生产成本明细账

分批法以产品的批别或订单作为成本计算对象，因此应按产品的批别或订单开设生产成本明细账或产品成本计算单进行生产费用的归集和分配，同时根据费用的用途确定成本项目，设置成本明细账的专栏。

（二）按产品批别归集和分配本月发生的各种费用

分批法计算产品成本，应按产品批别归集和分配生产费用、开设生产成本明细账，并注明生产批号、品种、批量及开工和完工日期。企业发生的生产费用，能按批别或订单划分的直接费用，要在费用原始凭证上注明产品批号或订单，以便直接记入其生产成本明细账的有关成本项目如“直接材料”“直接人工”中；对于不能分清属于某批产品的费用，则应在费用原始凭证上注明费用的用途，以便按费用项目归集，然后按照一定的分配方法在各批产品之间分配后，再记入各批产品生产成本明细账中。

（三）分配辅助生产费用

在设有辅助生产车间的企业，根据上述各要素费用的归集结果，月末应将归集的辅助生产费用按企业确定的分配方法，编制“辅助生产费用分配表”，分配给各受益对象，其中包括直接分配给产品的生产成本和基本生产车间的制造费用。

（四）分配基本生产车间的制造费用

各基本生产车间归集的本月制造费用，应根据企业确定的制造费用分配方法，月末编制“制造费用分配表”，分配制造费用，并把分配给各个批别的制造费用分别记入各批别产品成本明细账中的制造费用成本项目中。

（五）计算并结转完工产品成本

分批法一般不需要在本月完工产品和在产品之间分配生产费用。某批产品全部完工，则可根据该批别产品生产成本明细账归集的生产费用合计数，计算该批产品的实际总成本和单位成本，并结转完工产品的成本；如果某批产品跨月陆续完工，可按计划成本、定额成本或近期实际成本计算转出完工产品的成本，以后发生的费用继续归集，直到该批产品全部完工时，再将整批产品的成本汇总，计算该批产品的实际总成本和单位成本。该批产品未全部完工之前，产品成本明细账可以连续累计使用，不需要逐月结转。

分批法成本核算程序如图 6－2 所示。

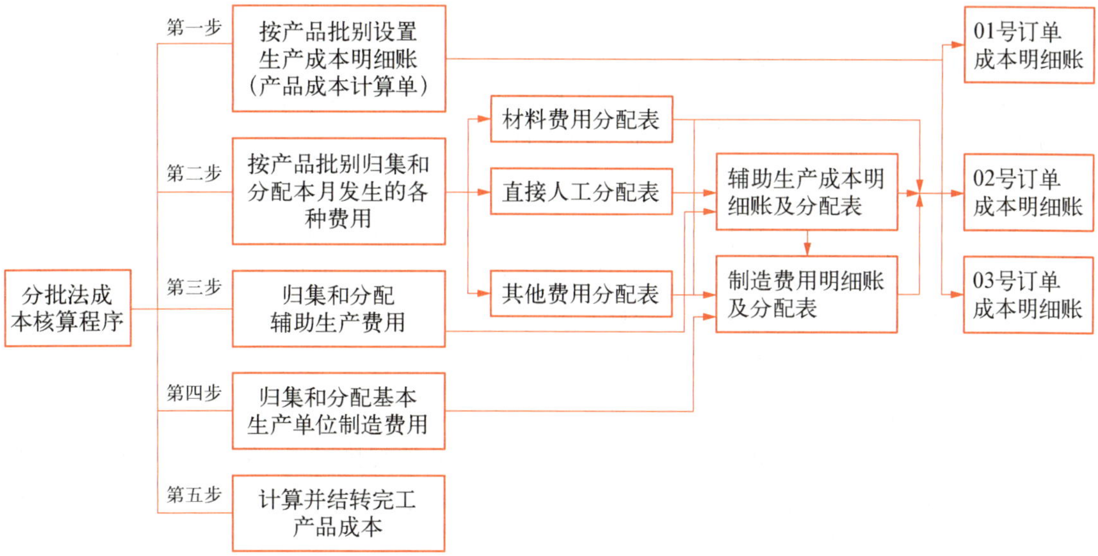

图 6－2　分批法成本核算程序

综上所述，分批法的成本核算程序与品种法是完全类似的，只是各种要素费用的归集、分配以及生产成本明细账的设置是按产品的批别来进行的，另外完工产品成本的计算与品种法也有所区别。

业务拓展

在企业实际的运作过程中，经常会发生一些尴尬的意外。例如销售人员总是有一些例外的订单交给生产部门，而生产部门由于正常的生产任务及其他种种原因却又无法及时按要求生产，结果最后都归咎于生产部门。针对这种情况，企业管理者做了如下改革：将例外订单的生产成本责任中心由生产部门变成销售部门，生产部门只负责根据例外订单的要求圆满完成生产任务。这样的改变使得销售人员不再随便签订例外订单，即使签订例外订单，也要有很高的利润。如此一来，企业既可以按计划生产，又可以在真正需要例外生产的时候，经销售人员进行成本计算后按客户要求生产，从而在企业内部建立良好的团队合作精神，使企业能够轻松面对不断变化的市场。

任务二 运用典型分批法计算产品成本

任务描述

(1) 典型分批法发生的各项间接费用要在当月进行分配，熟悉典型分批法的特点及适用范围。

(2) 典型分批法下，直接费用直接记入各成本明细账的有关项目，间接费用则应采用一定的方法进行合理分配，要能正确运用典型分批法计算产品的成本。

一、典型分批法的含义及其特点

典型分批法即一般分批法，是指将不能直接计入各批产品成本的间接费用在各受益对象之间当月进行分配的一种成本计算方法。其特点就是发生的各项间接费用是在当月进行分配，而简化分批法的间接费用要在产品完工时再进行分配。

二、典型分批法的适用范围

价值引领：理论与实践相结合的事例——邓中夏

典型分批法主要适用于如下情况：企业当月投产批次不多，且期末完工批次较多或者各月份之间费用水平相差较大的情况。在实际应用中，生产重型机械、船舶、精密仪器、专用设备、专用工具、模具的企业可以采用这种成本计算方法。如果投产批次较多且期末未完工批次也较多，则应当采用简化分批法计算产品成本，对间接费用进行累计分配，以简化成本核算工作。

三、典型分批法的应用

知识详解：典型分批法应用

采用典型分批法计算产品成本，能按订单或批次划分的直接费用，直接记入各成本明细账的有关项目，不能按订单或批次划分的间接费用，则应采用一定的方法，按一定的标准于当月在各订单或批次间合理分配。

在典型分批法中，分配间接费用的计算公式如下：

$$间接费用分配率=\frac{间接费用总额}{分配标准}$$

某批产品应分配的间接费用＝该批产品的分配标准×间接费用分配率

采用典型分批法计算成本，无论产品当月是否完工，都需要按月将间接费用在各批次产品之间进行分配，因此，可分批计算在产品成本，这也是典型分批法与简化分批法的不同之处。

案例 6-1 长江股份有限公司对外接受单件小批量的生产订单，每次接到客户的订单，就按照订单中要求的产品品种和产品批量，按生产批号来进行生产，同时根据产品的批别计算产品的成本。其 2024 年 8 月产品生产情况和生产费用支出情况如下：

资料 1：8 月生产记录表如表 6-1 所示。

表 6-1　8 月生产记录表　　单位：台

批号	产品名称	购货单位	批量	开工时间	完工日期
101	甲	重庆启明公司	10	6 月 16 日	8 月 28 日
201	乙	上海通达公司	5	7 月 8 日	9 月 16 日(8 月完工 2 台)
301	丙	北京圣亚公司	8	8 月 6 日	9 月 28 日(尚未完工)

资料 2：月初在产品成本如表 6-2 所示。

表 6-2　月初在产品成本　　单位：元

批号	摘要	直接材料	直接人工	制造费用	合计
101	6 月发生	18 400	13 600	7 200	39 200
	7 月发生	35 600	22 400	11 000	69 000
201	7 月发生	34 600	10 400	5 200	50 200

资料 3：原材料耗费。根据材料费用汇总表，本月共耗用原材料 48 600 元，其中生产 101 号产品领用原材料 4 200 元，生产 201 号产品领用原材料 8 400 元，生产 301 号产品领用原材料 36 000 元。

资料 4：人工耗费。根据职工薪酬结算汇总表，本月生产车间工人工资 116 000 元。

资料 5：制造费用。根据制造费用明细账，本月车间发生制造费用 50 000 元。

资料 6：生产工人工资及制造费用均按生产工时进行分配。产品工时记录表如表 6-3 所示。

表 6-3　产品工时记录表　　单位：小时

产品批号	产品名称	生产工时
101	甲	1 000
201	乙	1 500
301	丙	2 500
合计		5 000

企业对跨月陆续完工的产品，月末计算成本时，完工产品先按计划成本转出，等到产品全部完工后再把完工转出的计划成本调整为实际成本。201号产品8月完工2台，其计划单位成本为：直接材料9 160元，直接人工9 000元，制造费用4 600元。

对长江股份有限公司的生产特点和管理要求进行认真分析后，决定采用典型分批法计算产品成本。

1. 根据成本核算对象设置生产成本明细账

该企业以产品的批别101号、201号、301号作为成本核算对象，设置101号甲产品、201号乙产品、301号丙产品三个生产成本明细账，明细账设置直接材料、直接人工和制造费用三个成本项目。

2. 生产费用在各成本核算对象之间的分配

按产品批别101号、201号、301号归集和分配生产费用。企业发生的材料费用，均能按批别加以区分，不需要在各成本核算对象之间进行分配，故可直接记入101号、201号、301号生产成本明细账的有关成本项目中；本月发生的生产工人工资116 000元，制造费用50 000元，按101号、201号、301号本月实际工时进行分配。9月的会计处理如下：

(1) 根据资料3编制材料费用分配的会计分录。

借：基本生产成本——101(直接材料)　　4 200
　　　　　　　——201(直接材料)　　8 400
　　　　　　　——301(直接材料)　　36 000
　贷：原材料　　48 600

(2) 职工薪酬费用分配表如表6-4所示。

表6-4　职工薪酬费用分配表

产品批号	分配标准/小时	分配率	分配金额/元
101	1 000	23.2	23 200
201	1 500		34 800
301	2 500		58 000
合计	5 000	—	116 000

直接人工费用分配率＝116 000÷5 000＝23.2

101号产品应分配的直接人工费＝1 000×23.2＝23 200(元)

201号产品应分配的直接人工费＝1 500×23.2＝34 800(元)

301号产品应分配的直接人工费＝2 500×23.2＝58 000(元)

根据表6-4编制会计分录如下。

借：基本生产成本——101(直接人工)　　23 200
　　　　　　　——201(直接人工)　　34 800
　　　　　　　——301(直接人工)　　58 000
　贷：应付职工薪酬——工资　　116 000

(3) 按生产工时标准分配制造费用，制造费用分配表如表6-5所示。

表 6－5　　制造费用分配表

产品批号	分配标准/小时	分配率	分配金额/元
101	1 000	10	10 000
201	1 500		15 000
301	2 500		25 000
合计	5 000	—	50 000

制造费用分配率＝50 000÷5 000＝10

101 号产品应分配的制造费用＝1 000×10＝10 000(元)

201 号产品应分配的制造费用＝1 500×10＝15 000(元)

301 号产品应分配的制造费用＝2 500×10＝25 000(元)

根据表 6－5 编制会计分录如下。

借：基本生产成本——101(制造费用)　　10 000

　　　　　　　　——201(制造费用)　　15 000

　　　　　　　　——301(制造费用)　　25 000

　贷：制造费用　　50 000

(4) 登记各单位基本生产成本明细账如表 6－6、表 6－7、表 6－8 所示。

表 6－6　　基本生产成本明细账

产品批号：101　　购货单位：重庆启明公司　　投产日期：6 月 16 日

产品名称：甲产品　　批量：10 台　　完工日期：8 月 28 日(全部完工)

2024 年		凭证字号	摘要	直接材料	直接人工	制造费用	合计
月	日						
6	30	略	本月发生	18 400	13 600	7 200	39 200
7	31		本月发生	35 600	22 400	11 000	69 000
8	31		本月发生	4 200	23 200	10 000	37 400
8	31		生产费用合计	58 200	59 200	28 200	145 600
8	31		转出完工产品成本	58 200	59 200	28 200	145 600

表 6－7　　基本生产成本明细账

产品批号：201　　购货单位：上海通达公司　　投产日期：7 月 8 日

产品名称：乙产品　　批量：5 台　　完工日期：9 月 16 日(本月完工 2 台)

2024 年		凭证字号	摘要	直接材料	直接人工	制造费用	合计
月	日						
7	31	略	本月发生	34 600	10 400	5 200	50 200
8	31		本月发生	8 400	34 800	15 000	58 200

续 表

2024年		凭证字号	摘 要	直接材料	直接人工	制造费用	合 计
月	日						
8	31		生产费用合计	43 000	45 200	20 200	108 400
8	31		按计划成本转出完工产品成本	18 320	18 000	9 200	45 520
8	31		月末在产品成本	24 680	27 200	11 000	62 880

表 6-8 基本生产成本明细账

产品批号：301 购货单位：北京圣亚公司 投产日期：8月6日

产品名称：丙产品 批量：8台 完工日期：9月28日

2024年		凭证字号	摘 要	直接材料	直接人工	制造费用	合 计
月	日						
8	31	略	本月发生	36 000	58 000	25 000	119 000

3. 计算并结转完工产品成本

该企业101号批次产品本月全部完工，其发生的所有生产费用即为完工产品的成本，不需要在完工产品和在产品之间分配；201号批次产品本月部分完工，其完工的两台产品先按计划成本转出；301号批次产品本月全部未完工，其发生的所有生产费用即为在产品的成本，也不需要在完工产品和在产品之间分配。如表6-6、表6-7、表6-8所示。

将8月完工产品的生产成本计算结果汇总编制完工产品成本汇总表，如表6-9所示。

表 6-9 完工产品成本汇总表

2024年8月 单位：元

成本项目	101号(10台)		201号(2台)	
	总成本	单位成本	总成本	单位成本
直接材料	58 200	5 820	18 320	9 160
直接人工	59 200	5 920	18 000	9 000
制造费用	28 200	2 820	9 200	4 600
合 计	145 600	14 560	45 520	22 760

结转完工产品入库的会计分录如下：

借：库存商品——甲产品 145 600

——乙产品 45 520

贷：基本生产成本——101(直接材料) 58 200

——101(直接人工) 59 200

——101(制造费用) 28 200

——201(直接材料) 18 320

——201(直接人工) 18 000

——201(制造费用) 9 200

【技能实训 6－1】

新光公司根据购货单位的订单生产甲、乙、丙三种产品，采用分批法计算产品成本。2024 年 6 月相关资料如下：

（1）601 号甲产品本月投产 20 台，本月完工 10 台；602 号乙产品本月投产 10 台，本月完工 2 台；603 号丙产品本月投产 30 台，本月没有完工产品。

（2）新光公司 6 月份生产费用如表 6－10 所示。

表 6－10　新光公司 6 月份生产费用　　单位：元

批　　号	直接材料	直接人工	制造费用	合　计
601	29 400	15 750	9 450	54 600
602	14 250	6 450	4 350	25 050
603	42 900	22 800	16 950	82 650

601 号甲产品完工数量较大，按约当产量比例法分配完工产品和在产品的生产费用，原材料在生产开始时一次性投入，在产品完工程度 50%。602 号乙产品完工数量较少，完工产品成本按计划成本结转，单位计划成本为：直接材料 1 800 元，直接人工 1 290 元，制造费用 765 元。603 号丙产品本月没有完工产品。

要求：根据上述资料登记产品成本明细账，计算三种产品的完工产品成本和月末在产品成本并进行相应的会计处理。

根据表 6－10，编制会计分录如下：

借：基本生产成本——601（直接材料）　29 400
　　　　　　　　——602（直接材料）　14 250
　　　　　　　　——603（直接材料）　42 900
　贷：原材料　86 550
借：基本生产成本——601（直接人工）　15 750
　　　　　　　　——602（直接人工）　6 450
　　　　　　　　——603（直接人工）　22 800
　贷：应付职工薪酬——工资　45 000
借：基本生产成本——601（制造费用）　9 450
　　　　　　　　——602（制造费用）　4 350
　　　　　　　　——603（制造费用）　16 950
　贷：制造费用　30 750

基本生产成本明细账如表 6－11、表 6－13、表 6－14 所示，601 号甲产品成本计算单如表 6－12 所示，602、603 号产品因为计算简单，则无须编制产品成本计算单。

表 6－11　　基本生产成本明细账

产品批号：601　　投产日期：6 月

产品名称：甲产品　　批量：20 台　　本月完工：10 台

2024 年		凭证字号	摘　　要	直接材料	直接人工	制造费用	合　计
月	日						
6	30	略	本月发生	29 400	15 750	9 450	54 600
6	30		生产费用合计	29 400	15 750	9 450	54 600
6	30		转出完工产品成本	14 700	10 500	6 300	31 500
6	30		月末在产品成本	14 700	5 250	3 150	23 100

表 6－12　　601 号甲产品成本计算单

2024 年 6 月

产品批号：601

产品名称：甲产品　　批量：20 台　　投产日期：6 月　　本月完工：10 台

项　　目	直接材料	直接人工	制造费用	合　计
本月生产费用/元	29 400	15 750	9 450	54 600
在产品约当产量/件	10	5	5	
完工产品产量/件	10	10	10	
约当产量合计/件	20	15	15	
分配率	1 470	1 050	630	3 150
完工产品总成本/元	14 700	10 500	6 300	31 500
月末在产品成本/元	14 700	5 250	3 150	23 100

由于 601 号甲产品所消耗的直接材料在开工时一次性投入，因此直接材料费用按完工产品与月末在产品数量比例分配：

直接材料分配率＝29 400÷20＝1 470

完工产品直接材料＝1 470×10＝14 700（元）

月末在产品直接材料＝1 470×10＝14 700（元）

或月末在产品直接材料＝29 400－14 700＝14 700（元）

直接人工和制造费用项目的约当产量＝10＋10×50%＝15（台）

直接人工分配率＝15 750÷15＝1 050

完工产品分摊的直接人工费＝1 050×10＝10 500（元）

月末在产品分摊的直接人工费＝15 750－10 500＝5 250（元）

制造费用分配率＝9 450÷15＝630

完工产品分摊的制造费用＝630×10＝6 300（元）

月末在产品分摊的制造费用＝9 450－6 300＝3 150（元）

表 6－13　　　　　　　　基本生产成本明细账

产品批号：602

产品名称：乙产品　　　　批量：10 台　　　　投产日期：6 月　　　　本月完工：2 台

2024 年		凭证字号	摘　　要	直接材料	直接人工	制造费用	合　计
月	日						
6	30	略	本月发生	14 250	6 450	4 350	25 050
6	30		生产费用合计	14 250	6 450	4 350	25 050
6	30		按计划成本转出完工产品成本	3 600	2 580	1 530	7 710
6	30		月末在产品成本	10 650	3 870	2 820	17 340

表 6－14　　　　　　　　基本生产成本明细账

产品批号：603

产品名称：丙产品　　　　批量：30 台　　　　投产日期：6 月　　　　本月完工：0 台

2024 年		凭证字号	摘　　要	直接材料	直接人工	制造费用	合　计
月	日						
6	30	略	本月发生	42 900	22 800	16 950	82 650

编制完工产品成本汇总表如表 6－15 所示。

表 6－15　　　　　　　　完工产品成本汇总表

2024 年 6 月　　　　　　　　　　单位：元

成本项目	601 号甲产品(10 台)		602 号乙产品(2 台)	
	总成本	单位成本	总成本	单位成本
直接材料	14 700	1 470	3 600	1 800
直接人工	10 500	1 050	2 580	1 290
制造费用	6 300	630	1 530	765
合　计	31 500	3 150	7 710	3 855

根据表 6－15，编制完工产品入库的会计分录：

借：库存商品——甲产品　　31 500
　　　　　——乙产品　　7 710
　贷：基本生产成本——601(直接材料)　　14 700
　　　　　　　　——601(直接人工)　　10 500
　　　　　　　　——601(制造费用)　　6 300
　　　　　　　　——602(直接材料)　　3 600
　　　　　　　　——602(直接人工)　　2 580
　　　　　　　　——602(制造费用)　　1 530

知识拓展

成本会计实务应该接受成本会计理论的指导，但在实际工作中，应该理论联系实际，具体问题具体分析，不被相关理论所束缚。最好的成本会计核算和管理体系就是最贴近企业生产流程的核算体系，这样才能反映企业的生产管理特点。应当说，很多企业的生产特点和管理要求都有不同于其他企业的独特性，公司的管理层在不同的阶段也有着不一样的关注点，所以在确定整体思路的前提下，成本核算体系也不是一成不变的，根据企业的实际情况，要允许其有一定的可变性，在成本理论的指导下解决管理层关心的问题。

任务三 运用简化分批法计算产品成本

任务描述

(1) 认识简化分批法的含义、特点和适用范围。

(2) 掌握简化分批法的成本核算程序，注意与任务一中分批法的成本核算程序的异同。

(3) 能运用简化分批法进行产品成本计算。

一、简化分批法的含义及其适用范围

知识详解：简化分批法应用

小批生产的企业和车间，当各月投产的产品批数多、生产周期长，月末未完工产品的批数较多时，如果要把各项间接费用分配于几十批甚至上百批产品时，成本核算的工作量就会很大，而且在实际工作中也没有这个必要，此时可采用不分批计算在产品成本的简化分批法。

简化分批法是指将每月发生的各项间接费用累计起来，在基本生产成本二级账户中以总额反映，待产品完工时，再按照产品累计工时的比例在各批完工产品之间进行分配，从而计算完工产品总成本及单位成本的一种方法。由于月末未完工的在产品不分配间接费用，所以这种方法又称为“不分批计算在产品的分批法”。

简化分批法的适用范围：各月投产批数较多，而月末未完工产品批数也较多，且各月间接费用水平相差不多的企业。这些企业可以采用简化分批法，对间接费用采用累积分配来核算产品成本。

小知识

如果各月间接费用水平相差过大，不适宜采用简化分批法，否则就可能发生不应有的偏差，从而影响产品成本计算的准确性。

二、简化分批法的特点

（一）必须设置基本生产成本二级账

采用简化分批法，必须按生产单位（车间、分厂）设置基本生产成本二级账，同时基本生产成本二级账除按规定的成本项目设专栏外，还需增设生产工时专栏，这样就可以在二级账中按月分成本项目登记全部产品的月初在产品费用、本月生产费用和累计生产费用，以及全部的月初在产品工时、本月生产工时和累计生产工时。

（二）简化了间接费用的分配

采用简化分批法，每月发生的各项间接费用，先在基本生产成本二级账中累计起来，在有完工产品的月份，月末才按各批完工产品累计的工时和累计间接费用分配率计算完工产品应分摊的间接费用，然后计算各批完工产品成本和应保留在二级账中的月末在产品的成本。没有完工产品的月份则不需要分配间接费用。

间接费用分配率的计算公式为：

$$全部产品某项累计间接费用分配率=\frac{全部产品该项累计间接费用}{全部产品累计生产工时}$$

$$某批完工产品应分摊的某项间接费用=该批完工产品累计生产工时\times全部产品该项累计间接费用分配率$$

（三）不反映月末在产品的成本

采用简化分批法，各批别产品基本生产成本明细账中除完工产品成本外，均不反映间接费用项目的成本，月末在产品只反映直接费用和生产工时，不反映月末在产品的全部成本。这也是简化分批法和典型分批法的区别之一。

【教学互动】

分批法下间接费用的当月分配和累计分配有何区别？

三、简化分批法的成本核算程序

（一）设置基本生产成本明细账

按产品批别或订单设置基本生产成本明细账或产品成本计算单，并登记月初在产品的直接费用（如直接材料费用）和生产工时。

（二）设置基本生产成本二级账

按生产单位（车间、分厂）设置基本生产成本二级账，并登记月初在产品的累计间接费用、直接费用和累计生产工时。

（三）归集当月发生的生产费用和生产工时

在各批产品基本生产成本明细账中，登记该批产品直接费用和生产工时，不登记间接费用；在基本生产成本二级账中，归集企业投产的所有批次产品合计发生的各项累计费用（包括直接费用和间接费用）以及累计的生产工时。

（四）计算累计间接费用分配率

根据全部产品各项目累计间接费用和全部产品累计生产工时，计算全部产品各项累计间接费用分配率。

（五）计算各批完工产品应分配的间接费用和完工产品成本

根据各批完工产品的累计生产工时，在基本生产成本明细账中分批计算各批产品应负担的各项间接费用，并计算各批完工产品总成本和单位成本。然后，将所有批次的完工产品的各项间接费用汇总起来，再记入基本生产成本二级账的相关成本项目栏中。同时，基本生产成本二级账中完工产品的直接记入费用和生产工时也是根据各批次产品基本生产成本明细账中完工产品的直接费用和生产工时汇总登记的。月末，将基本生产成本二级账中的直接记入费用和生产工时与基本生产成本明细账中的相关栏目数据进行核对。

小知识

未完工的各批产品的间接费用，仍以总额保留在基本生产成本二级账中，不进行分配，也不计算各批产品的月末在产品成本。

（六）汇总并结转当月完工产品成本

将各批当月完工产品成本汇总编制产品成本汇总表，据以作为编制完工入库产品记账凭证的原始依据，结转当月完工产品成本。

四、简化分批法的应用

案例 6-2 长江股份有限公司7月投产的产品批数很多，而且月末未完工的批数也很多。如果各项间接费用采用当月分配法进行分配，那么费用分配的工作量很大，核算内容较复杂，为了减轻产品成本核算工作的负担，企业需要对间接费用进行累计分配来简化核算过程，即采用简化分批法进行成本核算。

在对各批产品的生产记录进行整理后，发现该厂共投产8种产品22个批次，本案例以其中的4批产品为例。

资料1：本案例4批产品7月生产记录如表6-16所示。

表 6-16 7月份生产记录表 单位：台

产品批号	产品名称	订货单位	产品批量	投产日期	完工日期
601	甲	星光医药公司	12	6月3日	7月12日完工
602	乙	延边医药公司	8	6月12日	8月15日完工，本月完工5台
701	丙	沪安医药公司	5	7月8日	7月28日完工
702	丁	秀山医药公司	6	7月10日	8月20日完工

资料2：该企业7月4批产品的期初在产品成本资料如表6-17所示。

表 6-17 期初在产品成本资料

产品批别	累计工时/小时	直接材料/元	直接人工/元	制造费用/元
累计总数	4 200	28 360	16 000	9 200
601	3 200	10 960		
602	1 000	17 400		

资料3：本月4批产品的生产工时总数为11 800小时，其中601号甲产品为1 600小时，602号乙产品为2 500小时，701号丙产品为2 000小时，702号丁产品为5 700小时；602号乙产品本月部分完工，完工产品工时为2 800小时，材料在开工时一次性投入。本月发生的直接材料费用总数为41 320元，其中601号甲产品为6 920元，701号丙产品为

12 500 元，702 号丁产品为 21 900 元；本月发生的直接人工费用总数、制造费用总数分别为 28 800 元、14 000 元。

要求：根据上述资料，开设并登记“基本生产成本二级账”和各批次的“基本生产成本明细账”，其具体内容如表 6－18—表 6－22 所示。

表 6－18　基本生产成本二级账

（各批产品总成本）

2024 年		摘要	生产工时/小时	直接材料	直接人工	制造费用	合计
月	日						
6	30	期初在产品成本	4 200	28 360	16 000	9 200	53 560
7	31	本月发生	11 800	41 320	28 800	14 000	84 120
7	31	累计	16 000	69 680	44 800	23 200	137 680
7	31	累计间接费用分配率			2.80	1.45	
7	31	转出完工产品成本	9 600	41 255	26 880	13 920	82 055
7	31	期末在产品成本	6 400	28 425	17 920	9 280	55 625

注：本表中的本月发生及转出完工产品成本两行的数据由表 6－19—表 6－22 中的本月发生及转出完工产品成本汇总填列。

表中有关数据计算如下：

全部产品累计直接人工分配率＝44 800÷16 000＝2.8

全部产品累计制造费用分配率＝23 200÷16 000＝1.45

总的完工产品累计工时＝4 800＋2 800＋2 000＝9 600（小时）

总的完工产品直接材料费用＝17 880＋10 875＋12 500＝41 255（元）

总的完工产品直接人工费用＝13 440＋7 840＋5 600＝26 880（元）

总的完工产品制造费用＝6 960＋4 060＋2 900＝13 920（元）

月末在产品成本＝累计生产费用－转出完工产品成本

直接材料费用＝69 680－41 255＝28 425（元）

直接人工费用＝44 800－26 880＝17 920（元）

制造费用＝23 200－13 920＝9 280（元）

月末在产品累计工时＝16 000－9 600＝6 400（小时）

表 6－19　基本生产成本明细账

产品批号：601　　购货单位：星光医药公司　　投产日期：6 月 3 日

产品名称：甲产品　　批量：12 台　　完工日期：7 月 12 日

2024 年		凭证字号	摘要	生产工时/小时	直接材料	直接人工	制造费用	合计
月	日							
6	30	略	本月发生	3 200	10 960			
7	31		本月发生	1 600	6 920			
7	31		累计数及分配率	4 800	17 880	2.80	1.45	
7	31		转出完工产品成本	4 800	17 880	13 440	6 960	38 280

完工产品分摊的直接人工费用＝4 800×2.8＝13 440(元)

完工产品分摊的制造费用＝4 800×1.45＝6 960(元)

表 6－20 基本生产成本明细账

产品批号：602　　购货单位：延边医药公司　　投产日期：6月12日

产品名称：乙产品　　批量：8台　　完工日期：8月15日，本月完工5台

2024年		凭证字号	摘　　要	生产工时/小时	直接材料	直接人工	制造费用	合计
月	日							
6	30	略	本月发生	1 000	17 400			
7	31		本月发生	2 500				
7	31		累计数及分配率	3 500	17 400	2.80	1.45	
7	31		转出完工产品成本	2 800	10 875	7 840	4 060	22 775
7	31		月末在产品成本	700	6 525			

注：由于简化分批法的间接费用要在产品完工时再进行分配，所以不计算月末在产品成本中的直接人工和制造费用成本，仍以总额保留在基本生产成本二级账中。

由于602号乙产品所消耗的直接材料在开工时一次性投入，因此直接材料费用按完工产品与月末在产品数量比例分配：

直接材料分配率＝17 400÷8＝2 175

完工产品直接材料＝2 175×5＝10 875(元)

月末在产品直接材料＝2 175×3＝6 525(元)

或月末在产品直接材料＝17 400－10 875＝6 525(元)

从生产工时记录单得知完工产品消耗的工时为2 800小时，则在产品消耗的工时为700小时。

完工产品分摊的直接人工费用＝2 800×2.8＝7 840(元)

完工产品分摊的制造费用＝2 800×1.45＝4 060(元)

表 6－21 基本生产成本明细账

产品批号：701　　购货单位：沪安医药公司　　投产日期：7月8日

产品名称：丙产品　　批量：5台　　完工日期：7月28日

2024年		凭证字号	摘　　要	生产工时/小时	直接材料	直接人工	制造费用	合计
月	日							
7	31	略	本月发生	2 000	12 500			
7	31		累计数及分配率	2 000	12 500	2.80	1.45	
7	31		转出完工产品成本	2 000	12 500	5 600	2 900	21 000

完工产品分摊的直接人工费用＝2 000×2.8＝5 600(元)

完工产品分摊的制造费用＝2 000×1.45＝2 900(元)

表 6－22　　**基本生产成本明细账**

产品批号：702　　购货单位：秀山医药公司　　投产日期：7 月 10 日

产品名称：丁产品　　批量：6 台　　完工日期：8 月 20 日

2024 年		凭证字号	摘　要	生产工时/小时	直接材料	直接人工	制造费用	合计
月	日							
7	31	略	本月发生	5 700	21 900			

根据各批完工产品基本生产成本明细账，编制产品成本汇总表，如表 6－23 所示。

表 6－23　　**完工产品成本汇总表**

2024 年 7 月　　单位：元

成本项目	601 号（12 台）		602 号（5 台）		701 号（5 台）	
	总成本	单位成本	总成本	单位成本	总成本	单位成本
直接材料	17 880	1 490	10 875	2 175	12 500	2 500
直接人工	13 440	1 120	7 840	1 568	5 600	1 120
制造费用	6 960	580	4 060	812	2 900	580
合　计	38 280	3 190	22 775	4 555	21 000	4 200

结转完工产品入库的会计分录如下：

借：库存商品——甲产品　38 280
　　　　　　——乙产品　22 775
　　　　　　——丙产品　21 000
　贷：基本生产成本——601（直接材料）　17 880
　　　　　　　　　——601（直接人工）　13 440
　　　　　　　　　——601（制造费用）　6 960
　　　　　　　　　——602（直接材料）　10 875
　　　　　　　　　——602（直接人工）　7 840
　　　　　　　　　——602（制造费用）　4 060
　　　　　　　　　——701（直接材料）　12 500
　　　　　　　　　——701（直接人工）　5 600
　　　　　　　　　——701（制造费用）　2 900

【技能实训 6－2】

华为机械厂成批生产多种产品，由于产品批数较多，月末经常有多个批号产品不能完工，为简化核算，企业采用简化分批法计算产品成本。2024 年 6 月有关资料如下。

（1）华为机械厂产品的生产记录如表 6－24 所示。

表 6－24　　**华为机械厂产品生产记录表**　　单位：件

产品批号	产品名称	产品批量	投产日期	完工日期
601	A 产品	50	2 月 2 日	6 月 18 日
602	B 产品	100	3 月 6 日	6 月 26 日

续 表

产品批号	产品名称	产品批量	投产日期	完工日期
603	C 产品	60	4 月 10 日	未完工
604	D 产品	80	5 月 15 日	未完工
605	E 产品	20	6 月 8 日	未完工

(2) 月初在产品成本资料如下。

6 月初在产品成本为 1 742 000 元,其中直接材料 540 000 元(其中:601 号 100 000 元,602 号 190 000 元,603 号 90 000 元,604 号 160 000 元),直接人工 772 000 元,制造费用 430 000 元。6 月初累计工时为 80 000 小时,其中 601 号 21 000 小时,602 号 37 000 小时,603 号 17 000 小时,604 号 5 000 小时。

(3) 6 月生产费用资料如下。

6 月发生直接材料费用 80 000 元,全部为 605 号 E 产品所耗用;本月发生直接人工 250 400元,制造费用 170 000 元;本月实际工时 40 000 小时(其中 601 号 5 500 小时,602 号 12 000小时,603 号 9 500 小时,604 号 10 000 小时,605 号 3 000 小时)。

要求:

(1) 根据以上资料,登记基本生产成本二级账和各批产品的基本生产成本明细账。

(2) 用简化分批法计算各批完工产品成本。

(3) 编制完工产品成本汇总表,并结转完工产品成本。

表 6-25　　基本生产成本二级账

(各批产品总成本)

2024 年		凭证字号	摘　　要	生产工时/小时	直接材料	直接人工	制造费用	合　计
月	日							
5	31	略	期初在产品成本	80 000	540 000	772 000	430 000	1 742 000
6	30		本月发生	40 000	80 000	250 400	170 000	500 400
6	30		累计	120 000	620 000	1 022 400	600 000	2 242 400
6	30		累计间接费用分配率			8.52	5.00	
6	30		转出完工产品成本	75 500	290 000	643 260	377 500	1 310 760
6	30		期末在产品成本	44 500	330 000	379 140	222 500	931 640

表 6-26　　基本生产成本明细账

产品批号:601　　投产日期:2 月 2 日

产品名称:A 产品　　批量:50 件　　完工日期:6 月 18 日

2024 年		凭证字号	摘　　要	生产工时/小时	直接材料	直接人工	制造费用	合　计
月	日							
5	31	略	期初在产品成本	21 000	100 000			
6	30		本月发生	5 500				
6	30		累计数及分配率	26 500	100 000	8.52	5.00	
6	30		转出完工产品成本	26 500	100 000	225 780	132 500	458 280

表 6－27　　基本生产成本明细账

产品批号：602　　投产日期：3 月 6 日

产品名称：B 产品　　批量：100 件　　完工日期：6 月 26 日

2024 年 月	日	凭证字号	摘　　要	生产工时/小时	直接材料	直接人工	制造费用	合　计
5	31	略	期初在产品成本	37 000	190 000			
6	30		本月发生	12 000				
6	30		累计数及分配率	49 000	190 000	8.52	5.00	
6	30		转出完工产品成本	49 000	190 000	417 480	245 000	852 480

表 6－28　　基本生产成本明细账

产品批号：603

产品名称：C 产品　　批量：60 件　　投产日期：4 月 10 日

2024 年 月	日	凭证字号	摘　　要	生产工时/小时	直接材料	直接人工	制造费用	合　计
5	31	略	期初在产品成本	17 000	90 000			
6	30		本月发生	9 500				

表 6－29　　基本生产成本明细账

产品批号：604

产品名称：D 产品　　批量：80 件　　投产日期：5 月 15 日

2024 年 月	日	凭证字号	摘　　要	生产工时/小时	直接材料	直接人工	制造费用	合　计
5	31	略	期初在产品成本	5 000	160 000			
6	30		本月发生	10 000				

表 6－30　　基本生产成本明细账

产品批号：605

产品名称：E 产品　　批量：20 件　　投产日期：6 月 8 日

2024 年 月	日	凭证字号	摘　　要	生产工时/小时	直接材料	直接人工	制造费用	合　计
6	30	略	本月发生	3 000	80 000			

表 6－31　　完工产品成本汇总表

2024 年 6 月　　单位：元

成本项目	601 号(50 件)		602 号(100 件)	
	总成本	单位成本	总成本	单位成本
直接材料	100 000	2 000	190 000	1 900
直接人工	225 780	4 515.60	417 480	4 174.80

续 表

成本项目	601 号(50 件)		602 号(100 件)	
	总成本	单位成本	总成本	单位成本
制造费用	132 500	2 650	245 000	2 450
合　计	458 280	9 165.60	852 480	8 524.80

结转完工产品入库的会计分录如下：

借：库存商品——A 产品　　458 280
　　　　　　——B 产品　　852 480
　贷：基本生产成本——601(直接材料)　　100 000
　　　　　　　　　——601(直接人工)　　225 780
　　　　　　　　　——601(制造费用)　　132 500
　　　　　　　　　——602(直接材料)　　190 000
　　　　　　　　　——602(直接人工)　　417 480
　　　　　　　　　——602(制造费用)　　245 000

项目小结

本项目的内容结构如图 6-3 所示。

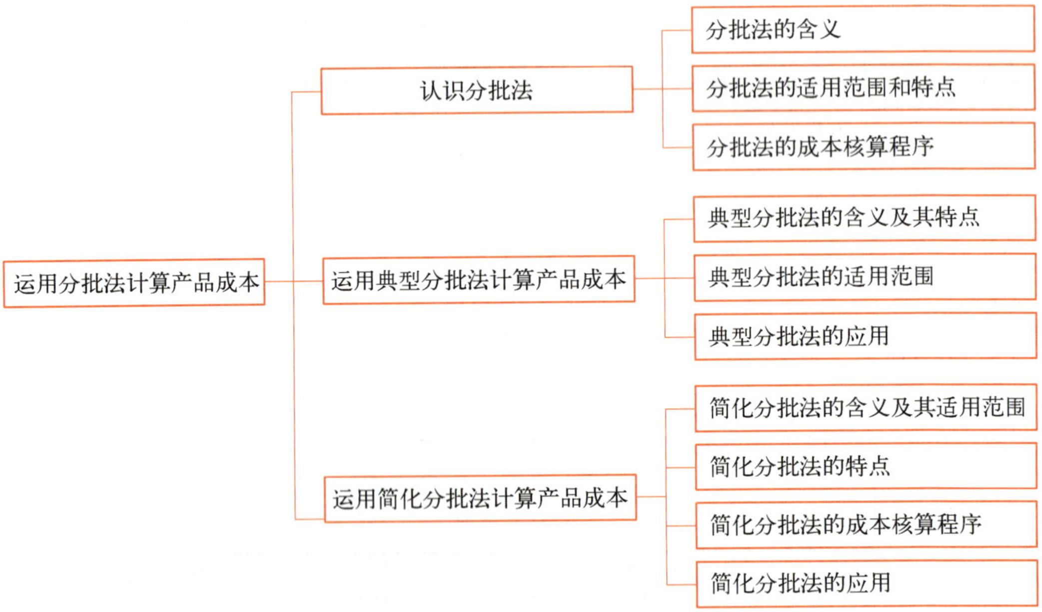

图 6-3　项目六内容结构图

项目六在线测试

项目训练

一、简答题

1. 什么是分批法？分批法有哪些特点？它的适用范围有哪些？
2. 简述分批法的核算程序。
3. 分批法下间接费用的分配方法有哪些类型？分别是如何进行成本核算的？
4. 简述典型分批法的特点和适用范围。

二、单项选择题

1. 分批法适用的生产组织形式是(　　)。

A. 大量大批生产　B. 单件小批生产　C. 多步骤生产　D. 大量生产

2. 分批法一般是按客户的订单组织生产的，所以也称(　　)。

A. 系数法　B. 订单法　C. 分类法　D. 定额法

3. 下列生产不适用采用分批法计算成本的是(　　)。

A. 纺织　B. 精密仪器　C. 重型机械　D. 专用设备

4. 对于成本计算的分批法，下列说法正确的是(　　)。

A. 成本计算期和会计报告期一致
B. 适用于小批单件，管理上不要求分步骤计算成本的企业
C. 不存在完工产品和在产品之间费用分配的问题
D. 船舶生产不适用分批法计算成本

5. 产品成本计算的分批法，应以(　　)设置成本明细账。

A. 产品类别　B. 产品批别　C. 产品生产步骤　D. 产品品种

6. 下列成本计算方法中，必须设置基本生产成本二级账的是(　　)。

A. 分类法　B. 品种法　C. 简化分批法　D. 分步法

7. 简化分批法之所以简化，是由于(　　)。

A. 在产品完工之前不登记产品成本明细账
B. 不进行间接费用的分配
C. 采用累计的间接费用分配率分配间接费用
D. 不分批核算原材料费用

8. 分批法成本计算期的特点是(　　)。

A. 定期按月计算成本，与生产周期一致
B. 定期按月计算成本，与会计报告期一致
C. 不定期计算成本，与生产周期一致
D. 不定期计算成本，与会计报告期一致

9. 采用简化分批法，在产品完工之前，基本生产成本明细账(　　)。

A. 不登记任何费用　B. 只登记直接费用和生产工时
C. 只登记原材料费用　D. 登记间接费用，不登记直接费用

10. 在简化分批法下，累计间接费用分配率(　　)。

A. 只是在各批产品之间分配间接费用的依据
B. 只是在各批在产品之间分配间接费用的依据

C. 只是完工产品和在产品之间分配间接费用的依据
D. 既是各批产品之间，也是完工产品和在产品之间分配间接费用的依据

三、多项选择题

1. 分批法的特点包括(　　)。
A. 以产品的批别或订单为成本计算对象
B. 成本计算期通常与产品的生产周期一致
C. 一般不需要计算期末在产品成本
D. 月末需要计算完工产品成本

2. 分批法和品种法的主要区别是(　　)。
A. 会计核算期不同　　B. 成本计算期不同
C. 生产周期不同　　D. 成本计算对象不同

3. 分批法的适用范围包括(　　)。
A. 单件小批类型的生产　　B. 一般企业中新产品试制或试验的生产
C. 设备修理及在建工程作业　　D. 大量大批单步骤生产的企业

4. 下列各项中，采用分批法时，可以作为一个成本计算对象的有(　　)。
A. 不同订单中的不同种产品　　B. 同一订单中的不同种产品
C. 同一订单中的同种产品　　D. 不同订单中的同种产品

5. 间接费用累计分配的主要特点有(　　)。
A. 必须按生产车间设置基本生产成本二级账
B. 未完工产品不结转间接计入费用，即不分批计算期末在产品的成本
C. 通过计算累计间接费用分配率分配完工产品应负担的间接计入费用
D. 期末在产品不负担间接计入费用

四、判断题(在题后括号中正确的打“√”，错误的打“×”)

1. 分批法的成本计算期与会计报告期一致。(　　)
2. 分批法也称订单法，它必须以购货单位的订单为成本计算对象。(　　)
3. 分批法需要计算期末在产品成本。(　　)
4. 某批次完工产品应负担的间接计入费用，是根据该批产品累计工时和全部产品累计间接计入费用分配率计算的。(　　)
5. 采用简化的分批法，完工产品不分配结转间接计入费用。(　　)
6. 采用分批法计算成本，通常是在一批产品全部完工后才计算成本，所以成本计算期不一定在月末，而是与产品的生产周期相一致。(　　)
7. 简化的分批法也称为不分批计算在产品成本的分批法。(　　)
8. 分批法适用于大量大批单步骤生产或管理上不要求分步骤计算成本的多步骤生产。(　　)
9. 在简化分批法下，基本生产成本二级账只反映各批别在产品的直接材料成本。(　　)
10. 如果一张订单有几种产品，在分批法下，可以按产品品种分批组织生产。(　　)

五、业务分析题

1. 蓝星工厂的生产组织属于成批生产，采用分批法计算产品成本。2024 年 8 月份的有关产品成本计算资料如表 6 - 32、表 6 - 33、表 6 - 34 所示。

表 6－32　　蓝星工厂 8 月产品生产情况　　单位：件

批　号	产品名称	数　量	开工时间	完 工 日 期
602 号	甲产品	1 000	6 月 12 日	8 月 28 日
701 号	乙产品	500	7 月 6 日	8 月 26 日
801 号	丙产品	300	8 月 3 日	9 月 25 日，本月完工 50 件

表 6－33　　蓝星工厂期初在产品成本　　单位：元

批　号	摘　要	直 接 材 料	直 接 人 工	制 造 费 用	合　计
602	6 月发生	37 200	20 400	13 200	70 800
	7 月发生	54 800	23 200	14 600	92 600
701	7 月发生	19 600	11 200	6 400	37 200

表 6－34　　蓝星工厂 8 月发生生产费用　　单位：元

批　号	摘　要	直 接 材 料	直 接 人 工	制 造 费 用	合　计
602	本月发生	17 200	11 600	7 000	35 800
701	本月发生	14 400	12 200	5 200	31 800
801	本月发生	64 000	24 200	11 800	100 000

801 号产品 8 月完工 50 件，其计划单位成本为：直接材料 220 元，直接人工 100 元，制造费用 50 元。月末完工产品按计划成本结转。

要求：

（1）计算各批完工产品和在产品成本，登记三个批别产品基本生产成本明细账，填写表 6－35、表 6－36、表 6－37。

表 6－35　　基本生产成本明细账

产品批号：

产品名称：　　批量：　　完工日期：　　投产日期：

年		凭证字号	摘　要	直接材料	直接人工	制造费用	合　计
月	日						
		略					

表 6－36 基本生产成本明细账

产品批号：

产品名称： 批量： 完工日期： 投产日期：

年		凭证字号	摘　要	直接材料	直接人工	制造费用	合　计
月	日						
		略					

表 6－37 基本生产成本明细账

产品批号：

产品名称： 批量： 完工日期： 投产日期：

年		凭证字号	摘　要	直接材料	直接人工	制造费用	合　计
月	日						
		略					

（2）编制完工产品成本汇总表（表 6－38），并作结转完工产品成本的会计分录。

表 6－38 完工产品成本汇总表

年　月　　单位：元

成本项目	602 号（1 000 件）		701 号（500 件）		801 号（50 件）	
	总成本	单位成本	总成本	单位成本	总成本	单位成本
直接材料						
直接人工						
制造费用						
合　计						

2. 华为工厂属于小批生产，其根据自身的生产特点和管理要求，采用简化的分批法计算产品成本，5 月的有关生产资料如下：

（1）华为机械厂产品生产记录表如表6－39所示。

表6－39 华为机械厂产品生产记录表

单位：件

产品批号	产品名称	产品批量	投产日期	完工日期
501	A产品	50	4月2日	5月18日
502	B产品	100	4月6日	5月22日
503	C产品	20	4月10日	6月5日（本月完工10件）
504	D产品	10	5月7日	未完工

（2）月初在产品成本资料如下。

5月初在产品成本为314 000元，其中直接材料151 000元（501号75 000元，502号44 000元，503号32 000元），直接人工69 000元，制造费用94 000元。5月初累计工时为5 000小时，其中501号1 800小时，502号1 200小时，503号2 000小时。

（3）5月生产费用资料如下：

5月发生直接材料费用80 000元，全部为504号D产品所耗用，投料方式为生产开始时一次投料；本月发生直接人工71 000元，制造费用116 000元；本月实际工时2 000小时，其中501号200小时，502号800小时，503号400小时，504号600小时。503号C产品本月部分完工，完工产品工时为1 800小时。

要求：

（1）根据以上资料，登记基本生产成本二级账（表6－40）和各批产品的基本生产成本明细账（表6－41—表6－44）。

（2）用简化分批法计算各批完工产品成本。

（3）编制完工产品成本汇总表（表6－45），并结转完工产品成本。

表6－40 基本生产成本二级账

（各批产品总成本）

2024年		凭证字号	摘要	生产工时/小时	直接材料	直接人工	制造费用	合计
月	日							
4	30	略	本月发生					
5	31		本月发生					
5	31		累计					
5	31		累计间接费用分配率					
5	31		完工产品转出					
5	31		期末在产品成本					

表 6-41 基本生产成本明细账

产品批号：501　　　　投产日期：4 月

产品名称：A 产品　　批量：50 件　　完工日期：5 月

2024 年		凭证字号	摘　要	生产工时/小时	直接材料	直接人工	制造费用	合　计
月	日							
4	30	略	本月发生					
5	31		本月发生					
5	31		累计数及分配率					
5	31		完工产品成本转出					

表 6-42 基本生产成本明细账

产品批号：502　　　　投产日期：4 月

产品名称：B 产品　　批量：100 件　　完工日期：5 月

2024 年		凭证字号	摘　要	生产工时/小时	直接材料	直接人工	制造费用	合　计
月	日							
4	30	略	本月发生					
5	31		本月发生					
5	31		累计数及分配率					
5	31		完工产品成本转出					

表 6-43 基本生产成本明细账

产品批号：503　　　　投产日期：4 月

产品名称：C 产品　　批量：20 件　　完工日期：6 月（本月完工 10 件）

2024 年		凭证字号	摘　要	生产工时/小时	直接材料	直接人工	制造费用	合　计
月	日							
4	30		本月发生					
5	31		本月发生					
5	31		累计数及分配率					
5	31		完工产品成本转出					
5	31		月末在产品成本					

表 6-44 基本生产成本明细账

产品批号：504

产品名称：D 产品　　批量：10 件　　投产日期：5 月

2024 年		凭证字号	摘　要	生产工时/小时	直接材料	直接人工	制造费用	合　计
月	日							
5	31		本月发生					

表 6－45　　完工产品成本汇总表

2024 年 5 月　　单位：元

成本项目	501 号(50 件)		502 号(100 件)		503 号(10 件)	
	总成本	单位成本	总成本	单位成本	总成本	单位成本
直接材料						
直接人工						
制造费用						
合　计						

项目七

运用分步法计算产品成本

职业能力目标

1. 理解分步法的特点及适用范围。
2. 熟练运用逐步结转分步法计算产品成本。
3. 掌握综合成本还原的原理和方法。
4. 熟练运用平行结转分步法计算产品成本。

职业素养目标

1. 通过学习分步法的适用范围与特色，培养学生看待问题的整体观和大局观。

2. 通过学习逐步结转分步法计算产品成本，培养学生团队协作的素养。

项目介绍

分步法是产品成本计算的基本方法之一，也是计算较为复杂的方法。

引导案例

长江股份有限公司生产丙产品需经过三个车间连续加工制成，一车间生产A半成品，完工后直接转入二车间继续加工制成B半成品，B半成品直接转入三车间加工成丙产成品。一车间、二车间、三车间均产生了生产费用，我们应怎样归集和分配各车间的生产费用，从而计算完工的丙产品的总成本及单位成本呢？本项目将学习产品成本计算的另一种方法——分步法。

任务一　认识分步法

任务描述

（1）了解分步法的含义及特点，它以产品品种和生产步骤为对象，按照生产过程中各个生产加工步骤归集生产费用，计算各步骤半成品和最终产成品成本。

（2）熟悉分步法的适用范围，多由大量大批多步骤连续生产的企业或车间采用，企业应根据生产特点和管理要求确定适合的成本计算方法。

一、分步法的含义

成本计算的分步法，是以产品品种和生产步骤为对象，按照生产过程中各个加工步骤归集生产费用，计算各步骤半成品和最终产成品成本的一种方法。

知识详解：分步法概述

二、分步法的适用范围及特点

（一）分步法的适用范围

分步法适用于大量大批多步骤连续生产的企业和车间。如陶瓷企业生产可分为投料、干燥、成型、烧制、抛光等步骤；冶金企业生产可分为炼铁、炼钢、轧钢等步骤；机器制造企业生产可分为铸造、加工、装配等步骤。在这些企业里，生产的工艺过程是由一系列连续加工步骤所构成，从原材料投入生产，每经过一个加工步骤就会形成一种半成品，并成为下一步骤的加工对象，直到最后一个步骤生产出产成品。一般在食品加工、纺织、冶金、炼油、化工等行业的企业中使用分步法较多。

（二）分步法的特点

分步法的特点主要表现在以下几个方面：

1. 以各种产品及其所经过的生产步骤作为成本计算对象，并据以设立产品成本明细账

企业如果只生产一种产品，成本计算对象就是该种产品及其所经过的各生产步骤，产品成本明细账应按产品的各生产步骤开设。如果生产多种产品，成本计算对象则应是各种产成品及其所经过的各生产步骤，产品成本明细账应该按照每种产品的各个生产步骤开设。

2. 成本计算期与会计报告期一致，与产品生产周期不一致

在大量大批多步骤生产中，由于生产过程较长，可以间断，而且往往都是跨月陆续完工，产品生产周期可能长达数月。而成本计算一般都是按月定期进行，与会计报告期一致，与产品生产周期不一致。

3. 月末，需要将生产费用在完工产品和在产品之间分配

由于产品生产过程是逐月连续进行，月末一般会有在产品，因此在计算完工产品成本时，需要采用适当方法，将已记入生产成本明细账中的生产费用合计数在本月完工产品和月末在产品之间分配。

价值引领：将相和的启示

4. 各步骤之间存在成本结转

由于产品生产是分步骤进行的，上一步骤生产的半成品是下一步骤的加工对象，因此在采用分步法计算产品成本时，各步骤之间存在成本结转问题。这是分步法的一个重要特点。分

步法的成本计算对象最终是大批量生产的产品，但必须借助于各生产步骤或部门这些“中间成本对象”的成本计算。

知识拓展

在实际工作中，产品成本计算的分步与产品生产步骤的划分不一定完全一致。例如，在按生产步骤设立车间的企业中，一般说来，分步计算成本也就是分车间计算成本。如果企业生产规模很大，车间内又分成几个生产步骤，而管理上又要求分步计算成本时，也可以在车间内分步计算成本。相反，如果企业规模较小，管理上也不要求分车间计算成本，也可将几个车间合并为一个步骤计算成本。总之，应根据管理的要求，本着简化计算工作的原则，合理确定成本计算对象。

各个企业生产工艺过程的特点和成本管理对各步骤成本资料的要求不同，为简化成本核算工作，各生产步骤成本的计算和结转可采用两种不同的方法，即逐步结转和平行结转。产品成本计算的分步法也就相应地分为逐步结转分步法和平行结转分步法。

任务二 运用逐步结转分步法计算产品成本

任务描述

(1) 逐步结转分步法的计算对象是产成品及其所经过的各步骤的半成品成本，掌握逐步结转分步法的计算程序。

(2) 逐步结转分步法可分为综合结转和分项结转两种结转方法，通过对案例的处理、分析，掌握两种结转方法的具体运用。

一、逐步结转分步法的计算程序

知识详解：逐步结转分步法概述

逐步结转分步法也称为计算半成品成本法。它的计算对象是产成品及其所经过的各步骤的半成品成本。在采用这种方法的企业中，各步骤所生产的半成品既可作为本企业下一步骤继续加工的对象，也可以对外销售。为了计算对外销售的半成品成本和以后生产步骤的产品成本，有必要计算各步骤半成品的成本。

逐步结转分步法的实物结转程序如图 7－1 所示。

第一步骤	
项　目	数量
月初在产	8
本月投产	76
本月完工	72
月末在产	12

第二步骤	
项　目	数量
月初在产	12
本月投产	72
本月完工	76
月末在产	8

第三步骤	
项　目	数量
月初在产	10
本月投产	76
本月完工	80
月末在产	6

图 7－1 逐步结转分步法的实物结转程序

逐步结转分步法的成本计算程序如图 7－2 所示。

第一步骤成本计算单

项　目	直接材料	加工费用	合计
月初在产	64	98	162
本月投产	608	448	1 056
本月完工	576	504	1 080
月末在产	96	42	138

第二步骤成本计算单

项　目	直接材料	加工费用	合计
月初在产	180	43	223
本月投产	1 080	357	1 437
本月完工	1 140	380	1 520
月末在产	120	20	140

第三步骤成本计算单

项　目	直接材料	加工费用	合计
月初在产	200	90.0	290.0
本月投产	1 520	449.5	1 969.5
本月完工	1 600	520.0	2 120.0
月末在产	120	19.5	139.5

产品成本计算单

项　目	直接材料	加工费用	合　计
总成本	1 600	520	2 120
单位成本	20.0	6.5	26.5

图 7－2　逐步结转分步法的成本计算程序

采用逐步结转分步法，是各步骤所耗用的上一步骤半成品成本，要随着半成品实物的转移，从上一步骤的产品成本明细账转入下一步骤相应的产品成本明细账中，以逐步计算各步骤的半成品成本和最后步骤的产成品成本。

逐步结转分步法按照半成品成本在下一步骤成本计算单中反映的方法，可分为综合结转和分项结转两种具体结转方法。

二、综合结转分步法

综合结转分步法的特点，是将各生产步骤所耗用的上一步骤的半成品成本，以其合计数记入下一步骤的产品成本计算单中的“半成品”或“原材料”成本项目中去。

知识详解：综合结转分步法下成本还原与分析

案例 7－1　长江股份有限公司丙产品经过三个车间连续加工制成，一车间生产 A 半成品，直接转入二车间加工制成 B 半成品，B 半成品直接转入三车间加工成丙产成品。其中，1 件丙产品耗用 1 件 B 半成品，1 件 B 半成品耗用 1 件 A 半成品。原材料于生产开始时一次投入，各车间月末在产品完工率均为 50%。各车间生产费用在完工产品和在产品之间的分配采用约当产量法。

该公司 2024 年 6 月有关产量记录如表 7－1 所示。

表 7－1　有关产量记录　单位：件

项　目	一车间	二车间	三车间
月初在产品数量	20	50	40
本月投产(或上步交来)数量	180	160	180
本月完工数量	160	180	200
月末在产品数量	40	30	20

该公司2024年6月有关成本资料如表7-2所示。

表7-2 **有关成本资料** 单位：元

摘要		直接材料	直接人工	制造费用	合计
一车间	月初在产品成本	1 000	60	100	1 160
	本月生产费用	18 400	2 200	2 400	23 000
二车间	月初在产品成本	1 200	200	120	1 520
	本月生产费用		3 200	4 800	8 000
三车间	月初在产品成本	4 400	180	160	4 740
	本月生产费用		3 450	2 550	6 000

要求：根据以上资料，采用综合结转分步法计算产品成本，并编制产品成本计算单，如表7-3、表7-4、表7-5所示。

表7-3 **一车间产品成本计算单**

产品名称：A半成品

投料方式：一次投料　　完工数量：160件　　在产品数量：40　　在产品完工率：50%

摘要	直接材料	直接人工	制造费用	合计
月初在产品成本/元	1 000	60	100	1 160
本月发生费用/元	18 400	2 200	2 400	23 000
生产费用合计/元	19 400	2 260	2 500	24 160
约当产量合计/件	200	180	180	
分配率	97.000 0	12.555 6	13.888 9	123.444 4
完工半成品成本/元	15 520.00	2 008.90	2 222.22	19 751.12
月末在产品成本/元	3 880.00	251.10	277.78	4 408.88

操作示范：一车间产品成本计算单计算步骤

表7-3中有关计算过程如下：

直接材料分配率＝19 400÷(160＋40×100%)＝97

直接人工分配率＝2 260÷(160＋40×50%)≈12.555 6

制造费用分配率＝2 500÷(160＋40×50%)≈13.888 9

完工半成品成本＝完工数量×单位成本

月末在产品成本＝生产费用合计－完工半成品成本

为了便于理解计算过程，表7-3—表7-5和表7-7的Excel操作详解附于相关计算处，可按操作详解的步骤逐步操作。

Excel操作详解：

(1) 将表7-2中一车间的数据录入在Excel表格内，如图7-3所示。

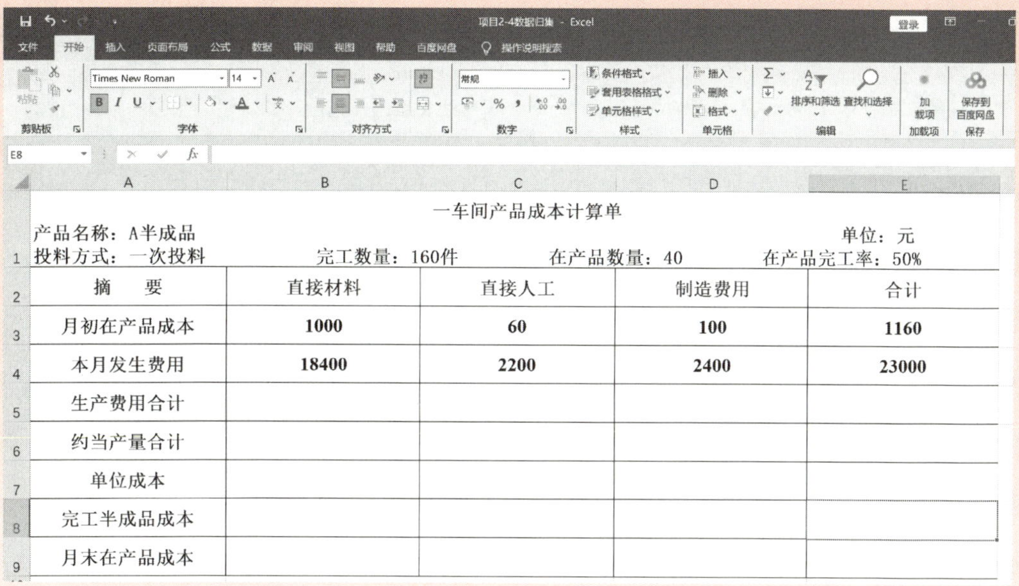

图 7-3　一车间产品成本计算单步骤 1

(2) 计算生产费用合计。用鼠标选中 B3(1000)、B4(18400)、B5(空白)单元格，点击右上角求和符号，进行自动求和。如图 7-4 所示。

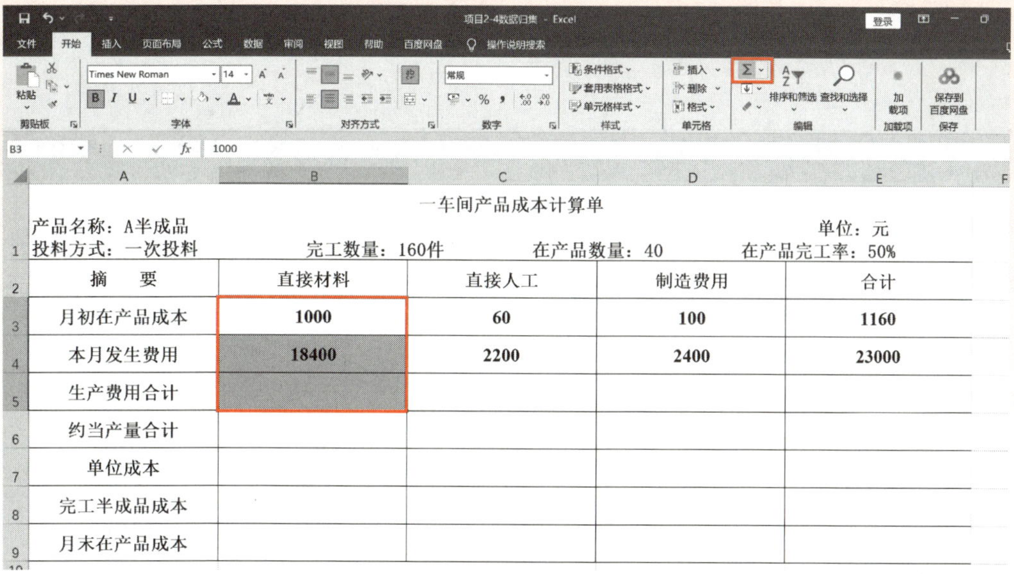

图 7-4　一车间产品成本计算单步骤 2

(3) 选中 B5 单元格，将鼠标移动至该单元格右下角，出现黑色加粗型的“+”，按住鼠标左键向右拖动，直至所有金额填充完毕后，在放开鼠标左键，即可计算出将所有的项目合计金额，如图 7-5 所示。

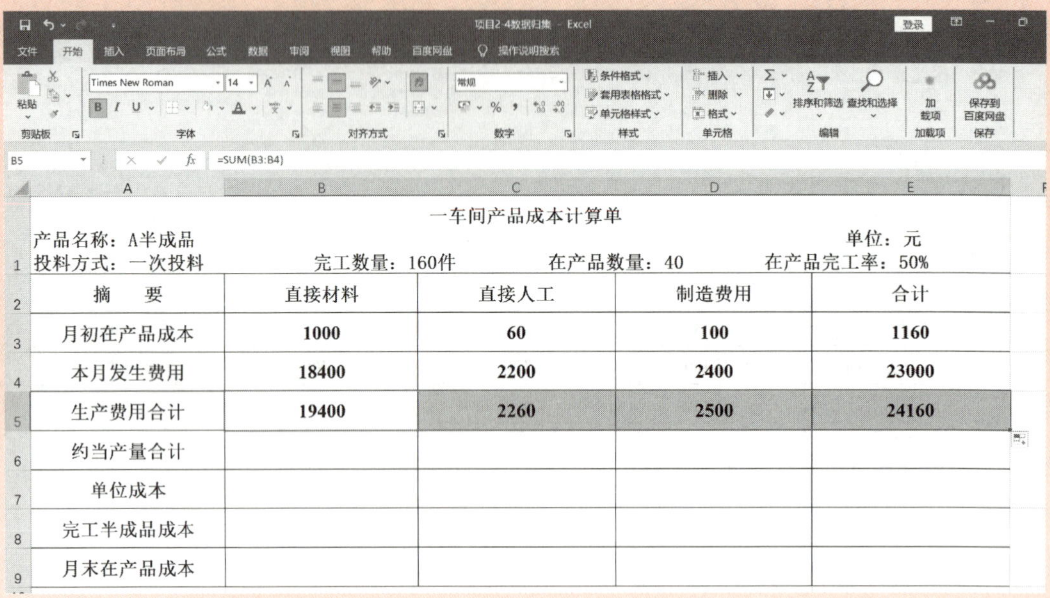

一车间产品成本计算单

产品名称：A半成品 单位：元

投料方式：一次投料 完工数量：160件 在产品数量：40 在产品完工率：50%

摘　要	直接材料	直接人工	制造费用	合计
月初在产品成本	1000	60	100	1160
本月发生费用	18400	2200	2400	23000
生产费用合计	19400	2260	2500	24160
约当产量合计				
单位成本				
完工半成品成本				
月末在产品成本				

图 7-5　一车间产品成本计算单步骤 3

(4) 计算约当产量合计。在 B6 单元格内输入公式："=160+40＊100％"，按"Enter"键，可得出直接材料项目的约当产量合计，如图 7-6 所示。在 C6 单元格和 D6 单元格内输入公式："=160+40＊50％"，按"Enter"键，可得出直接人工和制造费用项目的约当产量合计，如图 7-7 所示。

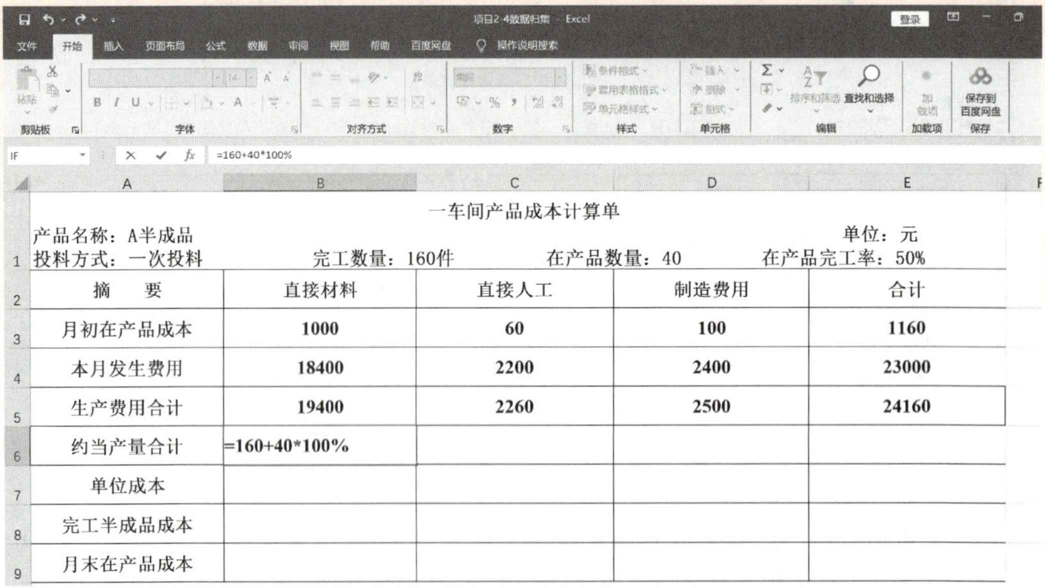

一车间产品成本计算单

产品名称：A半成品 单位：元

投料方式：一次投料 完工数量：160件 在产品数量：40 在产品完工率：50%

摘　要	直接材料	直接人工	制造费用	合计
月初在产品成本	1000	60	100	1160
本月发生费用	18400	2200	2400	23000
生产费用合计	19400	2260	2500	24160
约当产量合计	=160+40*100%			
单位成本				
完工半成品成本				
月末在产品成本				

图 7-6　一车间产品成本计算单步骤 4

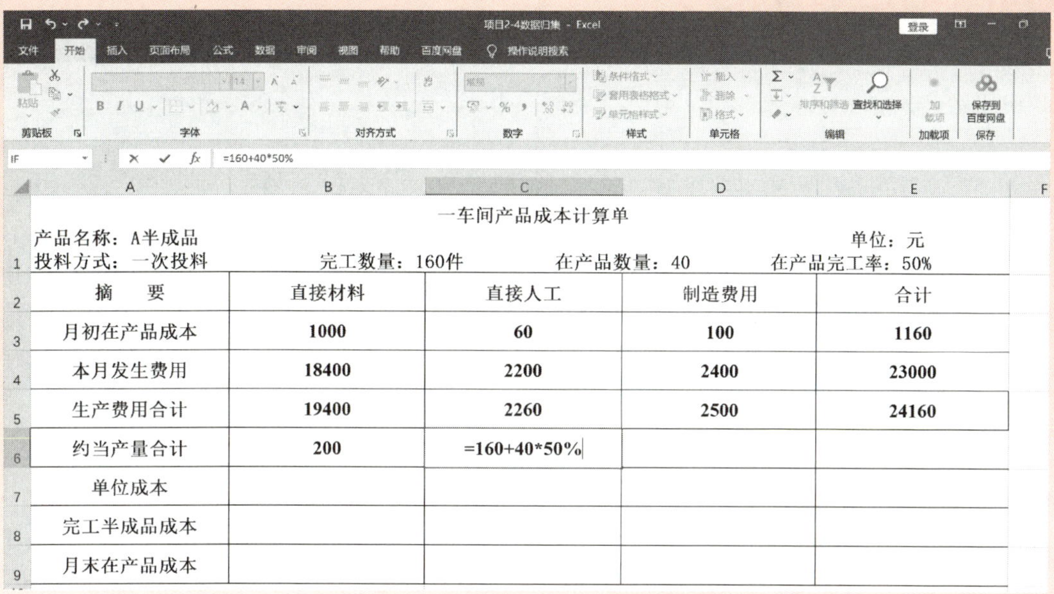

一车间产品成本计算单

产品名称：A半成品　　　　单位：元

投料方式：一次投料　完工数量：160件　在产品数量：40　在产品完工率：50%

摘　要	直接材料	直接人工	制造费用	合计
月初在产品成本	1000	60	100	1160
本月发生费用	18400	2200	2400	23000
生产费用合计	19400	2260	2500	24160
约当产量合计	200	=160+40*50%		
单位成本				
完工半成品成本				
月末在产品成本				

图 7-7　一车间产品成本计算单步骤 5

(5) 计算单位成本。在 B7 单元格内输入公式："=ROUND(B5/B6,4)"，可得到直接材料项目的单位成本，如图 7-8 所示。用 ROUND 函数的作用是保留小数位数，第二个参数输入 4，即可保留 4 位小数。

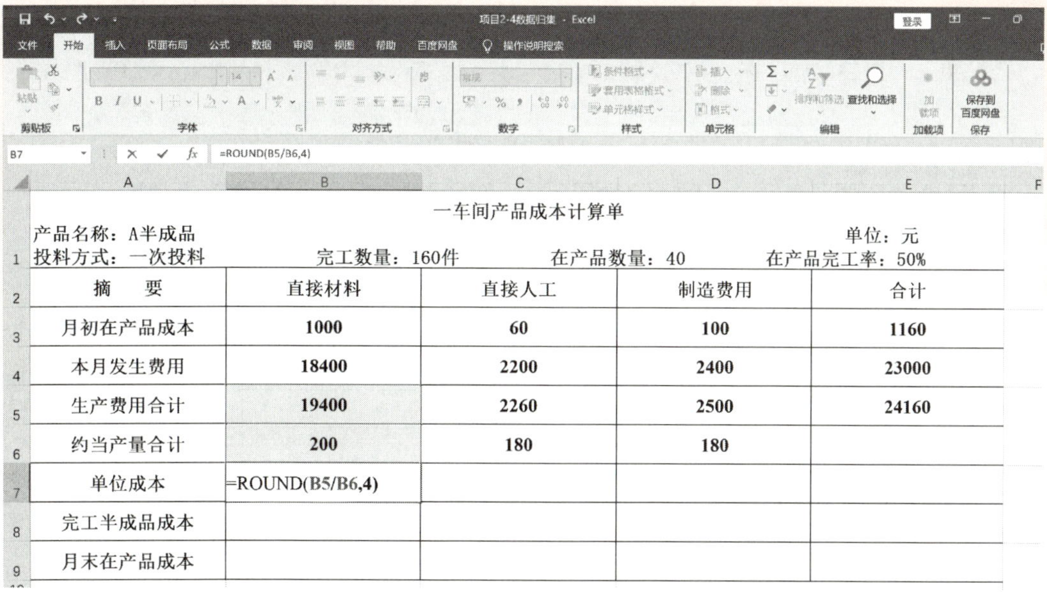

一车间产品成本计算单

产品名称：A半成品　　　　单位：元

投料方式：一次投料　完工数量：160件　在产品数量：40　在产品完工率：50%

摘　要	直接材料	直接人工	制造费用	合计
月初在产品成本	1000	60	100	1160
本月发生费用	18400	2200	2400	23000
生产费用合计	19400	2260	2500	24160
约当产量合计	200	180	180	
单位成本	=ROUND(B5/B6,4)			
完工半成品成本				
月末在产品成本				

图 7-8　一车间产品成本计算单步骤 6

(6) 计算完工半成品成本。在 B8 单元格内输入公式："=B7＊160"，可得出直接材料项目完工半成品成本，如图 7-9 所示。

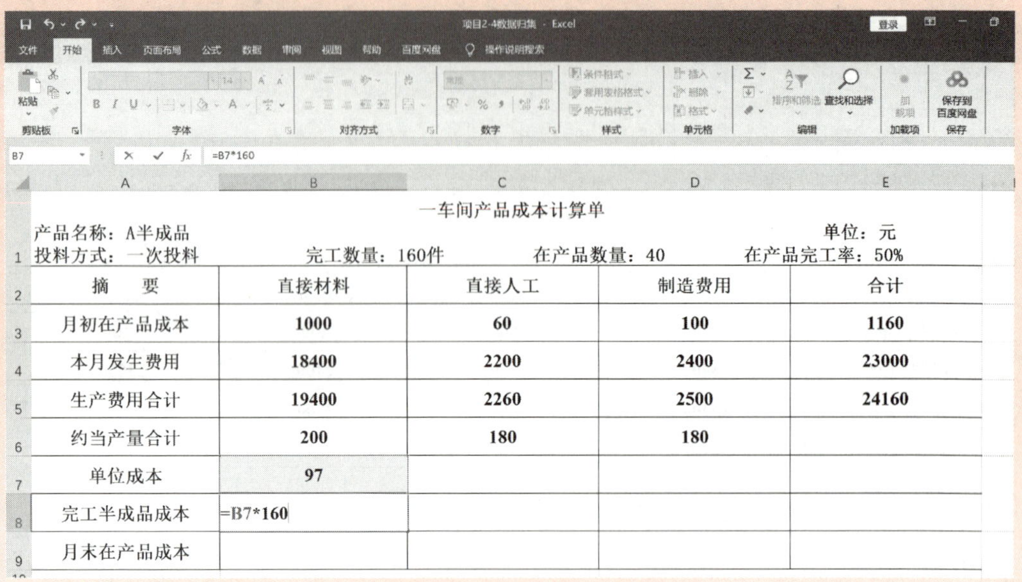

一车间产品成本计算单

产品名称：A半成品 单位：元

投料方式：一次投料 完工数量：160件 在产品数量：40 在产品完工率：50%

摘 要	直接材料	直接人工	制造费用	合计
月初在产品成本	1000	60	100	1160
本月发生费用	18400	2200	2400	23000
生产费用合计	19400	2260	2500	24160
约当产量合计	200	180	180	
单位成本	97			
完工半成品成本	=B7*160			
月末在产品成本				

图 7-9 一车间产品成本计算单步骤 7

(7) 计算月末在产品成本。在 B9 单元格内输入公式："=B5-B8"，可得出直接材料项目月末在产品成本，如图 7-10 所示。

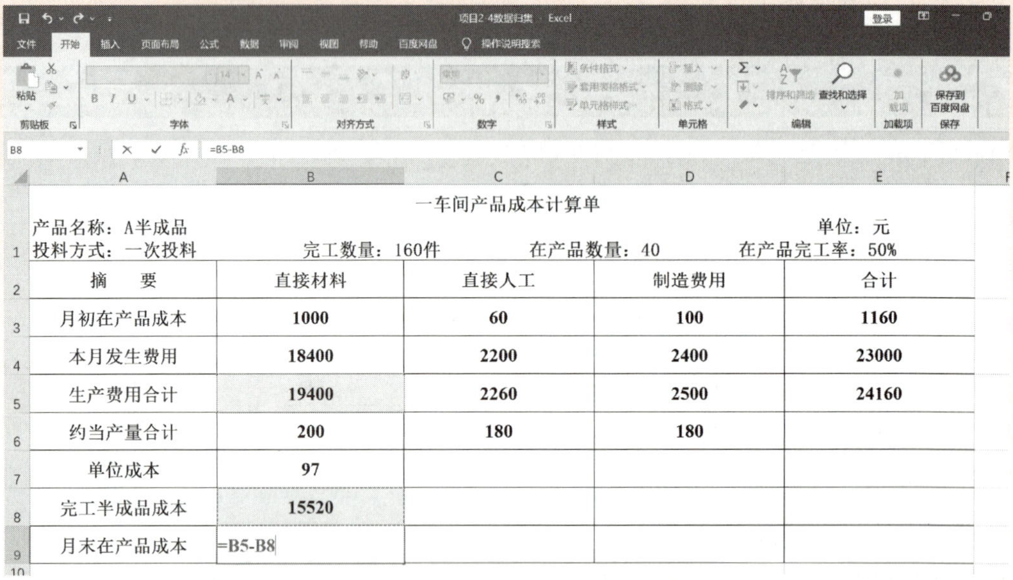

一车间产品成本计算单

产品名称：A半成品 单位：元

投料方式：一次投料 完工数量：160件 在产品数量：40 在产品完工率：50%

摘 要	直接材料	直接人工	制造费用	合计
月初在产品成本	1000	60	100	1160
本月发生费用	18400	2200	2400	23000
生产费用合计	19400	2260	2500	24160
约当产量合计	200	180	180	
单位成本	97			
完工半成品成本	15520			
月末在产品成本	=B5-B8			

图 7-10 一车间产品成本计算单步骤 8

(8) 选中 B7、B8、B9 单元格，将鼠标移动至该单元格右下角，出现黑色加粗型的"+"，按住鼠标左键向右拖动，直至制造费用项目金额填充完毕后，在放开鼠标左键，即可计算直接人工和制造费用项目的单位成本、完工半成品、月末在产品成本，如图 7-11 所示。

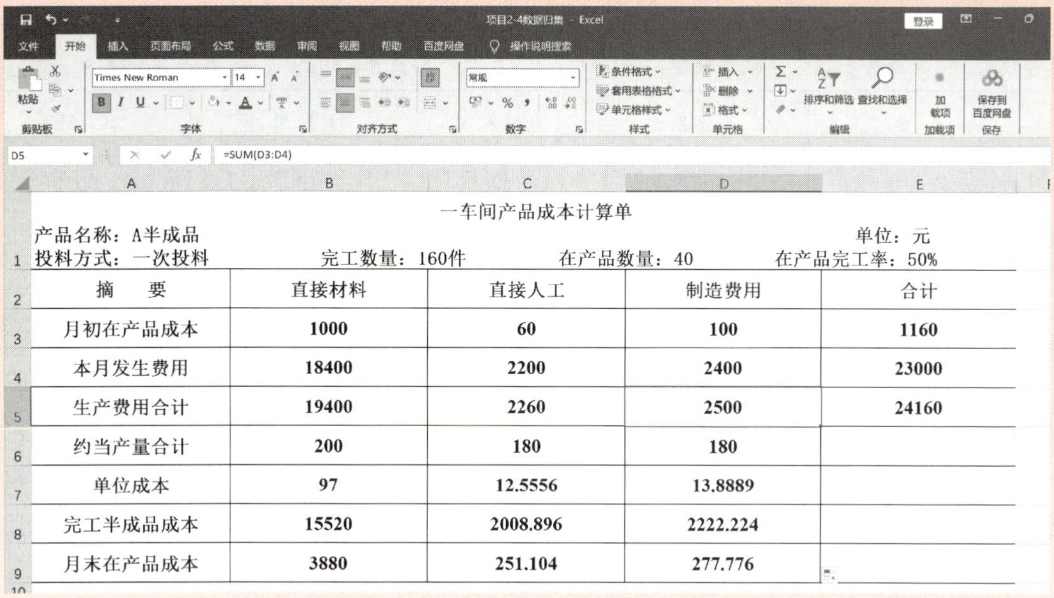

一车间产品成本计算单

产品名称：A半成品　　单位：元

投料方式：一次投料　完工数量：160件　在产品数量：40　在产品完工率：50%

摘　要	直接材料	直接人工	制造费用	合计
月初在产品成本	1000	60	100	1160
本月发生费用	18400	2200	2400	23000
生产费用合计	19400	2260	2500	24160
约当产量合计	200	180	180	
单位成本	97	12.5556	13.8889	
完工半成品成本	15520	2008.896	2222.224	
月末在产品成本	3880	251.104	277.776	

图 7－11　一车间产品成本计算单步骤 9

（9）用自动求和功能，将单位成本、完工半成品、月末在产品成本进行横向求和，如图 7－12 所示。

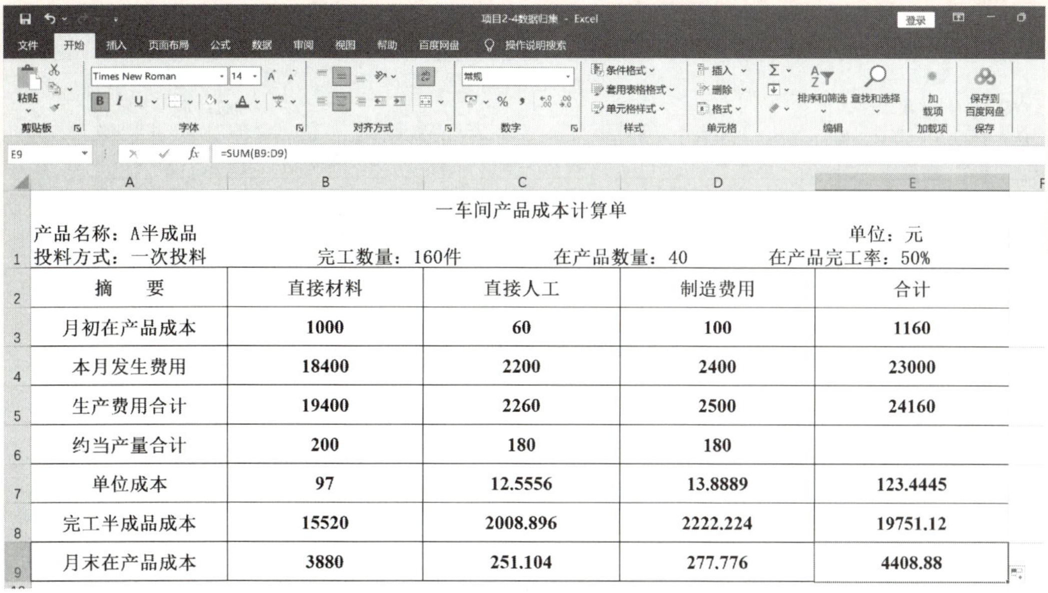

一车间产品成本计算单

产品名称：A半成品　　单位：元

投料方式：一次投料　完工数量：160件　在产品数量：40　在产品完工率：50%

摘　要	直接材料	直接人工	制造费用	合计
月初在产品成本	1000	60	100	1160
本月发生费用	18400	2200	2400	23000
生产费用合计	19400	2260	2500	24160
约当产量合计	200	180	180	
单位成本	97	12.5556	13.8889	123.4445
完工半成品成本	15520	2008.896	2222.224	19751.12
月末在产品成本	3880	251.104	277.776	4408.88

图 7－12　一车间产品成本计算单步骤 10

操作示范：二车间产品成本计算单计算步骤

表 7-4 二车间产品成本计算单

产品名称：B 半成品

投料方式：一次投料　　完工数量：180 件　　在产品数量：30　　在产品完工率：50%

摘　要	半成品	直接人工	制造费用	合　计
月初在产品成本/元	1 200.00	200.00	120.00	1 520.00
本月发生费用/元	19 751.12	3 200.00	4 800.00	27 751.12
生产费用合计/元	20 951.12	3 400.00	4 920.00	29 271.12
约当产量合计/件	210	195	195	
分配率	99.767 2	17.435 9	25.230 8	142.433 9
完工半成品成本/元	17 958.10	3 138.46	4 541.54	25 638.10
月末在产品成本/元	2 993.02	261.54	378.46	3 633.02

Excel 操作详解：

(1) 将表 7-2 中二车间的数据录入在 Excel 表格内，如图 7-13 所示。

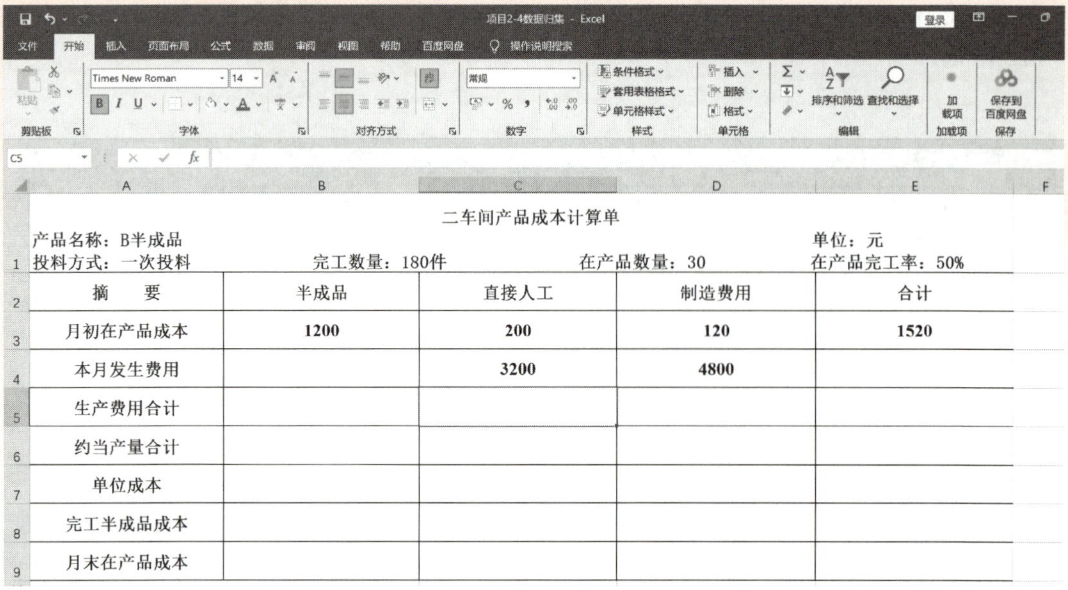

图 7-13　二车间产品成本计算单步骤 1

(2) 二车间半成品本月发生费用为一车间完工半成品成本，因此在表 7-3 去进行取数或者复制，如图 7-14 所示。

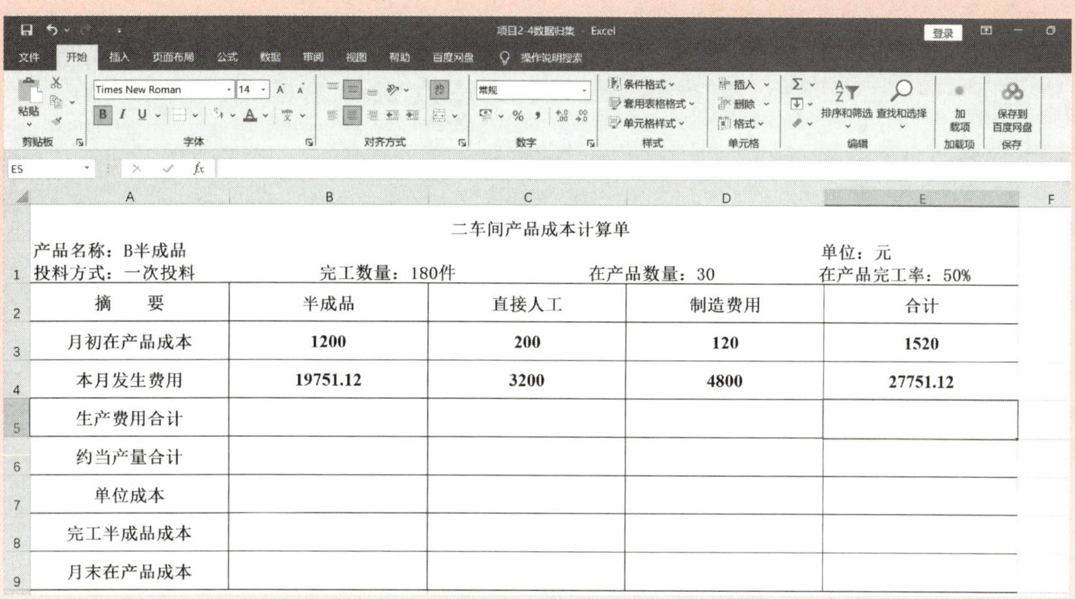

二车间产品成本计算单

产品名称：B半成品　　　　　　　　　　　　　　　　　　　　　　　单位：元

投料方式：一次投料　　　完工数量：180件　　　在产品数量：30　　　在产品完工率：50%

摘　要	半成品	直接人工	制造费用	合计
月初在产品成本	1200	200	120	1520
本月发生费用	19751.12	3200	4800	27751.12
生产费用合计				
约当产量合计				
单位成本				
完工半成品成本				
月末在产品成本				

图 7－14　二车间产品成本计算单步骤 2

(3) 其余操作步骤参照一车间(2)～(7)，结果如表 7－4 所示。

表 7－5　　三车间产品成本计算单

产品名称：丙产品

投料方式：一次投料　　　完工数量：200 件　　　在产品数量：20　　　在产品完工率：50%

摘　要	半成品	直接人工	制造费用	合　计
月初在产品成本/元	4 400.00	180.00	160.00	4 740.00
本月发生费用/元	25 638.10	3 450.00	2 550.00	31 638.10
生产费用合计/元	30 038.10	3 630.00	2 710.00	36 378.10
约当产量合计/件	220	210	210	
分配率	136.536 8	17.285 7	12.904 8	166.727 3
完工产品成本/元	27 307.36	3 457.14	2 580.96	33 345.46
月末在产品成本/元	2 730.74	172.86	129.04	3 032.64

操作示范：三车间产品成本计算单计算步骤

Excel 操作详解：

(1) 将表 7－2 中三车间数据录入在 Excel 表格内，如图 7－15 所示。

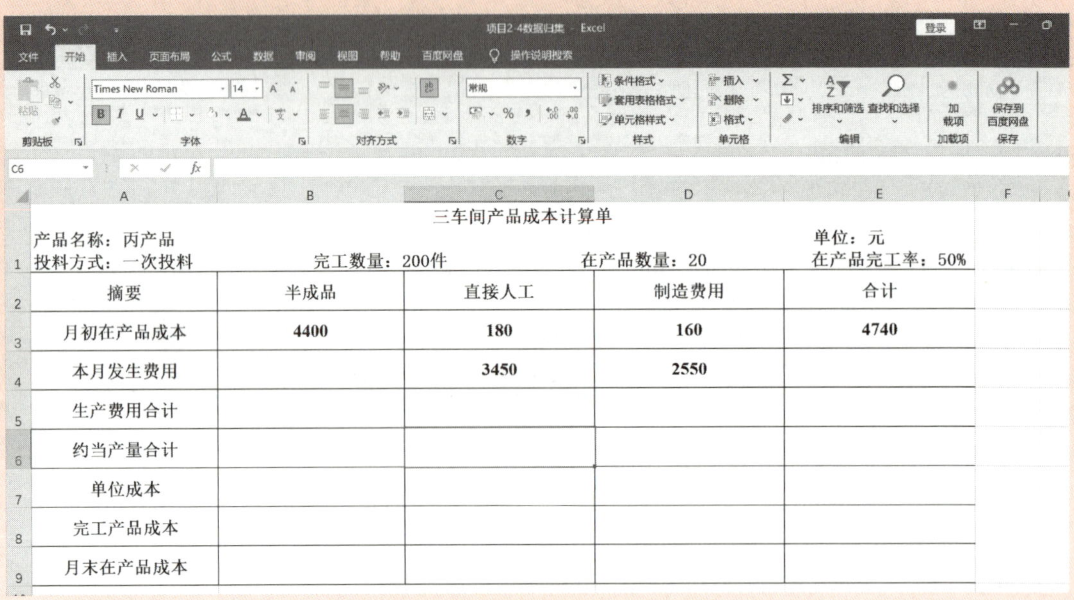

三车间产品成本计算单

产品名称：丙产品　　单位：元

投料方式：一次投料　完工数量：200件　在产品数量：20　在产品完工率：50%

摘要	半成品	直接人工	制造费用	合计
月初在产品成本	4400	180	160	4740
本月发生费用		3450	2550	
生产费用合计				
约当产量合计				
单位成本				
完工产品成本				
月末在产品成本				

图 7－15　三车间产品成本计算单步骤 1

（2）三车间半成品本月发生费用为二车间完工半成品成本，因此在表 7－4 去进行取数或者复制，如图 7－16 所示。

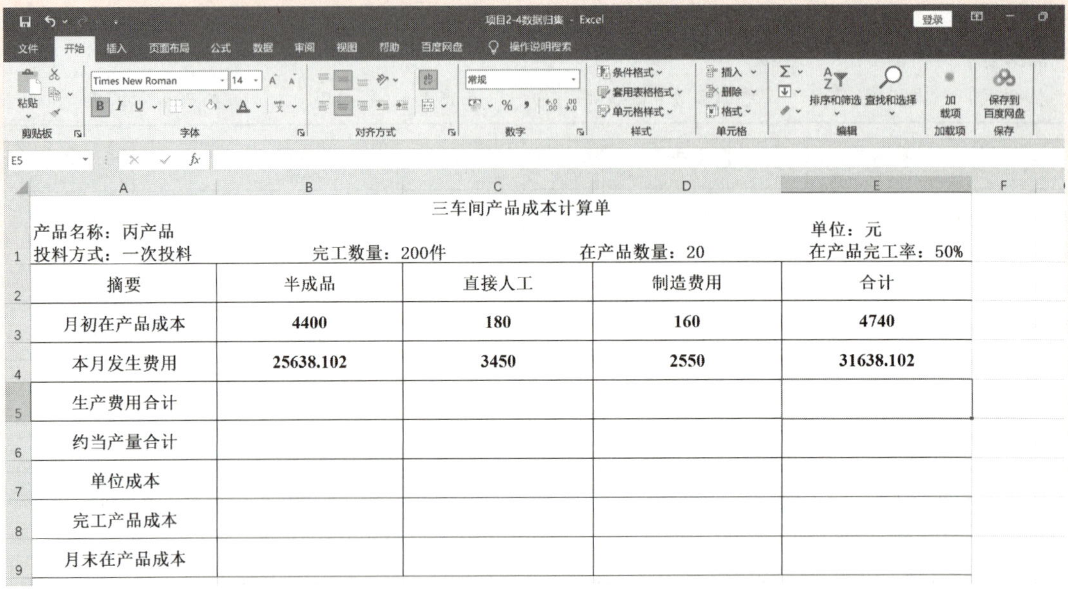

三车间产品成本计算单

产品名称：丙产品　　单位：元

投料方式：一次投料　完工数量：200件　在产品数量：20　在产品完工率：50%

摘要	半成品	直接人工	制造费用	合计
月初在产品成本	4400	180	160	4740
本月发生费用	25638.102	3450	2550	31638.102
生产费用合计				
约当产量合计				
单位成本				
完工产品成本				
月末在产品成本				

图 7－16　三车间产品成本计算单步骤 2

（3）其余操作步骤参照一车间（3）～（7），结果如表 7－5 所示。

编制完工产品成本计算表如表 7－6 所示。

表 7-6　完工产品成本计算表

产量：200 件　　2024 年 6 月　　单位：元

成本项目		半成品	直接人工	制造费用	合计
丙产品（200 件）	总成本	27 307.36	3 457.14	2 580.96	33 345.46
	单位成本	136.536 8	17.285 7	12.904 8	166.727 3

从表 7-6 中可以看出，采用综合结转法计算产品成本，完工产品成本中的半成品成本比重较大，而半成品并不是产品所耗的真正材料费用，它是从第二步骤结转而来的综合成本。显然，这不符合产品成本的实际构成，因而从整个公司角度分析产品成本的构成和水平时，还应将综合结转算出的产成品成本进行成本还原。

成本还原通常是从最后一个生产步骤开始，将其所耗用的上一生产步骤自制半成品的综合成本按本月所生产这种半成品的成本结构比例逐步还原成直接材料、直接人工、制造费用等原始成本项目，从而求得按原始成本项目反映的产成品成本资料的成本核算实践。

成本还原原理见图 7-17 所示：

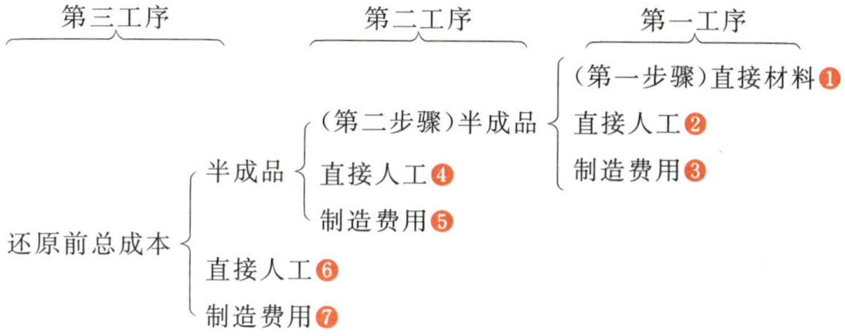

图 7-17　成本还原原理

注：还原前总成本=❶+❷+❸+❹+❺+❻+❼=还原后总成本
还原后直接材料=❶；还原后直接人工=❷+❹+❻；还原后制造费用=❸+❺+❼

进行成本还原，首先要计算还原分配率，还原分配率即每一元所产半成品成本相当于产成品所耗半成品费用若干元。其计算公式为：

$$还原分配率=\frac{本期产成品耗用上一步骤半成品成本合计}{本期生产该种半成品成本合计}$$

还原后各成本项目金额=本期生产该种半成品成本中各成本项目金额×还原分配率

案例 7-2　根据案例 7-1 中的资料进行成本还原，成本还原计算表如表 7-7 所示。

表 7-7　成本还原计算表

单位：元

成本项目	还原前总成本	第二步半成品成本	还原率及还原额	第一步半成品成本	还原率及还原额	还原后总成本
还原分配率			1.065 1		0.968 4	
直接材料(半成品)	27 307.36	17 958.10	19 127.17	15 520.00	15 029.57	15 029.57

操作示范：成本还原计算表计算步骤

续　表

成本项目	还原前总成本	第二步半成品成本	还原率及还原额	第一步半成品成本	还原率及还原额	还原后总成本
直接人工	3 457.14	3 138.46	3 342.77	2 008.90	1 945.42	8 745.33
制造费用	2 580.96	4 541.54	4 837.42	2 222.22	2 152.18	9 570.56
合计	33 345.46	25 638.10	27 307.36	19 751.12	19 127.17	33 345.46

注：计算过程中产生的尾差，记入制造费用栏。

第 3 栏还原分配率＝27 307.36÷(17 958.10＋3 138.46＋4 541.54)＝27 307.36÷25 638.10≈1.065 1

第 3 栏还原额：

还原成第二步骤的半成品＝17 958.10×1.065 1≈19 127.17

还原成第二步骤的直接人工＝3 138.46×1.065 1≈3 342.77

还原成第二步骤的制造费用＝27 307.36－19 127.17－3 342.77＝4 837.42

注意：由于还原分配率除不尽，所以制造费用还原额用倒挤的方法计算，不能用“4 541.54×1.065 1”来计算。

第 5 栏还原分配率＝19 127.17÷(15 520＋2 008.90＋2 222.22)＝19 127.17÷19 751.12≈0.968 4

第 5 栏还原额：还原成第一步骤的直接材料＝15 520×0.968 4≈15 029.57

还原成第一步骤的直接人工＝2 008.90×0.968 4≈1 945.42

还原成第一步骤的制造费用＝19 127.17－15 029.57－1 945.42＝2 152.18

第 6 栏还原后的总成本：直接材料＝第 5 栏直接材料还原额＝15 029.57

直接人工＝3 457.14＋3 342.77＋1 945.42＝8 745.33

制造费用＝2 580.96＋4 837.42＋2 152.18＝9 570.56

还原后总成本中直接材料为第 5 栏还原额，即产品生产过程中真正消耗的在第一车间投入生产的材料，直接人工为 1、3、5 栏的直接人工之和，制造费用为 1、3、5 栏的制造费用之和，即产成品中所含人工费用和制造费用分别由一车间半成品中所含人工与制造费用、二车间半成品中所含人工与制造费用和三车间产成品的人工和制造费用合计而成。还原后的完工产品总成本与还原前相比，金额未发生变化，但成本构成变了。还原后的完工产品成本表如表 7－8 所示。

Excel 操作详解：

(1) 将还原前总成本、第二步半成品、第一步半成品成本的数据录入在 Excel 表格内，如图 7－18 所示。

(2) 计算还原率和还原额。在 D4 单元格内录入公式：“＝ROUND(B5/C8,4)”，按 Enter 键，可计算出第一步的还原率，如图 7－19 所示。

(3) 计算还原额。在 D5 单元格内录入公式：“＝ROUND(C5 * ＄D＄4,2)”，按 Enter 键，可计算出半成品的还原额，如图 7－20 所示。D4 单元格即还原率 1.065 1 所在的单元格，需要进行绝对引用，以保证后续填充公式的正确性。

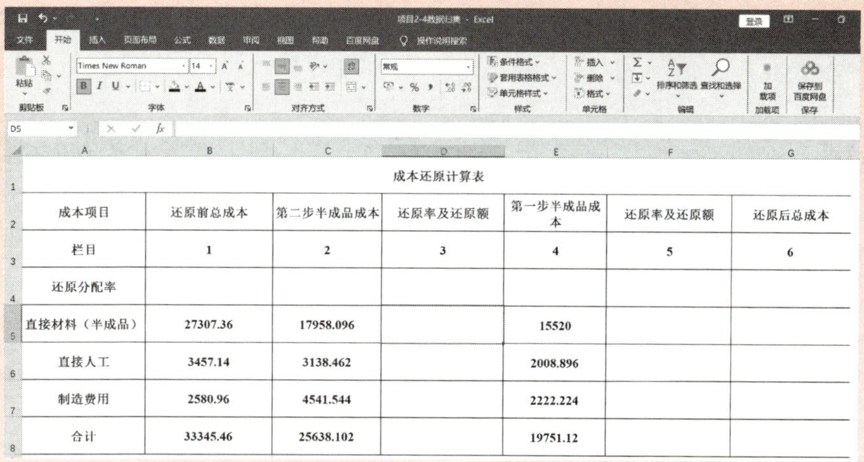

成本还原计算表

成本项目	还原前总成本	第二步半成品成本	还原率及还原额	第一步半成品成本	还原率及还原额	还原后总成本
栏目	1	2	3	4	5	6
还原分配率						
直接材料（半成品）	27307.36	17958.096		15520		
直接人工	3457.14	3138.462		2008.896		
制造费用	2580.96	4541.544		2222.224		
合计	33345.46	25638.102		19751.12		

图 7－18　成本还原计算表步骤 1

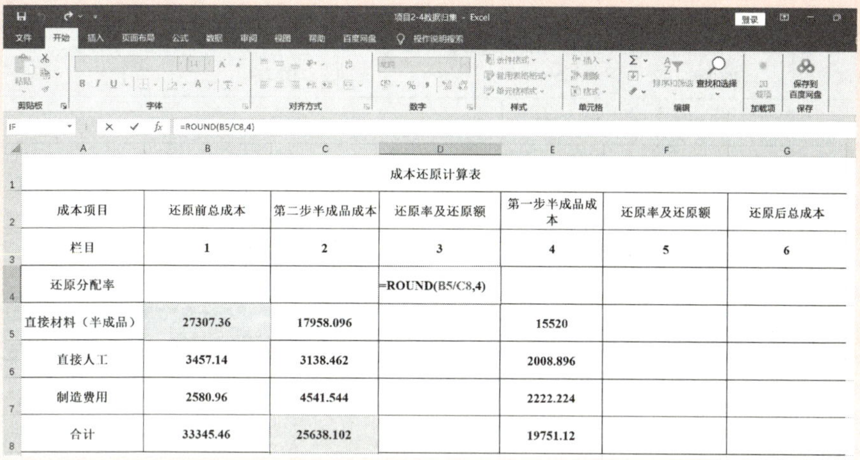

=ROUND(B5/C8,4)

成本还原计算表

成本项目	还原前总成本	第二步半成品成本	还原率及还原额	第一步半成品成本	还原率及还原额	还原后总成本
栏目	1	2	3	4	5	6
还原分配率			=ROUND(B5/C8,4)			
直接材料（半成品）	27307.36	17958.096		15520		
直接人工	3457.14	3138.462		2008.896		
制造费用	2580.96	4541.544		2222.224		
合计	33345.46	25638.102		19751.12		

图 7－19　成本还原计算表步骤 2

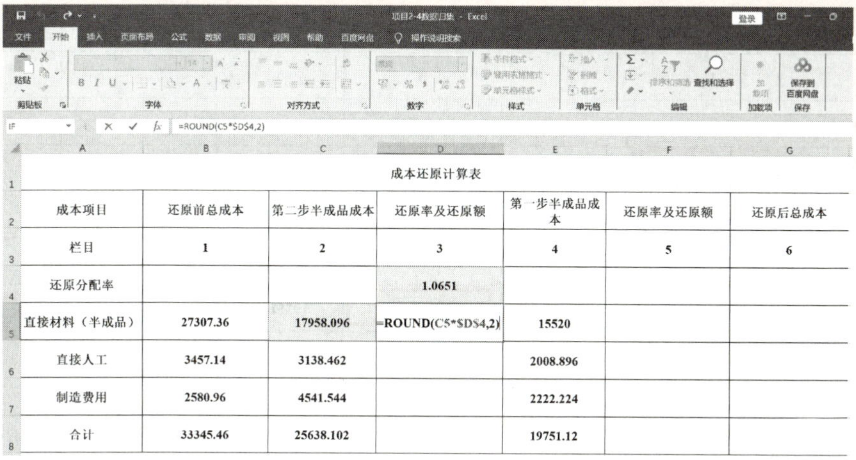

=ROUND(C5*D4,2)

成本还原计算表

成本项目	还原前总成本	第二步半成品成本	还原率及还原额	第一步半成品成本	还原率及还原额	还原后总成本
栏目	1	2	3	4	5	6
还原分配率			1.0651			
直接材料（半成品）	27307.36	17958.096	=ROUND(C5*D4,2)	15520		
直接人工	3457.14	3138.462		2008.896		
制造费用	2580.96	4541.544		2222.224		
合计	33345.46	25638.102		19751.12		

图 7－20　成本还原计算表步骤 3

(4) 选中 D5 单元格，向下填充数据，如图 7－21 所示。注意制造费用不要进行填充。

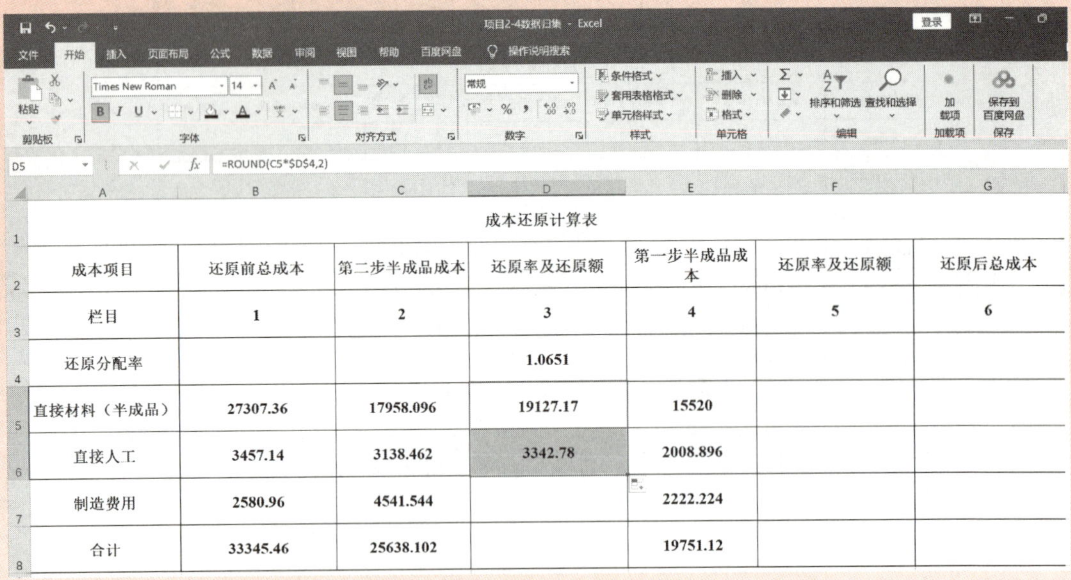

成本还原计算表						
成本项目	还原前总成本	第二步半成品成本	还原率及还原额	第一步半成品成本	还原率及还原额	还原后总成本
栏目	1	2	3	4	5	6
还原分配率			1.0651			
直接材料（半成品）	27307.36	17958.096	19127.17	15520		
直接人工	3457.14	3138.462	3342.78	2008.896		
制造费用	2580.96	4541.544		2222.224		
合计	33345.46	25638.102		19751.12		

图 7－21 成本还原计算表步骤 4

(5) 将还原前的半成品成本录入还原额的合计金额栏，如图 7－22 所示。

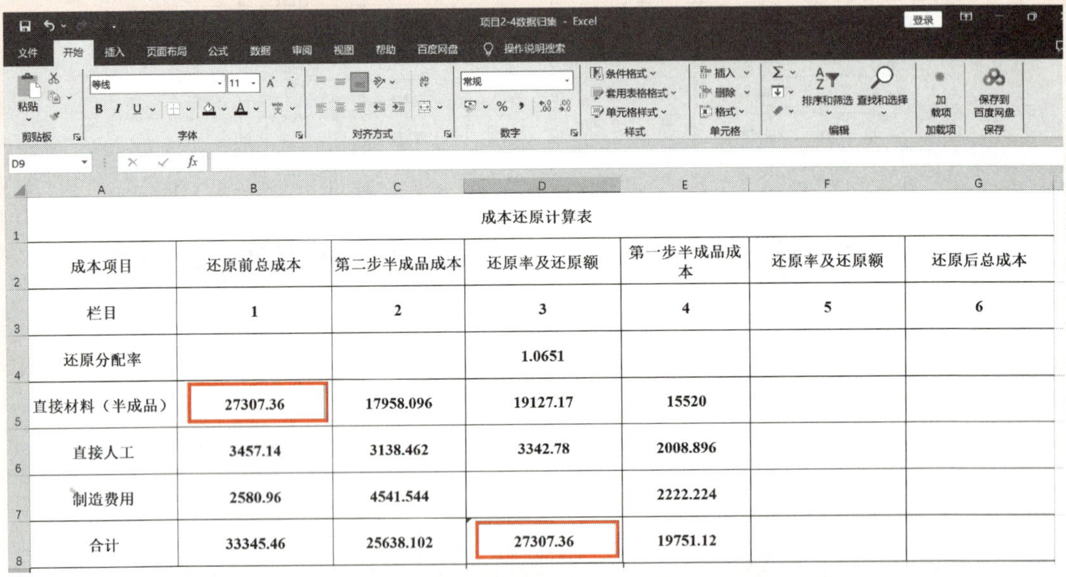

成本还原计算表						
成本项目	还原前总成本	第二步半成品成本	还原率及还原额	第一步半成品成本	还原率及还原额	还原后总成本
栏目	1	2	3	4	5	6
还原分配率			1.0651			
直接材料（半成品）	27307.36	17958.096	19127.17	15520		
直接人工	3457.14	3138.462	3342.78	2008.896		
制造费用	2580.96	4541.544		2222.224		
合计	33345.46	25638.102	27307.36	19751.12		

图 7－22 成本还原计算表步骤 5

(6) 制造费用进行倒挤。在 D7 单元格内输入公式："＝D8－D6－D5"，按 Enter 键，可计算出还原后的制造费用，如图 7－23 所示。

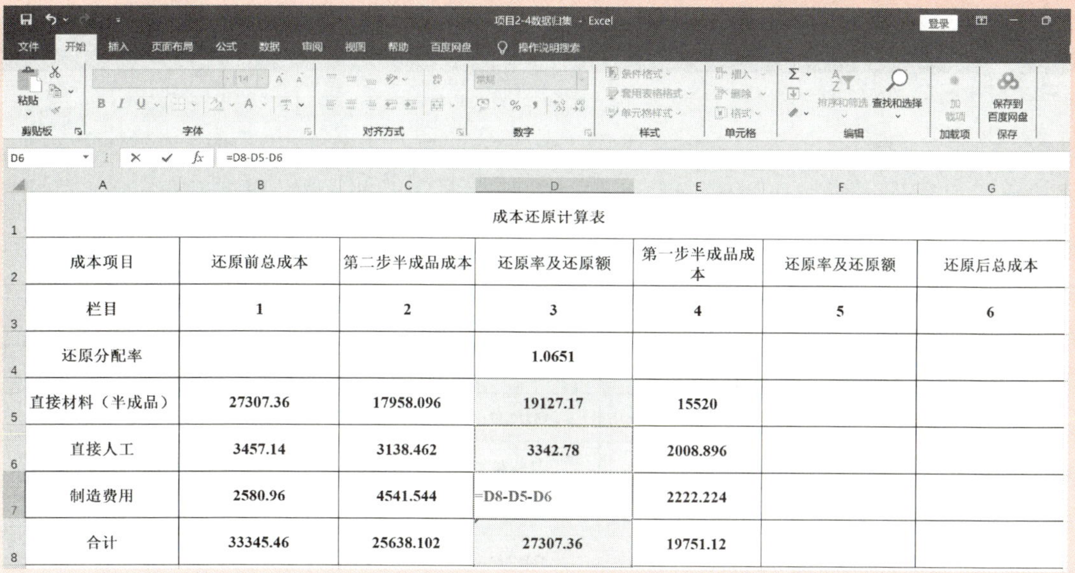

成本还原计算表						
成本项目	还原前总成本	第二步半成品成本	还原率及还原额	第一步半成品成本	还原率及还原额	还原后总成本
栏目	1	2	3	4	5	6
还原分配率			1.0651			
直接材料（半成品）	27307.36	17958.096	19127.17	15520		
直接人工	3457.14	3138.462	3342.78	2008.896		
制造费用	2580.96	4541.544	=D8-D5-D6	2222.224		
合计	33345.46	25638.102	27307.36	19751.12		

图 7-23　成本还原计算表步骤 6

（7）计算第二次还原率和还原额。在 F4 单元格内录入公式："=ROUND(D5/E8，4)"，按 Enter 键，可计算出第二步的还原率，如图 7-24 所示。

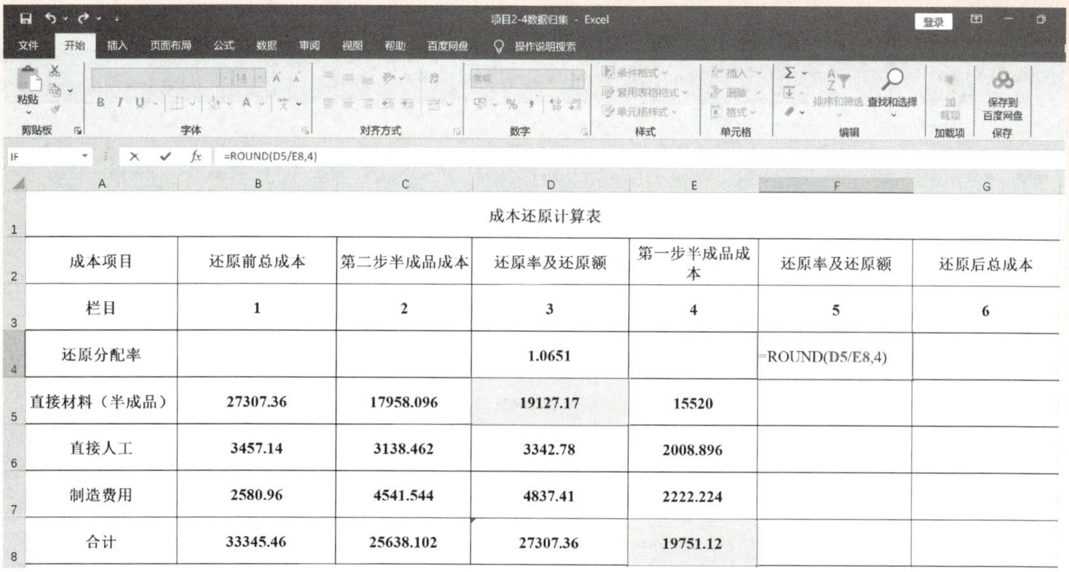

成本还原计算表						
成本项目	还原前总成本	第二步半成品成本	还原率及还原额	第一步半成品成本	还原率及还原额	还原后总成本
栏目	1	2	3	4	5	6
还原分配率			1.0651		=ROUND(D5/E8,4)	
直接材料（半成品）	27307.36	17958.096	19127.17	15520		
直接人工	3457.14	3138.462	3342.78	2008.896		
制造费用	2580.96	4541.544	4837.41	2222.224		
合计	33345.46	25638.102	27307.36	19751.12		

图 7-24　成本还原计算表步骤 7

（8）计算第二次还原额。在 F5 单元格内录入公式："=ROUND(E5 * F4，2)"，按 Enter 键，可计算出半成品的还原额，如图 7-25 所示。F4 单元格即还原率 0.9684 所在的单元格，需要进行绝对引用，以保证后续的填充公式的正确性。

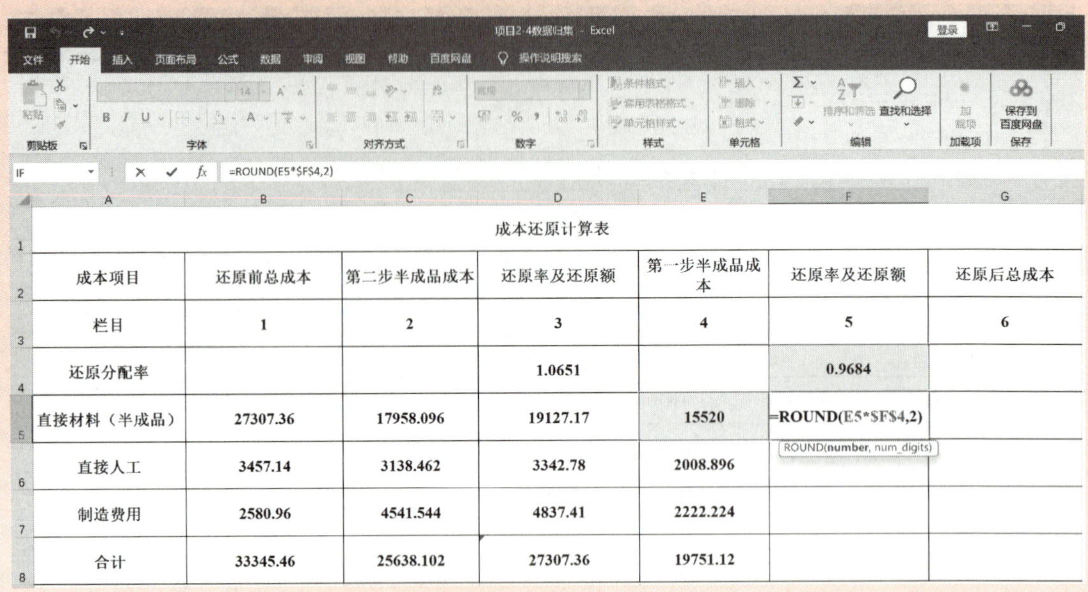

成本还原计算表						
成本项目	还原前总成本	第二步半成品成本	还原率及还原额	第一步半成品成本	还原率及还原额	还原后总成本
栏目	1	2	3	4	5	6
还原分配率			1.0651		0.9684	
直接材料（半成品）	27307.36	17958.096	19127.17	15520	=ROUND(E5*F4,2)	
直接人工	3457.14	3138.462	3342.78	2008.896		
制造费用	2580.96	4541.544	4837.41	2222.224		
合计	33345.46	25638.102	27307.36	19751.12		

图 7－25　成本还原计算表步骤 8

(9) 选中 F5 单元格，向下填充数据，如图 7－26 所示。注意制造费用不要进行填充。

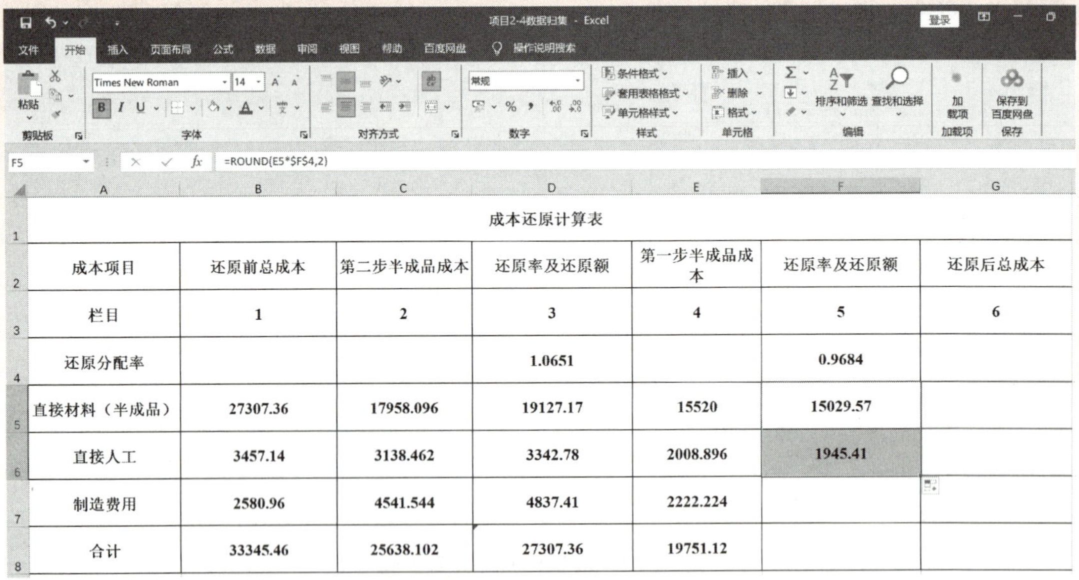

成本还原计算表						
成本项目	还原前总成本	第二步半成品成本	还原率及还原额	第一步半成品成本	还原率及还原额	还原后总成本
栏目	1	2	3	4	5	6
还原分配率			1.0651		0.9684	
直接材料（半成品）	27307.36	17958.096	19127.17	15520	15029.57	
直接人工	3457.14	3138.462	3342.78	2008.896	1945.41	
制造费用	2580.96	4541.544	4837.41	2222.224		
合计	33345.46	25638.102	27307.36	19751.12		

图 7－26　成本还原计算表步骤 9

(10) 将第一次还原后的半成品成本录入还原额的合计金额栏，如图 7－27 所示。

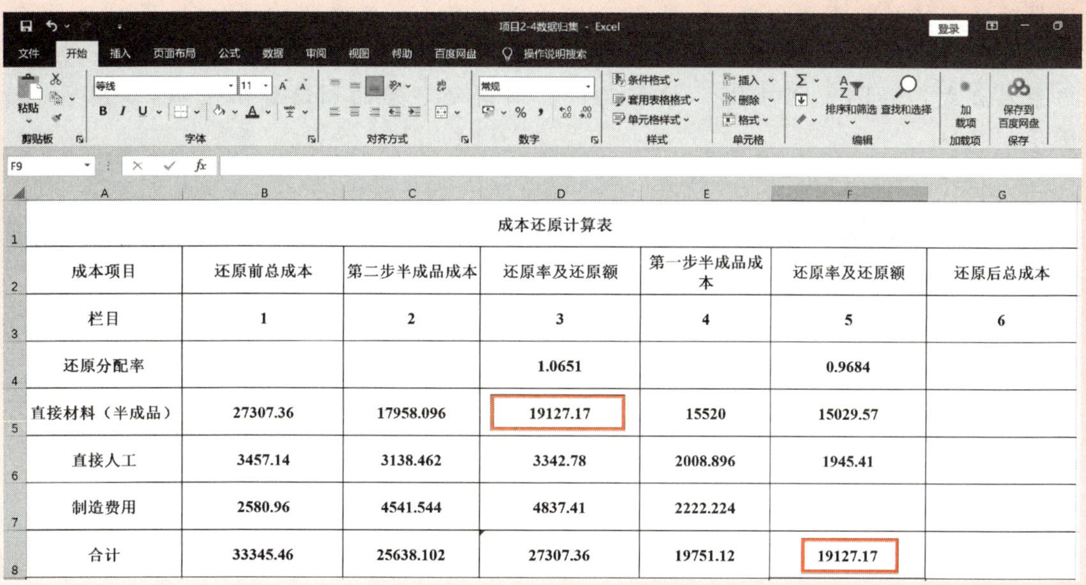

成本还原计算表						
成本项目	还原前总成本	第二步半成品成本	还原率及还原额	第一步半成品成本	还原率及还原额	还原后总成本
栏目	1	2	3	4	5	6
还原分配率			1.0651		0.9684	
直接材料（半成品）	27307.36	17958.096	19127.17	15520	15029.57	
直接人工	3457.14	3138.462	3342.78	2008.896	1945.41	
制造费用	2580.96	4541.544	4837.41	2222.224		
合计	33345.46	25638.102	27307.36	19751.12	19127.17	

图 7－27　成本还原计算表步骤 10

(11) 制造费用进行倒挤。在 D7 单元格内输入公式："＝F8－F5－F6"，按 Enter 键，可计算出还原后的制造费用，如图 7－28 所示。

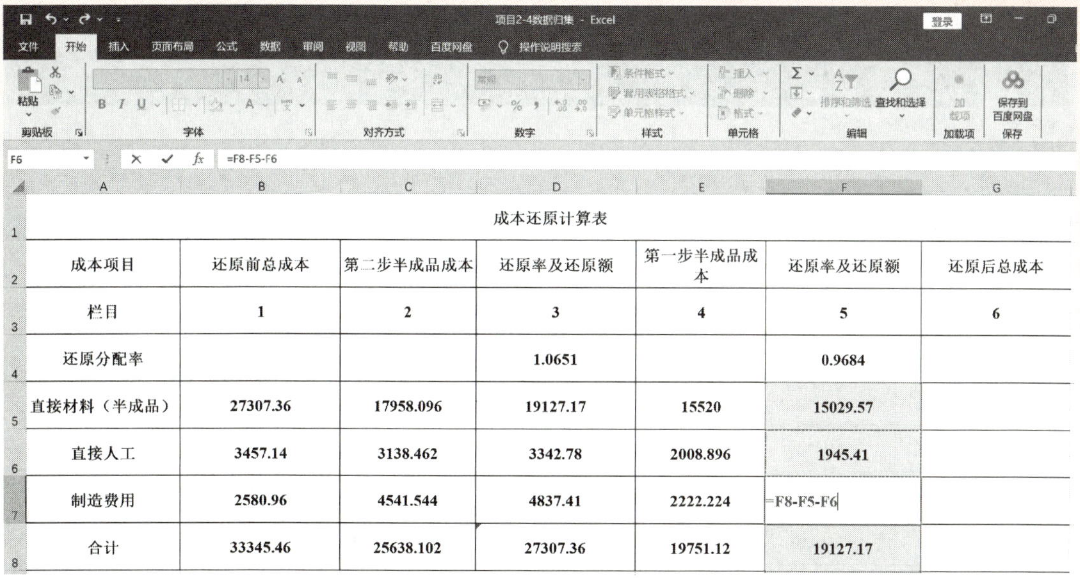

=F8-F5-F6

成本还原计算表						
成本项目	还原前总成本	第二步半成品成本	还原率及还原额	第一步半成品成本	还原率及还原额	还原后总成本
栏目	1	2	3	4	5	6
还原分配率			1.0651		0.9684	
直接材料（半成品）	27307.36	17958.096	19127.17	15520	15029.57	
直接人工	3457.14	3138.462	3342.78	2008.896	1945.41	
制造费用	2580.96	4541.544	4837.41	2222.224	=F8-F5-F6	
合计	33345.46	25638.102	27307.36	19751.12	19127.17	

图 7－28　成本还原计算表步骤 11

(12) 计算还原后的总成本。在 G5 单元格内录入公式:“=F5”,按 Enter 键,计算出还原后的直接材料项目金额,如图 7-29 所示。在 G6 单元格内录入公式:“=F6+D6+B6”,按 Enter 键,计算还原后的直接人工金额,如图 7-30 所示。在 G7 单元格内录入公式:“=F7+D7+B7”,按 Enter 键,计算还原后的制造费用金额,如图 7-31 所示。

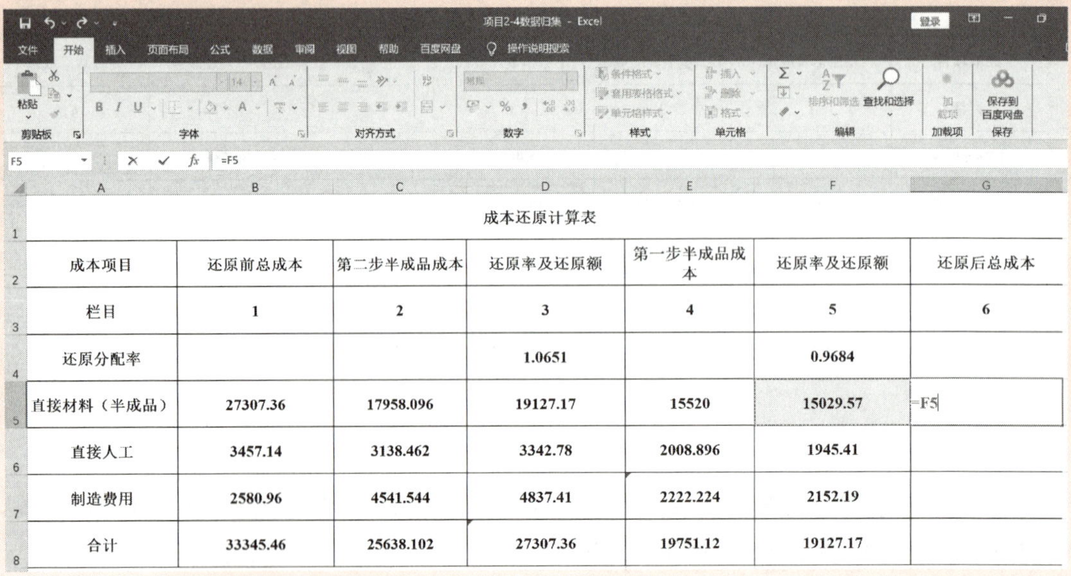

成本还原计算表

成本项目	还原前总成本	第二步半成品成本	还原率及还原额	第一步半成品成本	还原率及还原额	还原后总成本
栏目	1	2	3	4	5	6
还原分配率			1.0651		0.9684	
直接材料(半成品)	27307.36	17958.096	19127.17	15520	15029.57	=F5
直接人工	3457.14	3138.462	3342.78	2008.896	1945.41	
制造费用	2580.96	4541.544	4837.41	2222.224	2152.19	
合计	33345.46	25638.102	27307.36	19751.12	19127.17	

图 7-29 成本还原计算表步骤 12

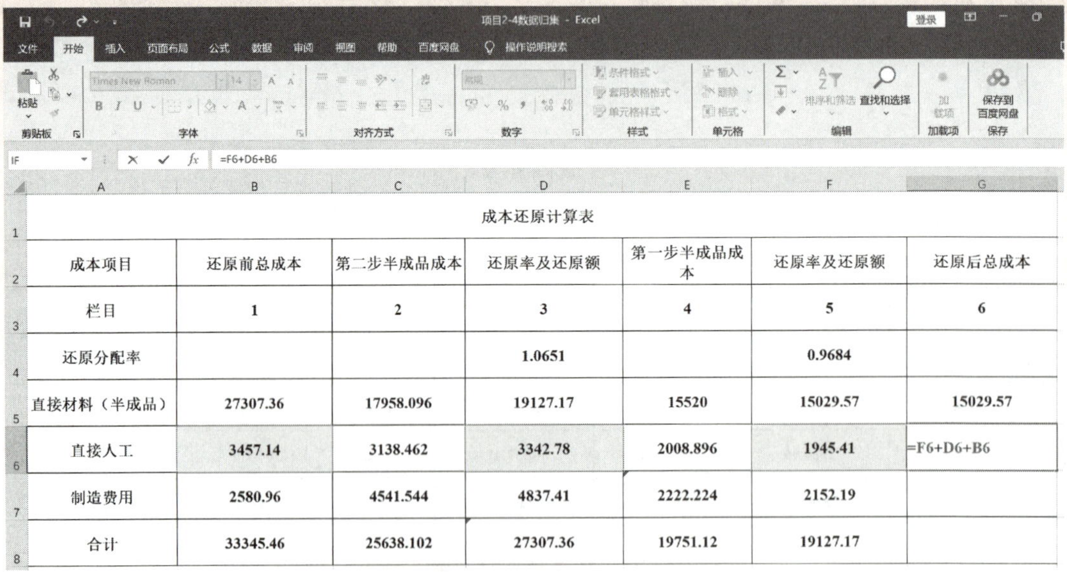

成本还原计算表

成本项目	还原前总成本	第二步半成品成本	还原率及还原额	第一步半成品成本	还原率及还原额	还原后总成本
栏目	1	2	3	4	5	6
还原分配率			1.0651		0.9684	
直接材料(半成品)	27307.36	17958.096	19127.17	15520	15029.57	15029.57
直接人工	3457.14	3138.462	3342.78	2008.896	1945.41	=F6+D6+B6
制造费用	2580.96	4541.544	4837.41	2222.224	2152.19	
合计	33345.46	25638.102	27307.36	19751.12	19127.17	

图 7-30 成本还原计算表步骤 13

成本还原计算表						
成本项目	还原前总成本	第二步半成品成本	还原率及还原额	第一步半成品成本	还原率及还原额	还原后总成本
栏目	1	2	3	4	5	6
还原分配率			1.0651		0.9684	
直接材料（半成品）	27307.36	17958.096	19127.17	15520	15029.57	15029.57
直接人工	3457.14	3138.462	3342.78	2008.896	1945.41	8745.33
制造费用	2580.96	4541.544	4837.41	2222.224	2152.19	=F7+D7+B7
合计	33345.46	25638.102	27307.36	19751.12	19127.17	

图 7－31　成本还原计算表步骤 14

（13）用自动求和功能，计算出 G9 单元格的合计金额，如图 7－32 所示。还原后的成本合计，与还原前的成本合计是相等的。

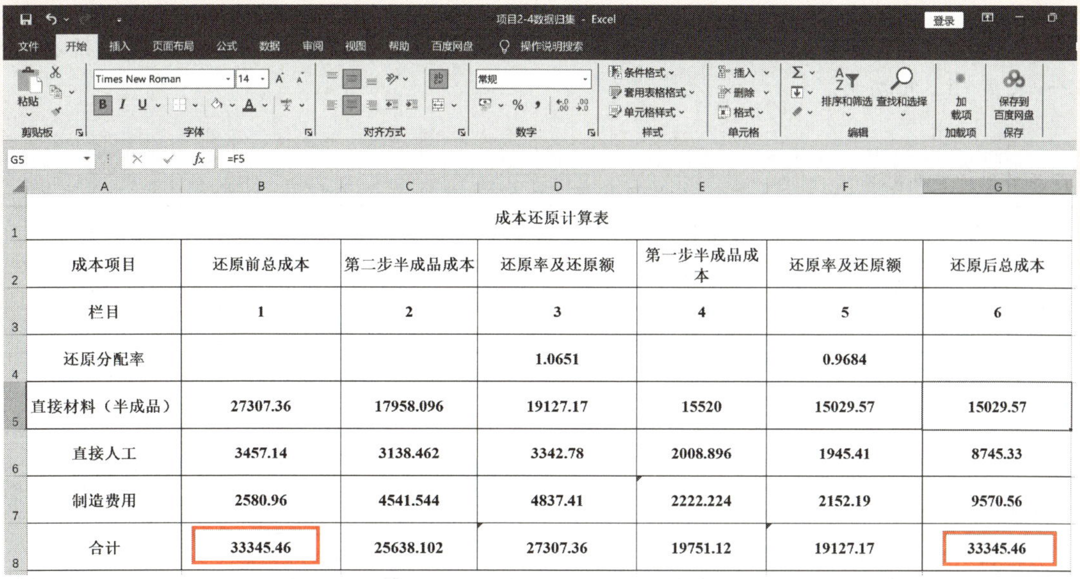

成本还原计算表						
成本项目	还原前总成本	第二步半成品成本	还原率及还原额	第一步半成品成本	还原率及还原额	还原后总成本
栏目	1	2	3	4	5	6
还原分配率			1.0651		0.9684	
直接材料（半成品）	27307.36	17958.096	19127.17	15520	15029.57	15029.57
直接人工	3457.14	3138.462	3342.78	2008.896	1945.41	8745.33
制造费用	2580.96	4541.544	4837.41	2222.224	2152.19	9570.56
合计	33345.46	25638.102	27307.36	19751.12	19127.17	33345.46

图 7－32　成本还原计算表步骤 15

表 7-8 还原后的完工产品成本表

产量：200 件　　2024 年 6 月　　单位：元

成本项目		直接材料	直接人工	制造费用	合计
丙产品（200 件）	总成本	15 029.57	8 745.33	9 570.56	33 345.46
	单位成本	75.147 9	43.726 7	47.852 7	166.727 3

根据还原后完工产品成本表和完工产品入库单，编制会计分录如下：

借：库存商品——丙产品　　33 345.46

　贷：基本生产成本——丙产品（直接材料）　　15 029.57

　　　　　　　　——丙产品（直接人工）　　8 745.33

　　　　　　　　——丙产品（制造费用）　　9 570.56

小知识

以上成本还原的做法，是基于产成品所耗用的自制半成品中以前月份所产的部分比较小，或者各月所产自制半成品的成本结构变动不大的情况下得出的。它没有考虑以前月份所产自制半成品的成本结构对本月产成品成本所耗用自制半成品成本结构的影响，仅按本月所产半成品成本结构进行分解。

三、分项结转分步法

知识详解：分项结转分步法

分项结转分步法，是将上一步骤半成品成本按照成本项目分项转入下一步骤半成品成本明细账的各个对应成本项目的一种方法。

案例 7-3 根据案例 7-1 的资料，用分项结转法进行成本计算。计算过程包括表 7-9—表 7-11 的编制。

表 7-9 第一车间产品成本计算单

产品名称：A 半成品

摘要	直接材料	直接人工	制造费用	合计
月初在产品成本/元	1 000.00	60.00	100.00	1 160.00
本月发生费用/元	18 400.00	2 200.00	2 400.00	23 000.00
生产费用合计/元	19 400.00	2 260.00	2 500.00	24 160.00
约当产量合计/件	200	180	180	
分配率	97.000 0	12.555 6	13.888 9	123.444 4
完工半成品成本/元	15 520.00	2 008.90	2 222.22	19 751.12
月末在产品成本/元	3 880.00	251.10	277.78	4 408.88

表 7-9 中有关计算过程如下：

直接材料分配率$=19\,400\div(160+40\times100\%)=97$

直接人工分配率＝2 260÷(160＋40×50%)≈12.555 6

制造费用分配率＝2 500÷(160＋40×50%)≈13.888 9

表 7－10　　第二车间产品成本计算单

产品名称：B半成品

摘　　要	直接材料	直接人工	制造费用	合　计
月初在产品成本/元	1 200.00	200.00	120.00	1 520.00
本月本步骤加工费用/元		3 200.00	4 800.00	8 000.00
本月耗用上步骤半成品费用/元	15 520.00	2 008.90	2 222.22	19 751.12
生产费用合计/元	16 720.00	5 408.90	7 142.22	29 271.12
约当产量合计/件	210	195	195	
分配率	79.619 0	27.737 9	36.626 8	143.983 7
完工半成品成本/元	14 331.42	4 992.82	6 592.82	25 917.06
月末在产品成本/元	2 388.58	416.08	549.40	3 354.06

表 7－10 中有关计算过程如下：

直接材料分配率＝16 720÷210≈79.619 0

直接人工分配率＝5 408.90÷195≈27.737 9

制造费用分配率＝7 142.22÷195≈36.626 8

表 7－11　　第三车间产品成本计算单

产品名称：丙产品

摘　　要	直接材料	直接人工	制造费用	合　计
月初在产品成本/元	4 400.00	180.00	160.00	4 740.00
本月本步骤加工费用/元		3 450.00	2 550.00	6 000.00
本月耗用上步骤半成品费用/元	14 331.42	4 992.82	6 592.82	25 917.06
生产费用合计/元	18 731.42	8 622.82	9 302.82	36 657.06
约当产量合计/件	220	210	210	
分配率	85.142 8	41.061 0	44.299 1	170.502 9
完工产品成本/元	17 028.56	8 212.20	8 859.82	34 100.58
月末在产品成本/元	1 702.86	410.62	443.00	2 556.48

表 7－11 中有关计算过程如下：

直接材料分配率＝18 731.42÷220≈85.142 8

直接人工分配率＝8 622.82÷210≈41.061 0

制造费用分配率＝9 302.82÷210≈44.299 1

编制完工产品成本表如表 7－12 所示。

表 7－12 完工产品成本表

产量：200 件 2024 年 6 月 单位：元

成本项目		直接材料	直接人工	制造费用	合计
丙产品（200 件）	总成本	17 028.56	8 212.20	8 859.82	34 100.58
	单位成本（分配率）	85.142 8	41.061 0	44.299 1	170.502 9

根据完工产品成本表和完工产品入库单，编制会计分录如下：

借：库存商品——丙产品 34 100.58

  贷：基本生产成本——丙产品（直接材料） 17 028.56

          ——丙产品（直接人工） 8 212.20

          ——丙产品（制造费用） 8 859.82

对比表 7－6、表 7－8、表 7－12 可以看出，采用不同的方法计算成本，不仅成本构成不一样，完工产品的总成本和单位成本也不一样，这种差异是正常的。

采用分项结转法逐步结转半成品成本，可以直接、正确地提供按原始成本项目反映的产成品成本，便于从整个企业角度考核和分析产品成本计划的执行情况，不需要进行成本还原。但是，这种方法的成本结转工作比较复杂，而且在各步骤产品成本中看不出所耗上一步骤半成品的费用和本步骤加工费用的水平，不便于进行完工产品成本分析。因此，这种结转方法一般适用于管理上不要求分别提供各步骤完工半成品所耗上步骤半成品费用和本步骤加工费用资料，只要求按原始成本项目反映产品成本的企业。

四、逐步结转分步法的优缺点及适用范围

逐步结转分步法的优点是：第一，有利于正确计算半成品成本并考核其成本计划完成情况。逐步结转分步法的成本计算对象是企业产成品或各步骤的半成品，这就为分析和考核各生产步骤半成品成本计划的执行情况，以及正确计算半成品销售成本提供了资料。第二，半成品成本随实物转移而结转，有利于加强在产品的管理。不论是综合结转还是分项结转，半成品成本都是随着半成品实物的转移而结转，这样各生产步骤产成品成本明细账中的在产品成本，与该步骤月末在产品的实物一致，有利于加强在产品和自制半成品的管理。

逐步结转分步法的缺点是工作量大，核算工作的及时性也较差。如果采用综合结转分步法，还需要进行成本还原，增加了成本核算工作量。因此，逐步结转分步法适用于半成品具有独立经济意义、半成品外销、管理上要求提供半成品成本资料的连续式多步骤大量大批生产的企业。使用这一方法时，必须从实际出发，根据管理要求，权衡利弊，做到既能满足管理要求、

提供所需资料，又能简化核算工作。

【技能实训 7－1】

某企业 2024 年 6 月份生产甲产品，经过三个生产步骤顺序加工，第一步骤生产的 A 半成品直接被第二步骤领用，第二步骤生产的 B 半成品，直接被第三步骤领用，并将其加工成产成品。材料在开始生产时一次投入，在产品按约当产量法计算，各步骤产量记录、各步骤费用资料如表 7－13、表 7－14 所示。

表 7－13　各步骤产量记录

项　　目	第 一 步	第 二 步	第 三 步
月初在产品/件	100	200	160
本月投产(或上月转入)/件	1 000	960	1 080
本月完工数量/件	960	1 080	1 200
月末在产品数量/件	140	80	40
在产品完工程度/%	50	50	50

表 7－14　各步骤费用资料　单位：元

成本项目	第 一 步		第 二 步		第 三 步	
	月初在产品成本	本月发生费用	月初在产品成本	本月发生费用	月初在产品成本	本月发生费用
直接材料	32 480	333 600	73 600		61 440	
直接人工	3 192	47 880	18 240	64 152	21 888	96 672
制造费用	840	11 200	4 800	13 200	5 120	12 720
合　计	36 512	392 680	96 640	77 352	88 448	109 392

要求：

(1) 采用综合结转分步法计算产品成本，编制产品成本计算单，涉及表 7－15—表 7－17。

表 7－15　第一步骤产品成本计算单

产品名称：A 半成品

摘　　要	直接材料	直接人工	制造费用	合　计
月初在产品成本/元	32 480	3 192	840	36 512
本月发生费用/元	333 600	47 880	11 200	392 680
生产费用合计/元	366 080	51 072	12 040	429 192
约当产量合计/件				
分配率				
完工半成品成本/元				
月末在产品成本/元				

表 7－16 第二步骤产品成本计算单

产品名称：B 半成品

摘　　要	半成品	直接人工	制造费用	合　计
月初在产品成本/元	73 600	18 240	4 800	96 640
本月发生费用/元		64 152	13 200	
生产费用合计/元				
约当产量合计/件				
分配率				
完工半成品成本/元				
月末在产品成本/元				

表 7－17 第三步骤产品成本计算单

产品名称：甲产品

摘　　要	半成品	直接人工	制造费用	合　　计
月初在产品成本/元	61 440	21 888	5 120	88 448
本月发生费用/元		96 672	12 720	
生产费用合计/元				
约当产量合计/件				
分配率				
完工产品成本/元				
月末在产品成本/元				

（2）采用分项结转分步法计算产品成本，编制产品成本计算单，涉及表 7－18—表 7－20。

表 7－18 第一步骤产品成本计算单

产品名称：A 半成品

摘　　要	直接材料	直接人工	制造费用	合　计
月初在产品成本/元	32 480	3 192	840	36 512
本月发生费用/元	333 600	47 880	11 200	392 680
生产费用合计/元	366 080	51 072	12 040	429 192
约当产量合计/件				
分配率				
完工半成品成本/元				
月末在产品成本/元				

表 7－19 第二步骤产品成本计算单

产品名称：B 半成品

摘　要	直接材料	直接人工	制造费用	合　计
月初在产品成本/元	73 600	18 240	4 800	96 640
本月本步骤加工费用/元		64 152	13 200	77 352
本月耗用上步骤半成品费用/元				
生产费用合计/元				
约当产量合计/件				
分配率				
完工半成品成本/元				
月末在产品成本/元				

表 7－20 第三步骤产品成本计算单

产品名称：甲产品

摘　要	直接材料	直接人工	制造费用	合　计
月初在产品成本/元	61 440	21 888	5 120	88 448
本月本步骤加工费用/元		96 672	12 720	109 392
本月耗用上步骤半成品费用/元				
生产费用合计/元				
约当产量合计/件				
分配率				
完工产品成本/元				
月末在产品成本/元				

采用两种方法计算出的完工产品成本计算表如表 7－21、表 7－22 所示。

表 7－21 完工产品成本计算表（综合结转分步法） 单位：元

成本项目	总成本	单位成本
半成品	560 316	466.93
直接人工	116 616	97.18
制造费用	17 544	14.62
合　计	694 476	578.73

表 7 - 22 完工产品成本计算表(分项结转分步法) 单位：元

成本项目	总成本	单位成本
直接材料	413 628	344.69
直接人工	239 904	199.92
制造费用	45 264	37.72
合计	698 796	582.33

从上面的计算看，采用两种方法所得出的结果是不同的，但相差不大，属于正常误差，企业应根据自己的生产特点和成本管理要求选择合适的方法。

【教学互动】

如果要对技能实训中综合结转分步法计算出的产品成本进行还原，则应如何计算完工产品的各项成本项目？

任务三 运用平行结转分步法计算产品成本

任务描述

(1) 平行结转分步法不计算半成品成本，与逐步结转分步法相比有自身的特点，应对比起来掌握。

(2) 掌握平行结转分步法的计算程序是运用平行结转分步法进行成本计算的前提。平行结转分步法下，各生产步骤的成本计算都是为了计算产成品的成本，要能正确熟练地运用。

一、平行结转分步法概述

知识详解：平行结转分步法概述

(一) 平行结转分步法的含义及程序

1. 平行结转分步法的含义

平行结转分步法，是指各加工步骤不计算各步骤半成品成本，也不计算各步骤所耗上一步骤半成品成本，只计算本步骤发生的直接材料、直接人工、制造费用，以及这些费用中应记入产成品成本的“份额”，将相同产品的各步骤应记入产成品成本的“份额”平行汇总，并计算出该产品成本的一种成本计算方法，也称不计算半成品成本的分步法。

2. 平行结转分步法的计算程序

平行结转分步法的成本计算程序如图 7 - 33 所示。

(二) 平行结转分步法的特点

与逐步结转分步法相比，平行结转分步法的特点是：

1. 成本计算对象是各生产步骤和最终的产成品

采用这一方法，各生产步骤不计算半成品成本，各生产步骤的成本计算都是为了计算产成

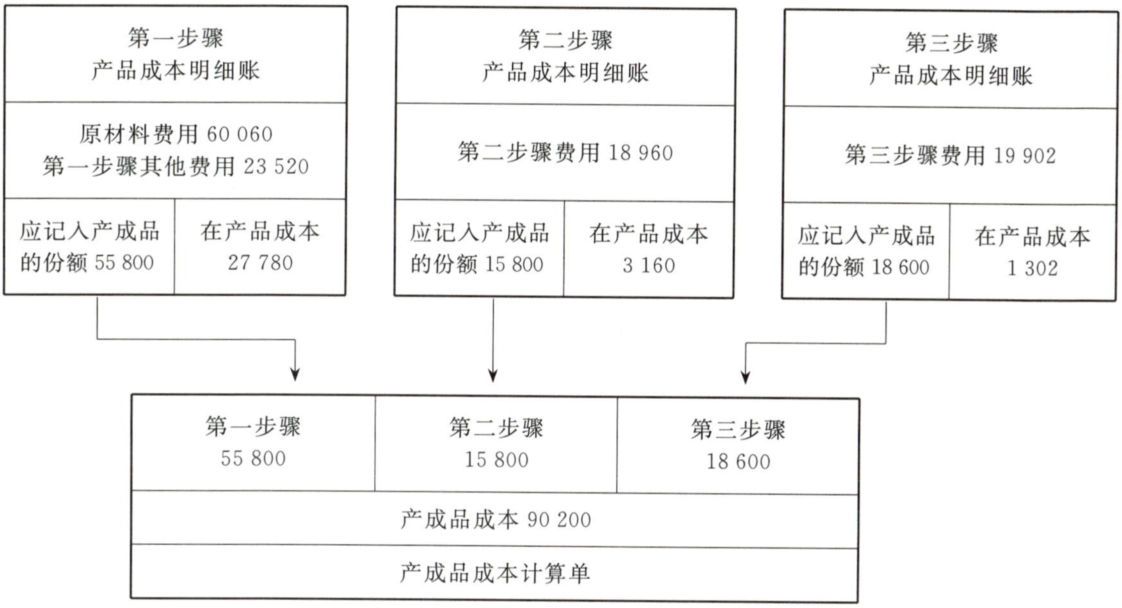

图 7－33　平行结转分步法的成本计算程序

品的成本。因此，从各步骤成本明细账中转出的只是该步骤记入最终产成品的费用份额，各生产步骤明细账也不能提供半成品的成本资料。

2. 半成品成本不随实物转移而转移

采用这一方法，由于各步骤不计算半成品成本，只归集本步骤的生产费用及记入产成品成本的份额，因此各步骤的半成品成本资料保留在该步骤的成本明细账中，并不随实物转移而转移，即半成品的成本转移与实物转移相分离。

3. 月末生产费用要在产成品与广义在产品之间进行分配

产成品则是指完成了所有生产步骤并已入库的产品。广义在产品既包括本步骤加工中的在产品（即狭义在产品），又包括本步骤已完工，转入下道工序继续加工，但尚未形成最终产成品的半成品。为了计算各生产步骤发生的费用中应记入产成品成本的份额，月末必须将每一生产步骤发生的费用选择适当的方法在产成品和广义在产品之间进行分配。

4. 将各步骤费用中应记入产成品的份额，平行结转、汇总计算该种产品的总成本和单位成本

二、平行结转分步法的应用

案例 7－4　长江股份有限公司丁产品经过三个车间连续加工制成，一车间生产 A 半成品，直接转入二车间加工制成 B 半成品，B 半成品直接转入三车间加工成丁产成品。其中，1 件丁产品耗用 1 件 B 半成品，1 件 B 半成品耗用 1 件 A 半成品。原材料于生产开始时一次投入，各车间月末在产品完工率均为 50%。各车间生产费用在完工产品和在产品之间的分配采用约当产量法。2024 年 6 月，产品生产情况和生产费用情况如表 7－23、表 7－24 所示。

知识详解：平行结转分步法应用

表 7－23　　产品生产情况　　单位：件

摘　　要	一 车 间	二 车 间	三 车 间
月初在产品数量	20	50	40
本月投产数量或上步转入	180	160	180
本月完工产品或半成品数量	160	180	200
月末在产品数量	40	30	20

表 7－24　　生产费用情况　　单位：元

摘　　要		直接材料	直接人工	制造费用	合　计
一车间	月初在产品成本	1 000	60	100	1 160
	本月生产费用	18 400	2 200	2 400	23 000
二车间	月初在产品成本		200	120	320
	本月生产费用		3 200	4 800	8 000
三车间	月初在产品成本		180	160	340
	本月生产费用		3 450	2 550	6 000

要求：根据上述资料，运用平行结转分步法计算丁产品成本。

首先要确定广义在产品的数量。一车间的广义在产品为 90 件（40＋30＋20）；二车间的广义在产品为 50（30＋20）件；三车间的广义在产品为 20 件。

约当产量计算表如表 7－25 所示。

表 7－25　　约当产量计算表　　单位：件

项　　目	直接材料	直接人工	制造费用
一车间约当产量	200＋40＋30＋20＝290	200＋40×50%＋30＋20＝270	270
二车间约当产量		200＋30×50%＋20＝235	235
三车间约当产量		200＋20×50%＝210	210

注：某步骤产品约当产量＝本月最终产成品数量＋该步骤广义在产品约当产量
＝本月最终产成品数量＋本步骤在产品数量×完工率＋后面各步骤在产品数量

根据资料，运用平行结转分步法计算并编制各车间成本计算单如表 7－26—表 7－28 所示。

表 7－26　　一车间成本计算单

摘　　要	直接材料	直接人工	制造费用	合　计
月初在产品成本❶/元	1 000	60	100	1 160
本月发生费用❷/元	18 400	2 200	2 400	23 000

续 表

摘 要	直接材料	直接人工	制造费用	合 计
生产费用合计③/元	19 400	2 260	2 500	24 160
本步骤约当产量④/件	290	270	270	
分配率⑤	66.896 6	8.370 4	9.259 3	84.526 3
应记入产成品成本份额⑥/元	13 379.32	1 674.08	1 851.86	16 905.26
月末在产品成本⑦/元	6 020.68	585.92	648.14	7 254.74

注：表中应记入产成品成本份额＝最终产成品数量×单位成本，即⑥＝200×⑤；⑤＝③÷④；⑦＝③－⑥。

表 7-27　　二车间成本计算单

摘 要	直接材料	直接人工	制造费用	合 计
月初在产品成本/元		200	120	320
本月发生费用/元		3 200	4 800	8 000
生产费用合计/元		3 400	4 920	8 320
本步骤约当产量/件		235	235	
分配率		14.468 1	20.936 2	35.404 3
应记入产成品成本份额/元		2 893.62	4 187.24	7 080.86
月末在产品成本/元		506.38	732.76	1 239.14

表 7-28　　三车间成本计算单

摘 要	直接材料	直接人工	制造费用	合 计
月初在产品成本/元		180	160	340
本月发生费用/元		3 450	2 550	6 000
生产费用合计/元		3 630	2 710	6 340
本步骤约当产量/件		210	210	
分配率		17.285 7	12.904 8	30.190 5
应记入产成品成本份额/元		3 457.14	2 580.96	6 038.10
月末在产品成本/元		172.86	129.04	301.90

根据各步骤产品成本计算单，编制完工产品成本汇总表如表 7-29 所示。

表 7-29　　完工产品成本汇总表

产成品数量：200 件　　单位：元

步骤份额	直接材料	直接人工	制造费用	合 计
一车间转入	13 379.32	1 674.08	1 851.86	16 905.26
二车间转入		2 893.62	4 187.24	7 080.86

续 表

步骤份额	直接材料	直接人工	制造费用	合 计
三车间转入		3 457.14	2 580.96	6 038.10
总成本	13 379.32	8 024.84	8 620.06	30 024.22
单位成本(分配率)	66.896 6	40.124 2	43.100 3	150.121 1

根据完工产品成本汇总表和产品入库单,编制会计分录如下:

借:库存商品——丁产品 30 024.22

　贷:基本生产成本——丁产品(直接材料) 13 379.32

　　　　　　　　——丁产品(直接人工) 8 024.84

　　　　　　　　——丁产品(制造费用) 8 620.06

【技能实训 7-2】

某企业生产 A 产品,连续经过三个生产步骤进行加工,原材料是在第一个生产步骤一次投入。各生产步骤的半成品,直接为下一个生产步骤耗用。第三步骤单位在产品和产成品耗用第二步骤半成品 1 件,第二步骤单位在产品和半成品耗用第一步骤半成品 1 件。企业采用平行结转分步法计算成本,月末在产品成本按约当产量法计算,其他有关资料如表 7-30、表 7-31 所示。

表 7-30　产品产量表

项　目	第一步骤	第二步骤	第三步骤
月初在产品数量/件	300	200	100
本月投产数量/件	600	500	400
本月完工产品数量/件	500	400	300
月末在产品数量/件	400	300	200
在产品完工程度/%	50	50	50

表 7-31　产品费用资料　单位:元

项　目		直接材料	直接人工	制造费用	合 计
第一步骤	月初在产品成本	36 000.00	768.00	2 379.14	39 147.14
	本月生产费用	36 000.00	1 032.00	2 918.00	39 950.00
第二步骤	月初在产品成本		1 008.00	1 484.00	2 492.00
	本月生产费用		2 511.00	3 339.00	5 850.00
第三步骤	月初在产品成本		300.00	875.00	1 175.00
	本月生产费用		1 053.50	1 746.50	2 800.00

要求：

（1）计算各步骤的约当产量，编制约当产量计算表，如表 7－32 所示。

表 7－32　　约当产量计算表

项　　目	直接材料	直接人工	制造费用
一步骤约当产量			
二步骤约当产量			
三步骤约当产量			

（2）采用平行结转分步法计算产品成本，编制各步骤成本计算单（表 7－33—表 7－35）和完工产品成本汇总表（表 7－36）（计算结果保留两位小数）。

表 7－33　　一步骤成本计算单

摘　　要	直接材料	直接人工	制造费用	合　计
月初在产品成本/元	36 000.00	768.00	2 379.14	39 147.14
本月发生费用/元	36 000.00	1 032.00	2 918.00	39 950.00
生产费用合计/元	72 000.00	1 800.00	5 297.14	79 097.14
本步骤约当产量/件				
分配率				
应记入产成品成本份额/元				
月末在产品成本/元				

表 7－34　　二步骤成本计算单

摘　　要	直接材料	直接人工	制造费用	合　计
月初在产品成本/元		1 008	1 484	2 492
本月发生费用/元		2 511	3 339	5 850
生产费用合计/元		3 519	4 823	8 342
本步骤约当产量/件				
分配率				
应记入产成品成本份额/元				
月末在产品成本/元				

表 7－35 三步骤成本计算单

摘　　要	直接材料	直接人工	制造费用	合　计
月初在产品成本/元		300.00	875.00	1 175.00
本月发生费用/元		1 053.50	1 746.50	2 800.00
生产费用合计/元		1 353.50	2 621.50	3 975.00
本步骤约当产量/件				
分配率				
应记入产成品成本份额/元				
月末在产品成本/元				

表 7－36 完工产品成本汇总表

产成品数量：300 件　　　　单位：元

步骤份额	直接材料	直接人工	制造费用	合　计
一步骤转入				
二步骤转入				
三步骤转入				
总成本				
单位成本				

采用平行结转分步法计算出的完工产品成本表如表 7－37 所示。

表 7－37 完工产品成本表　　　　单位：元

成本项目	直接材料	直接人工	制造费用	合　计
总成本	18 000.00	3 179.28	5 781.27	26 960.55
单位成本(分配率)	60.00	10.60	19.27	89.87

三、平行结转分步法的优缺点及适用范围

平行结转分步法不计算结转半成品成本，各步骤可以同时计算产品成本，然后将应记入完工产品成本的份额平行结转、汇总计入产成品成本，从而可以简化和加速成本计算工作。但是，采用这一方法时，各步骤不计算也不结转半成品成本，不能提供各步骤半成品成本资料及各步骤所耗上一步骤半成品费用资料，因而不能全面地反映各步骤生产耗费的水平，不利于各步骤的成本管理。此外，由于各步骤间不结转半成品成本，使半成品实物转移与费用结转脱节，也不能为各步骤在产品的实物管理和资金管理提供资料。所以，平行结转分步法的优缺点正好与逐步结转分步法的优缺点相反。

因此，平行结转分步法只适合在半成品种类较多，逐步结转半成品成本工作量较大，管理上又不要求提供各步骤半成品成本资料的情况下采用。采用时要加强各步骤在产品收发结存的数量核算，以便为在产品的实物管理和资金管理提供资料，弥补这一方法的不足。

项目小结

本项目的内容结构如图 7－34 所示。

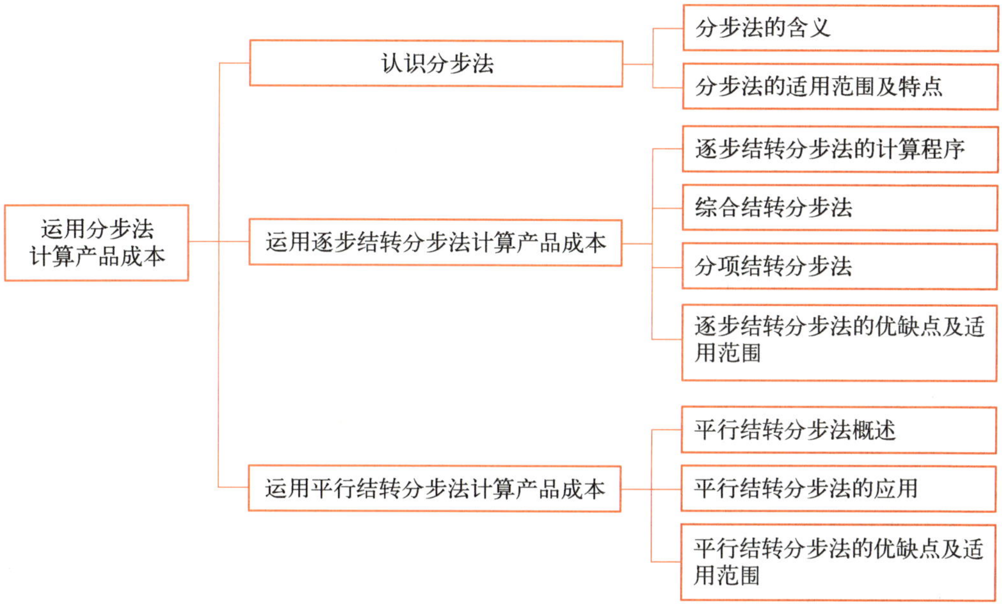

图 7－34　项目七内容结构图

项目七在线测试

项目训练

一、简答题

1. 什么是分步法？分步法有哪些特点？它的适用范围有哪些？
2. 逐步结转分步法下的综合结转法与分项结转法有何不同？
3. 什么情况下要进行成本还原？
4. 逐步结转分步法和平行结转分步法的使用范围有何差异？

二、单项选择题

1. 某产品经过两道工序加工完成。第一道工序月末在产品数量为 100 件，完工程度为 20%；第二道工序的月末在产品数量为 200 件，完工程度为 70%。据此计算的月末在产品约当产量为（　　）件。

A. 20　　B. 135　　C. 140　　D. 160

2. 假设某企业某种产品本月完工 250 件，月末在产品 160 件，在产品完工程度为 40%，月初和本月发生的原材料费用共 56 520 元，原材料随着加工进度陆续投入，则完工产品和月末在产品的原材料费用分别为（　　）。

A. 45 000 元和 11 250 元　　B. 40 000 元和 16 250 元
C. 45 000 元和 11 520 元　　D. 34 298 元和 21 952 元

3. 狭义的在产品是指(　　)。

A. 可以对外销售的自制半成品　　B. 需要进一步加工的半成品

C. 正在某一车间或步骤加工的在产品　　D. 产成品

4. 将各步骤所耗半成品费用,按照成本项目分项转入各步骤产品成本明细账的各个成本项目中的分步法是(　　)。

A. 综合结转分步法　　B. 分项结转分步法

C. 平行结转分步法　　D. 逐步结转分步法

5. 下列方法中,属于不计算半成品成本的分步法是(　　)。

A. 综合结转分步法　　B. 分项结转分步法

C. 平行结转分步法　　D. 逐步结转分步法

6. 分步法的主要特点是(　　)。

A. 为了计算半成品成本　　B. 为了计算各步骤应记入产成品份额

C. 按产品的生产步骤计算产品成本　　D. 分车间计算产品成本

7. 成本还原分配率的计算公式是(　　)。

A. 本月所产半成品成本合计÷本月产成品成本所耗该种半成品费用

B. 本月产品成本所耗上一步骤半成品费用÷本月所产该种半成品成本合计

C. 本月产品成本合计÷本月产成品成本所耗该种半成品费用

D. 本月所产半成品成本合计÷本月产品成本合计

8. 需要进行成本还原的分步法是(　　)。

A. 平行结转分步法　　B. 分项结转分步法

C. 综合结转分步法　　D. 逐步结转分步法

9. 成本还原对象是(　　)。

A. 产成品成本　　B. 各步骤半成品成本

C. 最后步骤产成品成本　　D. 产成品成本中所耗上步骤半成品成本费用

10. 某产品生产由三个生产步骤组成,采用平行结转分步法计算产品成本,需要进行成本还原的次数是(　　)。

A. 2 次　　B. 3 次　　C. 0　　D. 4 次

11. 成本还原的目的是按(　　)反映的产成品成本资料。

A. 费用项目　　B. 成本项目　　C. 实际成本　　D. 原始成本项目

三、多项选择题

1. 分步法适用于(　　)。

A. 大量生产　　B. 大批生产　　C. 成批生产　　D. 多步骤生产

E. 单步骤生产

2. 平行结转分步法的特点有(　　)。

A. 各步骤半成品成本要随着半成品实物的转移而转移

B. 各步骤半成品成本不随着半成品实物的转移而转移

C. 成本计算对象是完工产品成本份额

D. 需要计算转出完工半成品成本

E. 不需要计算转出完工半成品成本

3. 采用逐步结转分步法(　　)。

A. 半成品成本的结转同其实物的转移完全一致

B. 成本核算手续简便

C. 能够提供半成品成本资料

D. 有利于加强生产资金管理

E. 为外售半成品和展开成本指标评比提供成本资料

4. 采用逐步结转分步法,按照结转的半成品成本在下一步骤产品成本明细账中的反映方法,可分(　　)。

A. 平行结转法　　B. 按实际成本结转法

C. 按计划成本结转法　　D. 综合结转法

E. 分项结转法

5. 采用分项结转法结转半成品成本的优点有(　　)。

A. 不需要进行成本还原

B. 成本核算手续简便

C. 能够真实地反映产品成本结构

D. 便于从整个企业的角度考核和分析产品成本计划的执行情况

E. 便于各生产步骤完工产品的成本分析

6. 采用分步法时,作为成本计算对象的生产步骤可以(　　)。

A. 按生产车间设立　　B. 按实际生产步骤设立

C. 在一个车间内按不同生产步骤设立　　D. 将几个车间合并设立

E. 以上均正确

7. 逐步结转分配法的优点有(　　)。

A. 简化和加速了成本计算工作,不必进行成本还原

B. 能够提供各步骤半成品成本资料

C. 能够为半成品和在产品的实物管理及资金管理提供数据

D. 能够反映各步骤所耗上步骤半成品费用和本步骤加工费,有利于各步骤的成本管理

E. 有利于开展成本分析工作

四、判断题(在题后括号中正确的打"√",错误的打"×")

1. 企业采用逐步结转分步法进行成本计算,为了反映原始成本项目,无论是综合结转,还是分项结转,月末必须进行成本还原。(　　)

2. 综合结转法,是将各生产步骤耗用上一步骤的产品成本以"自制半成品"或"原材料"项目记入下一生产步骤产品成本计算单中的一种方法。(　　)

3. 采用平行结转分步法时,产成品是指每个生产步骤的完工产品。(　　)

4. 采用逐步结转分步法,每月月末各步骤成本计算单中归集的生产费用,应采用适当的方法在完工半成品与狭义在产品之间分配。(　　)

5. 采用平行结转分步法,每月月末各步骤成本计算单中归集的生产费用,应选用适当的方法在完工产成品与在产品之间分配。(　　)

五、业务分析题

1. 某企业属于大批大量的连续式多步骤生产企业,设有两个连续的生产车间大量生产 A 产品。一车间生产 B 半成品,直接移送二车间用来生产 A 产品。原材料在一车间生产开始时

集中投入,各车间完工产品和在产品之间的费用分配采用约当产量法。某月生产情况表及生产费用表如表7-38和表7-39所示,要求按逐步综合结转分步法和逐步分项结转分步法计算产品成本,并进行成本还原。分配率保留四位小数,金额保留两位小数。

表 7-38 生产情况表

项　目	一车间/千克	二车间/件
月初结存	9 000	1 000
本月投入	46 000	45 000
本月完工	45 000	40 000
月末结存	10 000(加工程度 50%)	6 000(加工程度 50%)

表 7-39 生产费用表 单位:元

成本项目	一　车　间		二　车　间	
	月初在产品成本	本月发生费用	月初在产品成本	本月发生费用
半成品			40 000	
直接材料	80 000	1 020 000		
直接人工	12 000	138 000	7 000	70 000
制造费用	30 000	300 000	13 000	187 200
合　计	122 000	1 458 000	60 000	257 200

(1) 采用综合结转分步法计算产品成本,编制产品成本计算单(表7-40、表7-41)。

表 7-40 产品成本计算单

一车间:B半成品

摘　要		直接材料	直接人工	制造费用	合　计
月初在产品成本/元					
本月发生费用/元					
生产费用合计/元					
产品产量/件	完工产量				
	在产品约当产量				
	合　计				
分配率					
完工半成品成本/元					
月末在产品成本/元					

表 7－41　　产品成本计算单

二车间：A 产品

摘　　要		半成品	直接人工	制造费用	合　计
月初在产品成本/元					
本月发生费用/元					
生产费用合计/元					
产品产量/件	完工产量				
	在产品约当产量				
	合计				
分配率					
完工产品成本/元					
月末在产品成本/元					

(2) 对采用综合结转分步法计算的产品成本进行成本还原，编制完工 A 产品成本还原计算表(表 7－42)，结转完工产品成本的分录。

表 7－42　　完工 A 产成品成本还原计算表　　(单位：元)

项　目	成本项目	还原前产品成本	本月生产半成品成本	还原率及还原额	还原后总成本	还原后单位成本
按第一车间半成品成本还原	还原分配率					
	直接材料(半成品)					
	直接人工					
	制造费用					
	合　计					

(3) 采用分项结转分步法计算产品成本，编制产品成本计算单(表 7－43、表 7－44)，并结转完工产品成本。

表 7－43　　产品成本计算单

一车间：B 半成品

摘　　要	直接材料	直接人工	制造费用	合　计
月初在产品成本/元				
本月发生费用/元				
生产费用合计/元				
约当产量合计/件				
分配率				
完工半成品成本/元				
月末在产品成本/元				

表 7-44 **产品成本计算单**

二车间：A 产品

摘　　要	直接材料	直接人工	制造费用	合　计
月初在产品成本/元				
本月本步骤加工费用/元				
本月耗用上步骤半成品费用/元				
生产费用合计/元				
约当产量合计/件				
分配率				
完工产品成本/元				
月末在产品成本/元				

2. 某企业生产产品资料如表 7-45 所示。

表 7-45 **生产产品资料** 单位：元

项　　目	半成品	直接材料	直接人工	制造费用	合　计
还原前产成品成本	15 200		6 420	5 880	27 500
本月所产半成品成本		18 240	6 980	5 180	30 400

要求：计算按原始成本项目反映的产成品成本，编制成本还原计算表(表 7-46)。

表 7-46 **成本还原计算表** 单位：元

成本项目	还原前总成本	半成品成本	还原率及还原额	还原后总成本
还原分配率				
直接材料(半成品)				
直接人工				
制造费用				
合计				

3. 某企业生产的甲产品顺序经过第一、第二和第三车间加工，原材料在第一车间生产开始时一次投入，各车间工资和费用发生比较均衡，月末各车间在产品完工程度均为 50%，本月有关成本计算资料如下：

(1) 产量资料如表 7-47 所示。

表 7-47 **产量资料**

产品：甲产品 2024 年 6 月 单位：元

项　　目	第一车间	第二车间	第三车间
月初在产品	100	200	400
本月投入或上步转入	1 100	1 000	1 000

续 表

项　　目	第一车间	第二车间	第三车间
本月完工转入下步或入库	1 000	1 000	1 100
月末在产品	200	200	300

（2）生产费用资料如表 7－48 所示。

表 7－48　　生产费用资料

产品：甲产品　　2024 年 6 月　　单位：元

项　　目	第一车间	第二车间	第三车间
月初在产品成本	64 250	35 000	14 000
其中：直接材料	35 000		
直接人工	16 250	20 000	8 000
制造费用	13 000	15 000	6 000
本月本步发生生产费用	102 250	70 000	73 500
其中：直接材料	55 000		
直接人工	26 250	40 000	42 000
制造费用	21 000	30 000	31 500

要求：

（1）根据资料采用平行结转分步法计算甲产品成本，编制产品成本计算单（表 7－49—表 7－51）。

（2）编制产品成本汇总表（表 7－52），并结转完工产品成本。

表 7－49　　第一车间产品成本计算单

产品：甲产品　　2024 年 6 月

摘　　要		直接材料	直接人工	制造费用	合　计
月初在产品成本/元					
本月发生生产费用/元					
生产费用合计/元					
最终产成品数量/件					
在产品约当产量/件	本步在产品约当产量				
	已交下步未完工半成品				
约当总产量（分配标准）/件					
分配率					
结转 1 100 件产成品成本/元					
月末在产品成本/元					

表 7-50 第二车间产品成本计算单

产品：甲产品 2024 年 6 月

摘　　要		直接材料	直接人工	制造费用	合　计
月初在产品成本/元					
本月发生生产费用/元					
生产费用合计/元					
最终产成品数量/件					
在产品约当产量/件	本步在产品约当产量				
	已交下步未完工半成品				
约当总产量(分配标准)/件					
分配率					
结转 1 100 件产成品成本/元					
月末在产品成本/元					

表 7-51 第三车间产品成本计算单

产品：甲产品 2024 年 6 月

摘　　要	直接材料	直接人工	制造费用	合　计
月初在产品成本/元				
本月发生生产费用/元				
生产费用合计/元				
最终产成品数量/件				
本步在产品约当产量/件				
约当总产量(分配标准)/件				
分配率				
结转 1 100 件产成品成本/元				
月末在产品成本/元				

表 7-52 产品成本汇总表

产品：甲产品　　2024 年 6 月　　产量：1 100 件　　单位：元

车　　间	直接材料	直接人工	制造费用	合　计
第一车间转入				
第二车间转入				
第三车间转入				
完工产品总成本				
完工产品单位成本				

项目八

运用辅助方法计算产品成本

职业能力目标

1. 掌握分类法的概念、特点。

2. 掌握分类法的计算程序和具体方法。

3. 了解联产品成本的计算方法，掌握副产品成本计算的方法。

4. 熟悉定额法的特点、优缺点、适用范围和应用条件。

5. 掌握定额法中各种成本差异的计算和分配方法，运用定额法计算产品实际成本。

职业素养目标

1. 通过学习联产品、副产品的成本核算，培养学生守正创新的精神。

2. 通过学习定额法计算产品成本，培养学生的规划意识和效率意识。

项目介绍

成本计算的分类法和定额法，是在成本计算实务中为简化计算工作或加强成本管理而采用的两种计算方法。由于不能单独使用，必须与成本计算基本方法结合起来，分类法与定额法也被称为产品成本计算的辅助方法。本项目要求是掌握这两种方法，能在成本计算实务中灵活运用。

引导案例

长江股份有限公司设有基本生产车间，基本生产车间生产了 17 种产品，新来的成本核算员小张发现，原来的成本核算是在品种法下按照 17 种产品品种分别核算产品成本，成本费用分配复杂，小张特别希望能找到一种更简便的核算方法简化成本的核算。你有什么好的建议吗?

品种法、分批法和分步法都是成本计算的基本方法，但在实际成本核算中，单独使用上述方法时，在某些情形下成本核算会非常烦琐。因而，需要在成本计算基本方法的基础上，使用一些能简化成本计算的辅助方法。在实务中，若能将品种法结合辅助方法使用，就能使成本核算得到简化。

任务一　运用分类法计算产品成本

任务描述

（1）分类法，是为简化成本计算工作而产生的一种成本计算辅助方法，必须与成本计算基本方法结合使用。

（2）分类法的关键在于选择与费用关系密切的某项因素作为分配标准，以某一产品作为标准产品，确定各产品的系数，并据此分配类内各种产品成本。通过对案例的处理，我们要掌握分类法在成本计算实务中的运用。

（3）同一种原料，经过同一生产过程，生产出两种或两种以上的产品即联产品或副产品，在成本核算时，也可运用分类法来进行计算。

一、分类法概述

产品成本计算的分类法，是以产品的类别作为成本核算对象，归集生产费用，先计算各类产品实际成本，再按一定的分配标准，计算分配类内各种产品成本的一种方法。在成本计算实务中，分类法多用于品种、规格繁多，且品种、规格相近，工艺过程基本相同的产品，以及一些联产品和副产品的成本计算。如钢铁企业生产的各种型号和规格的生铁、钢锭及钢材，灯泡企业生产的各种不同种类和型号的灯泡、灯管，针织企业生产的各种不同种类和型号的针织品，食品企业生产的各种糖果、饼干、面包以及电子元件企业生产的各种不同规格、型号的电子元件等。

知识详解：分类法的核算程序及运用

分类法的特点如下：

（1）分类法是以产品的类别作为成本计算对象。

（2）分类法的成本计算期要根据生产特点和管理要求来确定。

（3）分类法下，如果月末在产品数量较多，应该将该类产品生产费用总额在完工产品与月末在产品之间分配。

采用分类法计算产品成本，可以减少成本计算对象的个数，简化成本计算手续，既可以反映各种产品的成本，还可以提供各类产品的成本资料，有利于企业从不同角度考核分析产品成本。采用分类法计算产品成本，原始凭证和原始记录按产品类别填列，各种费用按产品类别分配，产品成本明细账也只需按产品类别开立，从而简化成本计算工作。

二、分类法的成本计算程序

第一步，划分产品类别，按各类产品的类别开立成本计算单，计算各类产品的总成本；

第二步，选择合理的分配标准，在类内各种产品之间分配费用，计算类内各种产品的成本。

在确定类内各种产品之间分配标准时，应考虑分配标准是否与产品成本的高低有密切的联系，同时应注意：

（1）各成本项目可以采用同一分配标准分配，也可以按照成本项目的性质，分别采用不同的分配标准，使分配结果更加合理。

（2）当产品结构、所用原材料或工艺过程发生较大变动时，应该及时修订分配标准，以提高成本计算的准确性。

（3）为了简化分配工作，也可以将分配标准折算成相对固定的系数，按照固定的系数分配类内各种产品的成本。

在实际工作中，为了简化类内各种产品之间费用的分配工作，常将分配标准折算成相对固定的系数，据以进行分配。确定系数时，一般是在同类产品中选择一种产量较大、生产比较稳定或规格适中的产品作为标准产品，把这种产品的系数定为“1”；用其他各种产品的分配标准额与标准产品的分配标准额相比，求出其他产品的分配标准额与标准产品的分配标准额的比率，即系数。系数一经确定，应保持相对稳定，不得随意变更。

系数可以是单项系数，也可以是综合系数。

单项系数，是指按照产品成本中的不同成本项目为依据分别计算的系数，如按原材料、工资等标准计算的系数。如：

$$原材料系数=\frac{某种产品的单位原材料定额成本}{标准产品的单位原材料定额成本}$$

综合系数，是指按照综合的标准计算的系数，如按定额消耗量、产品体积、单位定额成本、单位售价等标准计算的系数。如：

$$定额成本（或售价）系数=\frac{某种产品的单位定额成本（或售价）}{标准产品的单位定额成本（或售价）}$$

三、分类法的应用

案例 8-1 长江股份有限公司生产的 A、B、C 三种产品，由于所耗的原材料品种相同，生产工艺过程基本相近，成本计算时合并为甲类产品，采用分类法计算成本。2024 年 5 月甲类产品的成本计算相关资料如下：

(1) 甲类产品的生产成本明细账如表 8-1 所示。

表 8-1 生产成本明细账

产品类别：甲类 单位：元

2024 年		凭证字号	摘 要	直接材料	直接人工	制造费用	合 计
月	日						
5	1	略	月初在产品成本	40 000	8 000	6 000	54 000
5	31		分配材料费用	100 000			100 000
5	31		分配职工薪酬		52 000		52 000
5	31		分配制造费用			46 000	46 000
5	31		生产费用合计	140 000	60 000	52 000	252 000
5	31		转出完工产品成本	128 400	57 072	47 560	233 032
5	31		月末在产品成本	11 600	2 928	4 440	18 968

(2) 产品成本在类内产品间的分配方法是：直接材料用按原材料系数分配，原材料系数按材料定额费用确定；直接人工、制造费用按各种产品的工时系数分配。该类产品中 A 产品为标准产品。本月的产量及定额资料如表 8-2 所示。要求：计算 A、B、C 三种产品的成本。

表 8-2　完工产品定额标准表

产品名称	实际产量/件	单位产品材料消耗定额/千克	单位产品工时定额/小时
A	1 116	20	40
B	1 800	18	32
C	2 000	24	44

第一步，计算成本系数。
(1) 材料成本系数：
A 产品材料成本系数=1
B 产品材料成本系数=18÷20=0.9
C 产品材料成本系数=24÷20=1.2
(2) 工时定额系数：
A 产品工时定额系数=1
B 产品工时定额系数=32÷40=0.8
C 产品工时定额系数=44÷40=1.1
根据计算结果编制产品成本系数计算表，如表 8-3 所示。

表 8-3　产品成本系数计算表

产品	实际产量/件	单位产品材料消耗定额/千克	单位产品原材料成本系数	材料费用总系数	单位产品工时定额/小时	工时定额系数	工时总系数
A 产品	1 116	20	1	1 116	40	1.0	1 116
B 产品	1 800	18	0.9	1 620	32	0.8	1 440
C 产品	2 000	24	1.2	2 400	44	1.1	2 200

第二步，根据成本系数，计算各项分配率及分配额。
(1) 材料费用分配：
材料费用总系数=1 116×1+1 800×0.9+2 000×1.2=5 136
材料费用分配率=128 400÷5 136=25
各产品材料费用分配额：
A 产品材料费用分配额=25×1 116=27 900(元)
B 产品材料费用分配额=25×1 620=40 500(元)
C 产品材料费用分配额=25×2 400=60 000(元)
(2) 人工费用分配：
人工费用总系数=1 116×1+1 800×0.8+2 000×1.1=4 756
人工费用分配率=57 072÷4 756=12
各产品人工费用分配额：

A 产品人工费用分配额＝12×1 116＝13 392(元)

B 产品人工费用分配额＝12×1 440＝17 280(元)

C 产品人工费用分配额＝12×2 200＝26 400(元)

(3) 制造费用分配：

制造费用总系数＝1 116×1＋1 800×0.8＋2 000×1.1＝4 756

制造费用分配率＝47 560÷4 756＝10

各产品制造费用分配额：

A 产品制造费用分配额＝10×1 116＝11 160(元)

B 产品制造费用分配额＝10×1 440＝14 400(元)

C 产品制造费用分配额＝10×2 200＝22 000(元)

甲类完工产品成本费用分配如表 8－4 所示。

表 8－4　甲类完工产品成本费用分配表

2024 年 5 月

产品	产量/件	直接材料/元			直接人工/元			制造费用/元			合计/元	单位成本/元
		总系数	分配率	分配额	总系数	分配率	分配额	总系数	分配率	分配额		
A 产品	1 116	1 116	25	27 900	1 116	12	13 392	1 116	10	11 160	52 452	47.0
B 产品	1 800	1 620		40 500	1 440		17 280	1 440		14 400	72 180	40.1
C 产品	2 000	2 400		60 000	2 200		26 400	2 200		22 000	108 400	54.2
合计	—	5 136	—	128 400	4 756	—	57 072	4 756	—	47 560	233 032	—

案例 8－2　续案例 8－1，产品成本在类内产品间的分配方法是以售价为标准进行综合系数的计算分配(设定 A 产品为标准产品)，三种产品的单位售价如表 8－5 所示。要求：计算 A、B、C 三种产品的成本。

表 8－5　完工产品售价确认表

产品	本期实际产量/件	单位售价/元
A 产品	1 116	100
B 产品	1 800	90
C 产品	2 000	120

第一步，计算成本系数。

(1) 单位产品系数：

A 产品的单位产品系数＝1

B 产品的单位产品系数＝90÷100＝0.9

C 产品的单位产品系数＝120÷100＝1.2

(2) 各产品总系数:

A 产品的总系数=1 116×1=1 116

B 产品的总系数=1 800×0.9=1 620

C 产品的总系数=2 000×1.2=2 400

全部产品总系数=1 116+1 620+2 400=5 136

第二步,根据成本系数,计算分配率及分配额。

(1) 费用分配率=233 032÷5 136≈45.37

(2) 各产品成本费用分配额:

A 产品成本费用分配额=45.37×1 116=50 632.92(元)

B 产品成本费用分配额=45.37×1 620=73 499.40(元)

C 产品成本费用分配额=233 032−50 632.92−73 499.4=108 899.68(元)

根据上述计算编制甲类完工产品成本费用分配表,如表 8-6 所示。

表 8-6 甲类完工产品成本费用分配表

2024 年 5 月

产品名称	产量/件	单位产品系数	总系数	分配率	分配额/元	单位成本
A 产品	1 116	1.0	1 116	45.37	50 632.92	45.37
B 产品	1 800	0.9	1 620		73 499.40	40.83
C 产品	2 000	1.2	2 400		108 899.68	54.45
合 计	—	—	5 136	—	233 032.00	—

(注:表中 C 产品的分配额如果用 45.37×2 400=108 888,与 108 899.68 相差 11.68,系分配率尾数四舍五入造成的误差。)

【技能实训】

资料:某企业按分类法计算产品成本。该厂生产的 A、B、C 三种产品其原材料和生产工艺相近,合为甲类产品。本月有关资料如表 8-7、表 8-8 所示。

表 8-7 甲类产品成本计算单

2024 年 6 月 单位:元

成本项目	直接材料	直接人工	制造费用	合 计
月初在产品成本	3 000	300	200	3 500
本月发生费用	18 000	900	2 000	20 900
生产费用合计	21 000	1 200	2 200	24 400
完工产品成本	15 900	800	1 600	18 300
月末在产品成本	5 100	400	600	6 100

表 8-8　　甲类产品的产量及单位售价

产品类别	产品名称	本期实际产量/件	单位售价/元
甲类	A 产品	500	10(标准产品)
	B 产品	600	20
	C 产品	900	15

要求：以各自售价为分配标准，用分类法计算各产品成本。

根据以上资料编制完工产品成本分配表，如表 8-9 所示。

表 8-9　　完工产品成本分配表

类别：甲类　　2024 年 6 月

产品名称	产量/件	折合系数	总系数	每一系数成本/元	各产品总成本/元	单位成本/元
A 产品	500	1.0	500	6	3 000	6
B 产品	600	2.0	1 200		7 200	12
C 产品	900	1.5	1 350		8 100	9
合　计			3 050		18 300	—

四、联产品、副产品的成本计算

在企业生产中使用同一种原材料，经过同一生产过程，生产出两种或两种以上产品，这些产品便被称为联产品或副产品。联产品、副产品可运用分类法来进行成本计算。

知识详解：联产品的成本计算

(一) 联产品的成本计算

联产品，是指使用同种原料，经过同一加工过程而生产出来的具有同等地位的主要产品。联产品可以有两种或两种以上，它们虽然性质和用途不同，但具有同等重要的经济意义，它们都是各企业生产的主要产品。各种类型的企业都可能有联产品，如化工厂投入一种或几种化学原料，经过化学反应，同时生产出两种或两种以上的化工产品；又如奶制品加工厂可以同时生产出牛奶、奶油等等；再如炼油厂，通常是投入原油后，经过加工，可以生产出汽油、柴油、煤油等联产品；煤气厂在煤气生产过程中，可同时产生煤气、焦炭和煤焦油等产品。

联产品是使用同样的原材料，在同一生产过程中生产出来的各种产品，因此无法按每种产品来归集费用，直接计算各产品成本，而只能将同一生产过程的联产品，视为同类产品，采用分类法计算其分离前的实际成本；然后采用一定的分配标准，在各联产品之间分配成本。

各种联产品一般要到生产过程终了时才能分离出来，有时也可能在生产过程的某个步骤分离出来。分离时的生产步骤称为“分离点”。在分离点之前，各种联产品的生产费用是综合在一起的，故称为“综合成本”或“联合成本”。联合成本的归集和计算，应根据联产品的生产特点，采用适当的方法进行。如果有些产品分离后，还要继续加工，那么也要按照分离后的生产特点，选择适当的方法计算成本。

案例 8 - 3　长江股份有限公司生产联产品 A、B、C，2024 年 6 月实际产量：A 产品 200 吨，B 产品 50 吨，C 产品 100 吨，分离前联合成本 400 000 元。假定各产品的单位售价：A 产品为 3 000 元，B 产品为 7 500 元，C 产品为 2 250 元；以 A 产品为标准产品，以单位售价为依据计算折合系数。要求：计算 A、B、C 三种联产品的成本。

第一步，计算成本系数。

以 A 产品的单位售价 3 000 为系数 1，则：

B 产品的成本系数＝7 500÷3 000＝2.5

C 产品的成本系数＝2 250÷3 000＝0.75

A 产品的总系数＝200×1＝200

B 产品的总系数＝50×2.5＝125

C 产品的总系数＝100×0.75＝75

全部产品总系数＝200＋125＋75＝400

第二步，以总系数为分配标准，分配联合成本。

分配率＝400 000÷400＝1 000

A 产品联合成本分配额＝200×1 000＝200 000(元)

B 产品联合成本分配额＝125×1 000＝125 000(元)

C 产品联合成本分配额＝75×1 000＝75 000(元)

根据上述计算编制联产品成本计算表，如表 8 - 10 所示。

表 8 - 10　　**联产品成本计算表**

2024 年 6 月

产品名称	实际产量/吨	单位系数	总系数	联合成本/元	成本费用分配率	实际总成本/元	单位成本/元
A 产品	200	1.00	200			200 000	1 000
B 产品	50	2.50	125		1 000	125 000	2 500
C 产品	100	0.75	75			75 000	750
合　计	—	—	400	400 000	—	400 000	—

(二) 副产品的成本计算

副产品，是指在主要产品的生产过程中，被附带生产出的非主要产品。如石油冶炼除生产出汽油和柴油等主产品外，还会生产出沥青，沥青就属于副产品。副产品虽不是企业的主要产品，但也有经济价值并可对外销售，因而也应加强管理和核算。

知识详解：副产品的成本计算

1. 副产品成本计算的特点

副产品由于不是主要产品，为了简化成本计算工作，可以采用与分类法相类似的方法来计算成本，即将副产品与主产品合为一类设立成本明细账，归集生产费用，计算成本，然后将副产品按照一定的方法计价，从总成本中扣除(一般是在总成本的原材料项目中扣除)，以扣除后的成本作为主产品的成本。

2. 副产品的成本计算方法

由于副产品价值低，不是企业主要生产目标，计算副产品成本比计算联产品成本更简单。通常只需将副产品按照一定方法计价，从联合成本中扣除，以扣除以后的成本作为主要产品成本。副产品成本通常有以下两种计价方法：

(1) 副产品按计划成本计价。为了简化成本计算工作，可以不计算副产品的实际成本，直接以计划成本计价。从联合成本中扣除按计划成本计算的副产品成本后的余额，即为主产品成本。

(2) 副产品成本按照销售价格减去销售税金和销售利润后的余额计算。如果副产品分离后还需要进一步加工，则副产品应负担的联合成本按照销售价格减去销售税金和销售利润再扣除分离后的加工成本计价。

案例 8-4 长江股份有限公司在生产甲产品过程中附带生产出B副产品，B副产品分离后需进一步加工才能直接出售。2024年5月，生产甲产品及其副产品共同发生成本80 000元，其中直接材料占50%，直接人工占30%，制造费用占20%。B副产品在进一步加工过程中发生直接人工费1 000元，制造费用800元。本月生产甲产品1 000件，B副产品800件，B副产品的单位售价为18元，单位税金和利润合计为6元。要求：计算主产品和副产品的成本。

(1) B副产品分摊的联合成本＝B副产品总成本－B副产品分离后的加工成本

＝800×(18－6)－(1 000＋800)

＝7 800(元)

(2) B副产品分摊的各项成本费用：

B副产品分摊的直接材料＝7 800×50%＝3 900(元)

B副产品分摊的直接人工＝7 800×30%＝2 340(元)

B副产品分摊的制造费用＝7 800×20%＝1 560(元)

根据上述计算编制副产品成本计算单，如表8-11所示。

表 8-11　副产品成本计算单

名称：B产品　　2024年5月　　产量：800件　　单位：元

成本项目	分摊的联合成本	分离后加工成本	副产品总成本	副产品单位成本
直接材料	3 900	0	3 900	4.875
直接人工	2 340	1 000	3 340	4.175
制造费用	1 560	800	2 360	2.95
合　计	7 800	1 800	9 600	12

(3) 主产品(甲产品)实际成本：

甲产品总成本＝80 000－7 800＝72 200(元)

甲产品单位成本＝72 200÷1 000＝72.20(元)

根据上述计算编制主产品成本计算单，如表8-12所示。

表 8-12 主产品成本计算单

名称：甲产品　　2024 年 5 月　　产量：1 000 件　　单位：元

成本项目	分摊的联合成本	主产品总成本	主产品单位成本
直接材料	36 100	36 100	36.10
直接人工	21 660	21 660	21.66
制造费用	14 440	14 440	14.44
合　计	72 200	72 200	72.20

价值引领：长征十一号运载火箭通过技术创新，提升运载能力

知识拓展

副产品与联产品之间既有区别又有联系。两者的相同之处主要在于生产过程。副产品与联产品都是联合生产过程的产出物，属于同源产品，都不可能按每种产品归集生产费用，联产过程结束后，有的产品可以直接出售，有的需进一步加工后出售。

两者的区别主要在于价值大小。副产品的销售收入相对主要产品而言微乎其微，在企业全部产品销售总额中所占比重较小，对企业效益影响不大，是企业的次要产品，不是企业生产经营活动的主要目标；联产品销售价格较高，是企业的主要产品，也是企业生产经营活动的主要目标。

任务二 运用定额法计算产品成本

任务描述

(1) 定额法不仅是一种产品成本的计算方法，还是一种对产品成本进行控制的方法，掌握定额法在成本计算实务中的运用。

(2) 在成本核算实务中运用定额法时，要充分考虑脱离定额差异、定额变动差异和材料成本差异等成本影响因素。

一、定额法概述

定额法，是以产品的定额成本为基础，加、减脱离定额差异和定额变动差异计算产品实际成本的一种方法。这种方法是为了加强成本管理，进行成本控制而采用的一种成本计算与成本管理相结合的方法。定额法下，产品的实际成本是由定额成本、脱离定额差异和定额变动差异三个因素组成，计算公式为：

产品实际成本＝产品定额成本±脱离定额差异±定额变动差异

定额法是企业为了将成本核算和成本控制结合起来而采用的一种成本计算辅助方法，它通常与生产类型没有直接关系，无论何种生产类型，只要企业的定额管理制度比较健全，定额管理工作基础较好且产品的生产已经定型，消耗定额比较准确、稳定，就可采用定额法计算产品成本。定额法主要有以下特点：

(1) 事先制定产品的各项消耗定额、费用定额和定额成本，作为成本控制的目标、成本计算的基础。

(2) 在发生生产耗费时，就将符合定额的费用和发生的差异分别核算，以加强对生产费用的日常控制。

(3) 定额法下，成本计算建立在日常揭示差异的基础之上。月末计算产成品成本时，根据产品的定额成本，加减各种成本差异，调整计算出完工产品的实际成本，为成本的定期分析和考核提供依据。

二、定额法的成本计算程序

(一) 基本操作步骤

第一步，事先制定产品定额成本。根据消耗定额和费用定额，按照产品品种和规定的成本项目，计算产品定额成本，编制产品定额成本计算表。

第二步，按成本计算对象设置产品成本明细账。专栏内各成本项目应分设“定额成本”“脱离定额差异”“定额变动差异”等各小栏。

第三步，在定额成本修订的当月，应调整月初在产品的定额成本，计算月初定额变动。

第四步，生产费用发生时，按成本项目将符合定额的费用和脱离定额的差异分别核算，并予以汇总。

第五步，按确定的成本计算基本方法，汇集各项费用和定额成本差异，按一定标准在完工产品和在产品之间进行分配。

第六步，将本月完工产品的定额成本加减各种差异，调整计算出完工产品的实际成本。

(二) 定额成本的制定

产品的定额成本一般由企业的计划、技术、会计等部门共同制定。若产品的零、部件不多，一般先计算零件定额成本，然后再汇总计算部件和产品的定额成本，零、部件定额成本还可作为在产品和报废零、部件计价的依据；若产品的零、部件较多，可不计算零件定额成本，直接计算部件定额成本，然后汇总计算产品定额成本；或者根据零部件的定额卡直接计算产品定额成本。定额成本计算公式如下：

直接材料定额＝产品原材料消耗定额×原材料计划单价
直接人工定额＝产品生产工时定额×计划小时工资率
制造费用定额＝产品生产工时定额×计划小时费用率

(三) 脱离定额差异的计算

脱离定额差异，是实际生产费用与定额成本的差异，超支、节约分别用正负号表示，计算脱离定额差异是定额法的重要内容。

1. 原材料脱离定额差异的计算

原材料脱离定额差异的计算方法一般有限额法(适用于实行限额领料制度的企业)、切割核算法(适用于需要切割后才能加工的材料定额差异的计算)和定期盘存法等。

基本计算公式：

原材料脱离定额差异＝原材料计划价格费用－原材料定额费用
＝实际消耗量×材料计划单价－定额消耗量×材料计划单价
＝(实际消耗量－定额消耗量)×材料计划单价(量差)

原材料脱离定额差异的计算方法也适用于企业自制半成品。

案例8-5 长江股份有限公司生产产品实行限额领料制度，本月投产甲产品1 000件，其主要耗材A材料的单位产品消耗定额数量为3千克，A材料计划单价5元。本期限额领料凭证领用A材料数量为3 000千克，差异凭证中显示超领A材料100千克，车间期初有A材料余料8千克，期末有A材料余料10千克。要求：计算甲产品的原材料定额差异。

原材料的实际消耗量＝3 000＋100＋8－10＝3 098(千克)

原材料的定额消耗量＝1 000×3＝3 000(千克)

本期材料定额差异额＝(3 098－3 000)×5＝490(元)

2. 生产工时和直接人工脱离定额差异的计算

直接人工脱离定额差异，应依据工资制度进行计算。

(1) 计件工资制下，生产工人工资属于直接计入费用，其脱离定额差异的计算与原材料脱离定额差异的计算相似。

(2) 计时工资制下，生产工人工资属于间接计入费用，其脱离定额差异不能在平时按照产品直接计算，只有在月末实际生产工人工资确定以后，才可按以下公式计算：

某产品直接人工脱离定额的差异
＝该产品实际生产工资－该产品定额生产工资
＝该产品实际生产工时×实际小时工资率－该产品定额生产工时×计划小时工资率

其中：

$$实际小时工资率=\frac{某车间实际生产工人工资总额}{该车间实际生产工时总额}$$

$$计划小时工资率=\frac{某车间计划产量的定额生产工人工资}{该车间计划产量的定额生产工时}$$

某产品实际完成的定额工时
＝(该产品本月完工产品产量＋月末在产品约当产量－月初在产品约当产量)×单位产品工时定额

案例8-6 长江股份有限公司本月生产乙产品，计划工资额为960 000元，计划产量工时为30 000小时，实际产量的定额工时为33 000小时，实际工资为1 050 000元，实际工时35 000小时。要求：计算乙产品的直接人工定额差异。

实际小时工资率＝1 050 000÷35 000＝30(元/小时)

计划小时工资率＝960 000÷30 000＝32(元/小时)

乙产品直接人工定额差异＝35 000×30－33 000×32＝－6 000(元)

其中：

工时变动影响＝32×(35 000－33 000)＝64 000(元)

工资率变动影响＝(30－32)×35 000＝－70 000(元)

3. 制造费用脱离定额差异的计算

制造费用通常与计时工资一样，属于间接计入费用，其脱离定额差异不能在平时按照产品直接计算，只有在月末按照以下公式计算：

某产品制造费用脱离定额差异
＝该产品制造费用实际分配额－该产品实际完成定额工时×计划小时制造费用分配率

按生产工时分配时，制造费用脱离定额差异产生的原因，也是由工时差异和每小时分配率差异两个因素构成，从这一点上看，同生产工人的计时工资相似。

4. 材料成本差异的分配

定额法下，原材料的日常核算一般按计划成本进行，原材料脱离定额差异只是以计划单价反映的消耗量上的差异（量差），未包括价格因素。因此，月末计算产品的实际原材料费用时，需计算所耗原材料应分摊的成本差异，即所耗原材料的价格差异（价差）。公式如下：

某产品应分配的原材料成本差异
＝（该产品原材料定额费用±原材料脱离定额差异）×材料成本差异率
＝实际消耗量×材料计划单价×材料成本差异率

（四）定额变动差异的计算

1. 定额变动差异的概念

定额变动差异，是指由于修订消耗定额或生产耗费的计划价格而产生的新旧定额之间的差额。定额变动差异是定额本身变动的结果，与生产费用支出的超支和节约情况无关。

定额变动差异不是经常发生的，因而不需要经常核算，只有在发生定额变动时才需考虑。另外，由于定额变动差异是与某一种产品相联系，一般是可以直接计入该产品的成本，这些均与前述脱离定额差异不同。

2. 定额变动差异的计算

定额成本的修订一般在月初、季初或年初定期进行，但在定额变动的月份，月初在产品的定额成本仍然按照旧的定额计算，因此需要按新定额计算月初在产品的定额变动差异，用以调整月初在产品的定额成本。定额变动的计算应分成本项目进行，公式如下：

月初在产品定额变动差异＝（新定额－旧定额）×月初在产品中定额变动的零部件数量

为简化计算工作，可按以下公式计算：

月初在产品定额变动差异＝按旧定额计算的月初在产品费用×（1－定额变动系数）

$$定额变动系数=\frac{按新定额计算的单位产品费用}{按旧定额计算的单位产品费用}$$

小知识

月初在产品定额变动差异通常表现为月初在产品价值的降低，此时，应从月初在产品定额费用中扣除该项差异，加入本月产品成本中；反之，月初在产品增值的差异则应加入月初在产品定额费用中，同时，从本月产品成本中扣除同等金额。

三、定额法的应用

案例 8－7　长江股份有限公司月初在产品 300 件，材料定额成本按上月原定额为每件 30 元，共计 9 000 元。从本月初起，每件材料的定额成本下调为 25 元。本月投产 1 000 件，实际发生材料费用 27 000 元，本月产品 1 300 件全部完工。要求：计算本月完工产品的实际材料成本。

定额成本合计＝月初在产品材料定额成本±月初在产品材料定额成本调整额＋本月投产产品的材料定额成本

$$=9\,000-(30-25)\times300+25\times1\,000$$

$$=32\,500(元)$$

完工产品的实际材料成本＝定额成本合计±材料脱离定额差异±材料定额变动差异

$$=32\,500+(27\,000-25\,000)+1\,500$$

$$=36\,000(元)$$

定额变动不是当月工作的结果，一般不宜全部记入当月完工产品成本，通常是在完工产品和在产品之间进行分配。可采用以下公式：

$$定额变动差异分配率=\frac{定额变动差异合计}{完工产品和在产品的定额成本合计}$$

在产品应负担的定额变动差异＝在产品定额成本×定额变动差异分配率

完工产品应负担的定额变动差异＝定额变动差异合计－在产品应负担的定额变动差异

案例 8－8　2024 年 5 月，长江股份有限公司生产甲产品的有关资料如表 8－13—表 8－15 所示。

1. 产量记录

表 8－13　甲产品本月产量记录　　单位：件

产品名称	月初在产品	本月投产	本月完工产品	月末在产品
甲产品	20	80	70	30

2. 定额成本资料

表 8－14　甲产品定额成本资料

成本项目	计划单价	消耗定额		定额成本/元		定额变动差异/元	
		上月	本月	上月	本月	数量	金额
直接材料	5	120 千克	114 千克	600	570	－6	－30
直接人工	2	100 小时	100 小时	200	200		
制造费用	1	100 小时	100 小时	100	100		
合计				900	870	－6	－30

3. 月初在产品成本资料

表 8-15 甲产品月初在产品成本资料 单位：元

成本项目	月初在产品	
	定额成本	定额差异
直接材料	12 000	400
直接人工	2 000	100
制造费用	1 000	80
合计	15 000	580

4. 其他资料

❶ 原材料于生产开始时一次投入；

❷ 直接材料成本差异率为−1%，全部由完工产品负担；

❸ 定额变动差异全部由完工产品负担；

❹ 本期直接材料脱离定额差异(−1 000)，直接人工脱离定额差异(+200)，制造费用脱离定额差异(−70)。

要求：根据以上资料采用定额法计算甲产品的成本。

在定额法下，产品实际成本的计算和其他成本计算方法一样，产品成本计算单中也要列出产品成本项目。由于定额法下实际成本计算是在定额成本基础上加减定额差异、定额变动差异和材料成本差异求得的，所以产品成本计算单还应设置定额成本、定额差异、定额变动差异、材料成本差异专栏反映。甲产品成本计算单如表 8-16—表 8-18 所示。

表 8-16 产品成本计算单(一)

产品名称：甲产品 2024 年 5 月 完工产量：70 件 单位：元

成本项目	月初在产品		月初在产品定额成本		本月生产费用		
	定额成本(1)	脱离定额差异(2)	定额成本调整(3)	定额变动差异(4)	定额成本(5)	脱离定额差异(6)	材料成本差异(7)
直接材料	12 000	400	−600	+600	45 600	−1 000	−446
直接人工	2 000	100			16 000	+200	
制造费用	1 000	80			8 000	−70	
成本合计	15 000	580	−600	+600	69 600	−870	−446

表中数据说明：

(1)(2)栏根据月初在产品成本资料填列。

(3)(4)栏月初在产品定额成本：

材料定额变动系数＝570÷600＝0.95

材料定额成本调整＝12 000×(0.95－1)＝－600

月初在产品材料定额变动差异＝12 000×(1－0.95)＝600(元)

(5)栏根据本月投产量和定额成本资料计算填列：

直接材料＝570×80＝45 600(元)

直接人工＝200×80＝16 000(元)

制造费用＝100×80＝8 000(元)

(6)栏根据有关脱离定额差异资料填列。

(7)栏＝[(5)栏＋(6)栏]×(－1%)＝(45 600－1 000)×(－1%)＝－446(元)。

表 8－17　产品成本计算单(二)　单位：元

成本项目	生产费用合计				脱离定额差异	产成品成本	
	定额成本(8)	脱离定额差异(9)	材料成本差异(10)	定额变动差异(11)	分配率(12)	定额成本(13)	脱离定额差异(14)
直接材料	57 000	－600	－446	＋600	－1.05%	39 900	－419
直接人工	18 000	＋300			1.67%	14 000	234
制造费用	9 000	＋10			0.11%	7 000	8
成本合计	84 000	－290	－446	＋600		60 900	－177

表中数据说明：

(8)栏＝(1)栏＋(3)栏＋(5)栏。

(9)栏＝(2)栏＋(6)栏。

(10)栏＝(7)栏。

(11)栏＝(4)栏。

(12)栏脱离定额差异率：

直接材料脱离定额差异率＝－600÷57 000×100%＝－1.05%

直接人工脱离定额差异率＝300÷18 000×100%＝1.67%

制造费用脱离定额差异率＝10÷9 000×10%＝0.11%

(13)栏用完工产量分别乘以定额成本资料填列：

直接材料＝570×70＝39 900(元)

直接人工＝200×70＝14 000(元)

制造费用＝100×70＝7 000(元)

(14)栏＝(12)栏×(13)栏(为简化计算，此栏保留整数)。

表 8-18 产品成本计算单(三) 单位：元

成本项目	产成品成本			月末在产品成本	
	材料成本差异(15)	定额变动差异(16)	实际成本(17)	定额成本(18)	脱离定额差异(19)
直接材料	−446	+600	39 635	17 100	−181
直接人工			14 234	4 000	+66
制造费用			7 008	2 000	+2
成本合计	−446	+600	60 877	23 100	−113

表中数据说明：

(15)栏＝(10)栏。

(16)栏＝(11)栏。

(17)栏＝(13)栏＋(14)栏＋(15)栏＋(16)栏。

(18)栏＝(8)栏－(13)栏。

(19)栏＝(9)栏－(14)栏。

【教学互动】

怎么理解脱离定额差异和定额变动差异的区别?

四、分类法与定额法的适用范围和特点对比

分类法适用于产品品种繁多，且可划分为若干类别的企业或车间；分类法与产品生产类型没有直接联系，因而可应用于各种类型的生产。其特点是先划分产品类别，可根据产品的结构、所用原材料及工艺过程不同等标准划分，按照产品类别设立产品成本明细账，用以归集产品的生产费用，计算各类产品成本；然后选择适宜的分配标准，在类内各产品之间进行费用分配，由此计算各种产品的成本。

定额法适用于企业定额管理制度较健全，定额管理工作基础较好或产品的生产已定型，消耗定额较准确、稳定的情况。其特点是事先制定定额，分别计算符合定额差异和脱离定额差异，月末以定额成本为基础加减各种成本差异来计算完工产品实际成本。

项目小结

本项目的内容结构如图 8-1 所示。

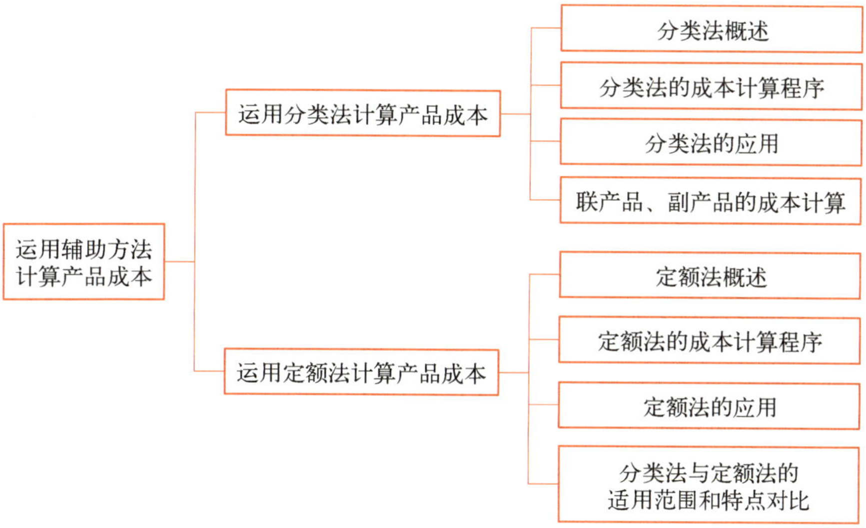

图 8-1 项目八内容结构图

项目八在线测试

项目训练

一、简答题

1. 什么是分类法？其基本计算程序是怎样的？
2. 什么是定额法？其基本运用条件是什么？

二、单项选择题

1. 产品成本计算的分类法，主要是为了(　　)而采用的一种辅助成本计算方法。

A. 加强成本管理，进行成本控制
B. 正确在完工产品与在产品之间分配间接计入费用
C. 及时计算产品成本
D. 简化成本计算工作

2. 系数法是(　　)的一种，系数一经确定，应相对稳定，不应任意变更。

A. 分批法　　B. 分类法　　C. 分步法　　D. 定额法

3. 下列成本计算方法中，与产品生产类型没有直接联系的是(　　)。

A. 品种法　　B. 分批法　　C. 分类法　　D. 简化分批法

4. 如果副产品的售价不能抵偿其销售费用，则副产品(　　)。

A. 按计划成本计价　　B. 按实际成本计价
C. 不应计价　　D. 按定额成本计价

5. (　　)是产品成本的定额工作、核算工作和分析工作有机地结合起来，将事前、事中、事后反映和监督融为一体的一种产品成本计算方法和成本管理制度。

A. 品种法　　B. 分批法　　C. 分步法　　D. 定额法

三、多项选择题

1. 类内各种产品之间分配费用的标准有(　　)。

A. 定额消耗量　B. 定额费用　C. 售价　D. 产品的体积

2. 采用系数法，一般在同类产品中选择（　　）的产品作为标准产品，把这种产品的分配标准额的系数确定为“1”。

A. 产量较大、生产比较稳定　B. 产量最小

C. 售价最高　D. 规格适中

3. 在定额法下，产品的实际成本是由（　　）这三个因素组成。

A. 产品定额成本　B. 脱离定额差异　C. 定额变动差异　D. 分配系数

四、判断题（在题后括号中正确的打“√”，错误的打“×”）

1. 采用产品成本计算的分类法，各成本项目只能采用同一种分配标准进行分配。（　　）

2. 分类法中的系数一经确定，应相对稳定，不应任意变更。（　　）

3. 工业企业的副产品如果加工处理所需时间不长、费用不大，为简化成本计算工作，可按计划单位成本计价，而不计算副产品的实际成本。（　　）

4. 定额成本是一种目标成本，是企业进行成本控制和考核的依据。（　　）

5. 定额成本一般是国家或上级机构对企业下达的指令性指标，企业可以不制定定额成本。（　　）

五、业务分析题

1. 某企业大量生产 A、B、C、D 四种产品，因为四种产品的生产工艺比较相似，企业将其合并为一类（甲类），采用分类法进行成本核算。2024 年 6 月的相关资料如下：

（1）甲类产品的生产成本明细账资料如表 8－19 所示。

表 8－19　生产成本明细账

产品类别：甲类　单位：元

2024 年		凭证字号	摘　要	直接材料	直接人工	制造费用	合　计
月	日						
6	1	略	月初在产品成本	9 300	13 500	15 600	38 400
6	30		本月发生费用	13 850	42 500	28 760	85 110
	30		生产费用合计	23 150	56 000	44 360	123 510
	30		转出完工产品成本	19 320	49 750	31 840	100 910
	30		月末在产品成本	3 830	6 250	12 520	22 600

（2）产品成本在类内产品间的分配方法是：材料费用按系数比例分配，系数按材料定额费用计算，A 产品为标准产品；工资及福利费、制造费用按各种产品的定额工时比例分配。本月的定额资料如表 8－20 所示。

表 8－20　完工产品定额标准表

产　品	单位产品材料消耗定额/元	单位产品工时定额/小时
A 产品	100	20
B 产品	200	50

续 表

产　　品	单位产品材料消耗定额/元	单位产品工时定额/小时
C 产品	150	30
D 产品	300	60

(3) 本月 A 产品完工 200 件,B 产品完工 150 件,C 产品完工 80 件,D 产品完工 100 件。
要求:用分类法计算各种产品的成本,并填制表 8－21 和表 8－22。

表 8－21　　产品成本系数计算表

产品	材料消耗定额/(元/件)	原材料成本系数	工时定额/(小时/件)	工时定额系数
A 产品	100		20	
B 产品	200		50	
C 产品	150		30	
D 产品	300		60	

表 8－22　　甲类完工产品成本费用分配表

2024 年 6 月

产品名称	产量/件	直接材料/元			直接人工/元			制造费用/元			合计/元	单位成本/元
		总系数	分配率	分配额	总系数	分配率	分配额	总系数	分配率	分配额		
A 产品	200											
B 产品	150											
C 产品	80											
D 产品	100											
合计	—		—			—			—			

2. 沿用第 1 题基本资料,但产品成本在类内产品间的分配方法是以售价为标准进行综合系数的计算分配(设定 A 产品为标准产品),四种产品的单位售价如表 8－23 所示。

表 8－23　　完工产品售价确认表

产　　品	本期实际产量/件	单位售价/元
A 产品	200	200
B 产品	150	400
C 产品	80	250
D 产品	100	500

要求:用分类法计算各种产品的成本,并填制表 8－24,分配率保留 2 位小数。

表 8－24　　甲类完工产品成本费用分配表

2024 年 6 月

产品名称	产量/件	单位产品系数	总系数	分配率	分配额/元	单位成本/元
A 产品	200					
B 产品	150					
C 产品	80					
D 产品	100					
合　计	—			—		

3. 2024 年 5 月，某企业在生产 A 产品的同时，附带生产出副产品 B，B 副产品分离后需进一步加工才能出售。本月 A 产品及其副产品 B 共同发生成本 50 000 元，其中直接材料占 40%，直接人工占 35%，制造费用占 25%。B 副产品进一步加工发生直接人工费 800 元，制造费用 500 元，本月生产 A 产品 1 000 千克，B 副产品 800 千克，B 副产品的单位售价为 20 元，单位税金和利润合计 5 元。

要求：计算主产品和副产品的成本，并填制副产品成本计算单如表 8－25 所示。

表 8－25　　副产品成本计算单

产品：B 产品　　2024 年 5 月　　产量：800 千克　　单位：元

成本项目	分摊的联合成本	可归属的成本	副产品总成本	副产品单位成本
直接材料				
直接人工				
制造费用				
合　计				

4. 沿用第 3 题基本资料，假定 B 副产品的计划单位成本为 12 元，其中直接材料 5 元，直接人工 4 元，制造费用 3 元。

要求：在副产品按计划单位成本计价的情况下，计算主产品（A 产品）的成本，并编制主产品成本计算单（表 8－26）。

表 8－26　　主产品成本计算单

产品：A 产品　　2024 年 5 月　　产量：1 000 千克　　单位：元

摘　要	直接材料	直接人工	制造费用	合　计
本月生产费用				
减：B 产品成本				
本月合计				
产品总成本				
产品单位成本				

5. 某企业生产甲产品，本月期初在产品 60 台，本月完工产品数量 500 台，期末在产品数量 120 台，原材料系开工时一次投入，单位产品材料消耗定额为 10 千克，材料计划单价为 4 元/千克。本月材料限额领料凭证登记数量为 5 600 千克，材料超限额领料凭证登记数量为 400 千克，期初车间有余料 100 千克，期末车间盘存余料为 300 千克。

要求：计算本月产品的原材料脱离定额差异。

6. 某企业生产甲产品，单位产品的工时定额为 4 小时，本月实际完工产品产量为 1 500 件。月末在产品数量为 200 件，完工程度为 80%；月初在产品数量为 100 件，完工程度为 60%。计划工时人工费为 3 元，实际的生产工时为 6 200 小时，实际工时人工费为 3.10 元。

要求：计算甲产品人工费脱离定额差异。

7. 某厂甲产品采用定额法计算成本，本月有关甲产品原材料费用的资料如下：

(1) 月初在产品定额费用为 1 400 元，月初在产品脱离定额的差异为节约 20 元，月初在产品定额费用调整为降低 20 元。定额变动差异全部由完工产品负担。

(2) 本月定额费用为 5 600 元，本月脱离定额的差异为节约 400 元。

(3) 本月原材料成本差异为节约 2%，材料成本差异全部由完工产品负担。

(4) 本月完工产品的定额费用为 6 000 元。

要求：

(1) 计算本月末在产品原材料定额费用。

(2) 分配原材料脱离定额差异。

(3) 计算本月原材料费用应分配的材料成本差异。

(4) 计算本月完工产品和月末在产品成本应负担的原材料实际费用。

项目九

编制并分析成本报表

职业能力目标

1. 了解成本报表的作用、种类和特点。

2. 能编制全部产品生产成本表、主要产品单位成本表、制造费用明细表。

3. 能熟练运用比较分析法、比率分析法和因素分析法对成本资料进行分析。

职业素养目标

1. 通过学习成本报表的意义和作用，引导学生积极为企业开源节流。

2. 通过学习成本报表的编制和报送要求，引导学生树立诚实守信的责任意识。

项目介绍

编制成本报表是成本会计的一项重要工作。成本报表是用来反映和监督制造企业一定时期产品成本水平，考核成本计划完成情况以及生产费用预算执行情况的书面报告。本项目就是将日常核算的成本资料分类、综合，以书面报告的形式编制成本报表，并分析成本升降的原因，以便决策者及时了解成本相关数据，进行成本分析和成本控制，提高企业成本管理的质量。

引导案例

长江股份有限公司想全面了解和掌握各产品及所属车间和部门完成成本计划的情况，检查成本管理行为的合理合法性，总结成本管理的经验，认识和掌握成本变动的规律，进而促使各部门不断降低产品成本，努力提高经济效益，拟于近期召开成本管理工作研讨会，通报各产品及各部门成本计划的执行情况。公司责成财务部门根据成本核算资料，提交相关成本报告。如果你是财务部门负责人，你认为需要提交哪些成本报告呢?

任务一 编制成本报表

任务描述

（1）成本报表可以分析成本计划执行情况，挖掘节约成本潜力，为成本预测、决策等提供重要依据，需要了解其种类及编制要求。

（2）掌握产品成本报表、主要产品单位成本报表和各种费用报表的结构及其编制方法。

一、认识成本报表

知识详解：成本报表

成本报表，是根据产品成本和期间费用的日常核算资料以及其他有关资料编制的，用来反映和监督企业一定期间产品成本和期间费用水平及其构成情况的报告文件。成本报表可以反映企业一定时期成本升降变动情况、成本计划完成情况，为进行成本考核分析提供资料，为企业管理者进行决策提供有用的成本核算信息。编制成本报表是成本会计工作的一项重要内容。

（一）成本报表的意义和作用

成本是反映企业各项工作质量的综合指标。随着企业经营机制的转换和市场竞争的加剧，成本水平成为衡量乃至决定企业前途和命运的重要因素。企业应当责无旁贷地树立自身的成本责任意识，加强企业内部成本管理工作。为了反映、监督、考核和分析企业生产费用预算和产品成本计划的执行情况及其结果，使日常成本核算取得的各种资料得到充分有效的利用，企业必须定期或不定期地编制成本报表。成本报表的作用主要表现在以下几个方面：

1. 分析考核成本计划的执行情况

企业及其上级主管机构利用成本报表，可以分析、考核企业成本、费用计划的执行情况，评价企业工作质量，促使企业降低成本、节约费用，从而提高企业的经济效益，增加国家财政收入。

2. 挖掘成本节约潜力，有效控制生产消耗

价值引领：践行“光盘行动”，杜绝“舌尖上的浪费”

通过成本报表分析，可以揭示成本差异对产品成本升降的影响，发现产生差异的原因，查明经济责任，并有针对性地采取措施，进一步提高企业生产技术和经济管理的水平，挖掘节约费用支出和降低产品成本的潜力，提高企业的经济效益。

3. 为成本预测、决策等提供重要依据

成本报表所提供的实际成本费用资料，不仅可以满足企业加强日常成本费用控制的需要，而且是企业进行成本、费用和利润预测的依据，也是制定有关生产经营决策，编制成本、费用和利润计划，确定产品价格的重要依据。

（二）成本报表的种类

1. 按反映的内容不同分类

成本报表按其反映的内容不同可分为反映成本计划完成情况的报表和反映费用支出情况的报表。

（1）反映成本计划完成情况的报表。这类成本报表重在揭示企业为生产一定产品所耗费的成本费用是否达到预定的目标。表中主要列示了报告期的实际成本水平以及计划成本水平、历史先

进水平、同行业先进水平等。通过分析比较，揭示差异及产生原因，提出改进成本管理的措施，为挖掘降低产品成本的潜力提供资料。该类报表主要有产品生产成本表、主要产品单位成本表等。

（2）反映费用支出情况的报表。这类成本报表重在揭示企业一定时期内生产经营费用支出的总额及其构成情况。通过分析比较，可以了解费用支出的合理程度和变化趋势，为正确制定费用预算，考核各项消耗和支出指标的完成情况，有效控制费用支出提供资料。该类报表主要有制造费用明细表、管理费用明细表、销售费用明细表和财务费用明细表等。

2. 按成本报表的编制时间不同分类

成本报表按其编制时间可分为定期报表和不定期报表。

（1）定期报表，是为了满足企业日常成本管理的需要，及时反馈成本信息而编制的。定期报表按编制时间分为年报、季报、月报、旬报、日报等。

（2）不定期报表，是为了满足企业内部管理的特殊要求而在需要时随时编报的。

（三）编制和报送成本报表的要求

知识详解：成本报表的编制

成本报表的编制和报送必须做到数字真实、计算准确、内容完整、报送及时。

1. 数字真实

数字真实，是编制成本报表的基本要求，只有在数字真实可靠，能如实反映企业费用、成本水平和构成的情况下，报表才有利于企业管理层正确进行成本分析和成本决策。

2. 计算准确

计算准确，是指成本报表中的各项指标数据必须按照企业在设置成本报表时规定的计算方法计算，报表中的各种相关数据应当核对相符。

3. 内容完整

内容完整，是指企业成本报表的种类应当完整，能全面反映企业各种费用成本的水平和构成情况；同一报表的各个项目内容应当完整，必须填报齐全。

4. 报送及时

报送及时，是指企业必须及时编制和报送成本报表，以充分发挥成本报表在指导生产经营活动中的作用。为了体现成本报表编制和报送的及时性，企业的成本报表可以定期或不定期编报，并及时提供给有关部门负责人和成本管理责任者，以便及时采取措施控制支出，节约费用，降低成本。

二、产品生产成本表的编制

产品生产成本表是反映企业在报告期内生产的全部产品总成本的报表。该表一般分为两种，一种按成本项目反映，另一种按产品品种和类别反映。两种报表的结构、作用和编制方法各不相同。

（一）按成本项目反映的产品生产成本表的编制

按成本项目反映的产品生产成本表，是按成本项目汇总反映企业在报告期内发生的全部生产费用和全部产品总成本。

按成本项目反映的产品生产成本表一般可以分为生产费用和产品成本两部分，其中生产费用部分按照成本项目反映报告期内发生的各种生产费用及其合计数。产品生产成本部分，是在生产费用合计数的基础上，加上在产品和自制半成品的期初余额，减去在产品和自制半成品的期末余额，最后计算出的产品生产成本的合计数。这些费用和成本，还可以按上年实际数、本年计划数、本月实际数和本年累计实际数分栏反映。

案例 9-1　长江股份有限公司 2024 年 12 月按成本项目反映的产品生产成本表如表 9-1 所示。

表 9-1　长江股份有限公司产品生产成本表(按成本项目编制)

编制单位：长江股份有限公司　　2024 年 12 月　　单位：元

项　　目	行次	上年实际	本年计划	本月实际	本年累计实际
生产费用					
直接材料	1	650 000	660 000	55 000	680 000
其中：原材料	2	550 000	530 000	45 000	580 000
燃料及动力	3	100 000	130 000	10 000	100 000
直接人工	4	300 000	310 000	26 000	335 000
其他直接费用	5				
制造费用	6	250 000	245 000	21 000	260 000
生产费用合计	7	1 200 000	1 215 000	102 000	1 275 000
加：在产品和自制半成品期初余额	8	65 000	61 000	60 000	63 000
减：在产品和自制半成品期末余额	9	53 000	54 000	58 000	61 000
产品生产成本合计	10	1 212 000	1 222 000	104 000	1 277 000

1. 按成本项目反映的产品生产成本表的编制方法

(1)“上年实际”,应根据上年 12 月份产品生产成本表的“本年累计实际”数填列。

(2)“本年计划”,应根据成本计划有关资料填列。

(3)“本年累计实际”,应根据“本月实际”加上月“本年累计实际”计算填列。

(4) 按成本项目反映的本月各种生产费用数,根据各种产品成本明细账所记本月生产费用合计数,按照成本项目分别汇总填列。

(5) 期初、期末在产品、自制半成品的余额,根据各种成本明细账的期初、期末在产品成本和各种自制半成品明细账的期初、期末余额分别汇总填列。

(6)“产品生产成本合计”,根据表中的“生产费用合计”,加上在产品、自制半成品期初余额,减去在产品、自制半成品期末余额计算填列。

2. 按成本项目反映的产品生产成本表的作用

(1) 可以反映报告期内全部产品生产费用的支出情况和各种费用的构成情况,并据以进行生产费用支出的一般评价。

(2) 将 12 月份该表本年累计实际生产费用与本年计划和上年实际生产费用相比较,可以考核和分析年度生产费用计划的执行结果以及本年生产费用相比上年的升降情况。

(3) 将表中各期产品生产成本合计数与该期的产值、销售收入或利润进行对比,可以计算成本产值率、成本销售收入率或成本利润率,还可以考核和分析各期的经济效益状况。

(4) 将 12 月份该表本年累计实际产品生产成本与本年计划数和上年实际数相比较,还可以考核和分析年度产品生产总成本计划的执行结果,以及本年产品生产总成本相比上年的升降情况,并据以分析影响产品成本升降的各项因素。

(二) 按产品品种和类别反映的产品生产成本表的编制

按产品品种和类别反映的产品生产成本表,是按产品品种和类别汇总反映工业企业在报告期内生产的全部产品的单位成本和总成本的报表。

案例 9－2 长江股份有限公司 2024 年 12 月按产品品种和类别反映的产品生产成本表如表 9－2 所示。

表 9－2 **产品生产成本表(按产品品种和类别编制)**

企业名称：长江股份有限公司　　　　2024 年 12 月

产品名称	产量/件			单位成本/千元				本月总成本/千元			本年累计总成本/千元		
	本年（月）计划	本月实际	本年累计实际	上年实际平均	本年计划	本月实际	本年实际平均	按上年实际平均单位成本计算	按本年计划单位成本计算	本月实际	按上年实际平均单位成本计算	按本年计划单位成本计算	本年实际
	(1)	(2)	(3)	(4)	(5)	(6)＝(10)/(2)	(7)＝(13)/(3)	(8)＝(2)×(4)	(9)＝(2)×(5)	(10)	(11)＝(3)×(4)	(12)＝(3)×(5)	(13)
可比产品合计	—	—	—	—	—	—	—	4 600	4 410	4 680	56 100	53 910	54 800
其中：A 产品	550	45	570	80	78	82.22	78.95	3 600	3 510	3 700	45 600	44 460	45 000
B 产品	200	20	210	50	45	49	46.67	1 000	900	980	10 500	9 450	9 800
不可比产品合计	—	—	—	—	—	—	—	—	555	570	—	4 585	4 300
其中：C 产品	30	3	28		100	103.33	92.96	—	300	310	—	2 800	2 600
D 产品	20	3	21		85	86.67	80.95	—	255	260	—	1 785	1 700
产品生产成本合计	—	—	—	—	—	—	—	—	4 965	5 250	—	58 495	59 100

补充资料：

(1) 可比产品成本降低额 1 300 千元。

(2) 可比产品成本降低率 2.32%。

(3) 按现行价格计算的商品产值 132 千元。

(4) 产值成本率 44.77%(本年计划产值成本率 44%)。

按产品品种和类别反映的产品生产成本表可以分为基本报表和补充资料两部分。基本报表部分横向可以分为产量、单位成本、本月总成本和本年累计总成本四个专栏，按照产品种类分别反映本月产量、本年累计产量、上年实际成本、本年计划成本、本月实际成本和本年累计实际成本。纵向按可比产品和不可比产品分别反映其单位成本和总成本。补充资料部分反映企业可比产品成本降低额和降低率。

1. 按产品品种和类别反映的产品生产成本表的编制方法

（1）“产品名称”，按照企业所生产各种可比产品和不可比产品的名称填列。

（2）“产量”栏目中的“本月”和“本年累计”，分别根据完工产品明细账的本月和从年初起至本月末止各种产品的实际产量填列，“本年计划”根据企业生产计划填列。

（3）“单位成本”栏目中的“上年实际平均”，根据上年本表年末的“本年累计实际平均”填列，“本年计划”，根据企业成本规划填列，“本月实际”和“本年累计实际平均”，分别根据各种产品成本明细账的本月和从年初起至本月止各种产品的单位成本或平均单位成本填列。

（4）“本月总成本”栏目中的各项目，分别按照各种产品本月实际产量与上年实际平均单位成本、本年计划单位成本及本月实际单位成本的乘积填列。

（5）“本年累计总成本”栏目中的各项目，分别按照各种产品本年累计实际产量与上年实际平均单位成本、本年计划单位成本及本年累计实际单位成本的乘积填列。

补充报表部分的各项目分别按照下列公式计算填列：

$$\text{可比产品成本降低额}=\sum[(\text{上年实际平均单位成本}-\text{本年实际平均单位成本})\times\text{本年实际产量}]$$

$$\text{可比产品成本降低率}=\frac{\text{可比产品成本降低额}}{\text{可比产品按上年实际平均单位成本}}$$

根据表 9-2 中的数据，计算如下：

可比产品成本降低额＝56 100－54 800＝1 300（千元）

可比产品成本降低率＝1 300÷56 100≈2.32％

（6）按现行价格计算的商品产值，根据有关统计资料填列。

（7）产值成本率指产品生产成本与商品产值的比率，通常以每百元商品产值总成本表示。其计算公式如下：

产值成本率＝产品生产成本÷商品产值×100％

根据表 9-2 中的数据，计算如下：

产值成本率＝59 100÷132 000×100％＝44.77％

需要说明的是，在按产品品种和类别反映的产品成本表中，对于主要产品应按产品品种反映实际产量、单位成本、本月总成本和本年累计总成本；对于非主要产品，则可按照产品类别汇总反映本月总成本和本年累计总成本。此外，企业在编制本表的同时，为了满足重点管理的需要，可另行编制“主要产品生产成本及销售成本表”，其项目及填列方法与本表相比，增加了销售数量和销售成本栏，这里不再赘述。

2. 按产品品种和类别反映的产品生产成本表的作用

（1）可以分析和考核各种产品和全部产品本月和本年累计的成本计划的执行结果，对各种产品成本和全部产品成本的节约和超支情况进行一般的评价。

（2）可以分析和考核各种可比产品本月总成本、本年累计总成本与上年相比的升降情况。

（3）对于规定了可比产品成本降低计划的产品，可以分析和考核可比产品成本降低计划的执行情况，促使企业采取措施，不断降低产品成本。

（4）可以了解哪些产品成本节约较多，哪些产品成本超支较多，为进一步进行产品单位成本分析指明方向。

三、主要产品单位成本表的编制

主要产品单位成本表，是反映企业在报告期内生产的各种主要产品单位成本构成情况的报表。

主要产品单位成本表可以分为按成本项目反映的单位成本和主要技术经济指标两部分。其中单位成本部分还可以分别反映历史先进水平、上年实际平均、本年计划、本月实际和本年累计实际平均的单位成本；技术经济指标部分反映主要产品每一单位产品所消耗的主要原材料、燃料和动力等的数量。

案例 9-3 长江股份有限公司 2024 年 12 月主要产品单位成本表如表 9-3 所示。

表 9-3 主要产品单位成本表

2024 年 12 月

产品名称：丙产品　　本月计划产量：125

计量单位：台　　本月实际产量：117

产品规格：　　本年累计计划产量：1 180

销售单价：　　本年累计实际产量：1 200

成本项目	行次	历史先进水平/元	上年实际平均/元	本年计划/元	本月实际/元	本年累计实际平均/元
		1	2	3	4	5
直接材料	1	100	108	103	105	102
直接人工	2	60	64	62	61	66
制造费用	3	50	57	58	56	55
合计	4	210	229	223	222	223
主要技术经济指标	5	用量	用量	用量	用量	用量
❶ 普通钢材/千克	6	60	67	64	68	66
❷ 工时/小时	7	10	11	10	12	11

（一）主要产品单位成本表的填列方法

（1）“本月计划产量”和“本年累计计划产量”项目，分别根据本月和本年产品产量计划填列。

（2）“本月实际产量”和“本年累计实际产量”项目，根据有关生产记录资料或产品入库单填列。

（3）“成本项目”各项目，应按具体规定填列。

（4）“主要技术经济指标”项目，反映主要产品每一单位产品所消耗的主要原材料、燃料、工时等要素的数量。

（5）“历史先进水平”栏各项目，反映本企业历史上该种产品成本最低年度的实际平均单位成本和实际单位用量，应根据有关年份成本资料填列。

（6）“上年实际平均”栏各项目，反映上年实际平均单位成本和单位用量。应根据上年度本表的“本年累计实际平均”单位成本和单位用量的资料填列。

（7）“本年计划”栏各项目，反映本年计划单位成本和单位用量，应根据本年度生产计划填列。

（8）“本月实际”栏各项目，反映本月实际单位成本和单位用量，应根据产品成本计算单上的实际成本资料填列。

（9）“本年累计实际平均”栏各项目，反映本年年初至本月月末止该种产品的平均实际单位成本和单位用量。应根据年初至本月月末止的已完工产品成本计算单等有关资料，采用加权平均计算后填列。有关计算公式如下：

$$某产品的实际平均单位成本=\frac{该产品累计总成本}{该产品累计产量}$$

$$某产品的实际平均单位用量=\frac{该产品累计总用量}{该产品累计产量}$$

（二）主要产品单位成本表的作用

（1）可以按照成本项目考核主要产品单位成本计划的执行结果，分析各项单位成本节约或超支的原因。

（2）可以按照成本项目将本月实际单位成本和本年累计实际平均单位成本与上年实际平均单位成本和历史先进水平进行对比，了解其相对于上年的升降情况，与历史先进水平是否还有差距，分析单位成本变化发展的趋势。

（3）可以分析和考核主要产品的主要技术经济指标的执行情况。

四、各种费用报表的编制

各种费用是指一定时期内，在生产经营过程中，各个车间、部门为进行产品生产和销售，组织和管理生产经营活动以及筹集生产经营资金等活动所发生的制造费用、销售费用、管理费用和财务费用。第一项属于产品成本的组成部分，后三项属于期间费用。企业应定期编制制造费用明细表、销售费用明细表、管理费用明细表和财务费用明细表。通过上述费用报表，可以反映企业各种费用计划（预算）的执行情况，了解企业在一定期间内各种费用支出总额及其构成情况，据以分析各种费用支出的合理性及其变动趋势，并为正确编制下期费用计划（预算）、控制费用支出、明确各有关部门和人员的经济责任提供依据。

（一）制造费用明细表的编制

制造费用明细表，是反映企业的车间在报告期内为组织和管理生产所发生的各项费用及其构成情况的报表。为了反映各单位各期制造费用任务的完成情况，制造费用明细表可以分车间按月进行编制。制造费用明细表一般按照制造费用的费用项目分别反映各项费用的本年计划数、上年同期实际数、本月实际数和本年累计实际数。制造费用明细表如表 9-4 所示。

表 9-4 制造费用明细表

编制单位：长江股份有限公司　　××年×月　　单位：元

项　目	本年计划	上年同期实际	本月实际	本年累计实际
职工薪酬	（略）	（略）	（略）	
折旧费				
办公费				

续 表

项　　目	本年计划	上年同期实际	本月实际	本年累计实际
水电费				
机物料消耗				
其他				
制造费用合计				

（二）销售费用明细表的编制

销售费用明细表，是反映企业销售部门在报告期内为销售产品所发生的各项费用及其构成情况的报表。销售费用明细表一般按照销售费用的费用项目分别反映各项费用的本年计划数、上年同期实际数、本月实际数和本年累计实际数。销售费用明细表如表 9－5 所示。

表 9－5　　销售费用明细表

编制单位：长江股份有限公司　　××年×月　　单位：元

项　　目	本年计划数	上年同期实际数	本月实际数	本年累计实际数
职工薪酬	（略）	（略）	（略）	（略）
广告费				
差旅费				
折旧费				
其他				
销售费用合计				

（三）管理费用明细表的编制

管理费用明细表，是反映企业管理部门在报告期内为组织和管理企业生产所发生的各项费用及其构成情况的报表。管理费用明细表一般按照管理费用的费用项目分别反映各项费用的本年计划数、上年同期实际数、本月实际数和本年累计实际数。管理费用明细表如表 9－6 所示。

表 9－6　　管理费用明细表

编制单位：长江股份有限公司　　××年×月　　单位：元

项　　目	本年计划数	上年同期实际数	本月实际数	本年累计实际数
职工薪酬	（略）	（略）	（略）	
折旧费				
办公费				
差旅费				
其他				
合　计				

（四）财务费用明细表的编制

财务费用明细表，是反映企业在报告期内发生的全部财务费用及其构成情况的报表，如表 9－7 所示。

表 9－7　　财务费用明细表

编制单位：长江股份有限公司　　××年×月　　单位：元

项　　目	本年计划	上年同期实际	本月实际	本年累计实际
利息支出（减：利息收入）	（略）	（略）	（略）	
汇兑损失（减：汇兑收益）				
手续费				
其他				
合　计				

小知识

在实务中，成本报表作为企业内部的报表，其格式、编报时间、报送对象等都由企业根据自身的特点和企业管理的具体要求而定。不仅企业之间各不相同，就是同一企业在不同时期也可能设置不同的内部成本报表。

【教学互动】

制造费用明细表、管理费用明细表、销售费用明细表、财务费用明细表是企业的内部报表，在企业中还有哪些不同格式的费用报表呢？

任务二　进行成本分析

任务描述

成本报表分析的方法有对比分析法、比率分析法、因素分析法，通过学习要能运用比较分析法、比率分析法和因素分析法对成本资料进行成本计划完成情况的分析，成本降低情况的分析，费用预算执行情况的分析。

成本报表分析，是企业利用成本核算资料和其他相关资料，应用专门的方法分析和评价成本水平及影响成本升降的各种因素，查明成本变动的具体原因，充分挖掘降低成本的潜力，促使企业不断降低成本的一项管理工作。成本报表分析可以为编制成本计划提供依据，有利于完善成本管理责任制，提高企业产品的竞争力。

一、成本报表分析的基本方法

（一）对比分析法

对比分析法，是根据实际成本指标与基数指标进行对比，来揭示实际数与基数之间的数量

知识详解：成本报表分析

差异，并分析差异产生原因的一种分析方法。通过对比分析，可对企业成本的升降情况及其发展趋势进行一般了解，查明原因，为进一步分析指出方向。

在采用对比分析时，确定比较的标准非常重要，只有指标之间具有可比性，比较的结果才能说明问题，揭示的差异才能符合实际。在采用对比分析法时，一般有以下几种对比：❶ 实际指标与计划、定额指标对比。❷ 本期实际指标与前期（上期、上年同期或历史最好水平）实际指标对比。❸ 本期实际指标与同行业先进指标对比。

（二）比率分析法

比率分析法，是通过计算指标之间的比率来考察企业经济活动相对效益的一种分析方法。比率分析法主要有相关比率分析法、结构比率分析法、动态比率分析法三种。

1. 相关比率分析法

相关比率分析法，是计算两个性质不同而又相关指标之比率进行分析的方法。在实际工作中，由于企业规模不同，单纯地对比产值、销售收入或利润等绝对数多少，不能说明企业经济效益好坏，如果将成本与产值、销售收入或利润分别进行对比，即可计算产值成本率、销售收入成本率或成本利润率，这些相对指标就可以反映企业的经济效益状况。

产值成本率、销售收入成本率和成本利润率的计算公式如下：

$$产值成本率=\frac{产品生产成本}{工业总产值或商品产值}\times 100\%$$

$$销售收入成本率=\frac{销售成本}{销售收入}\times 100\%$$

$$成本利润率=\frac{利润总额}{成本费用总额（或销售成本）}\times 100\%$$

案例 9－4 甲企业 2024 年度利润总额 430 000 元，成本、费用总额为 5 000 000 元。乙企业 2024 年度利润总额 320 000 元，成本、费用总额为 4 000 000 元。要求：分析判断哪一个企业的经营状况好一些。

从绝对数看，甲企业实现的利润总额大，但其成本、费用总额也大，我们无法直接进行判断，因此可利用相关比率分析法进行分析。

甲企业成本利润率为：

成本利润率＝430 000÷5 000 000×100%＝8.6%

乙企业成本利润率为：

成本利润率＝320 000÷4 000 000×100%＝8%

从以上计算可以看出，甲企业的成本利润率高，说明甲企业的经营状况较优。

小知识

产值成本率和销售收入成本率这两个指标是越低越好，而成本利润率指标则是越高越好。

2. 结构比率分析法

结构比率分析法又称构成比率分析法。它主要是通过计算某一个经济指标的各个组成部分占总体的比重来分析其内容构成的变化。了解这些构成变化，有助于确定加强管理的重点。例如，通过计算直接材料、直接人工和制造费用占产品生产总成本的比重，然后与不同时期以及其他企业同样产品的成本构成相比较，观察本企业产品成本构成是否合理，还可以分析和了解成本未来发展的趋势。例如，将构成产品成本的各个成本项目与产品成本总额相比，计算其占总成本的比重，确定成本的构成比率。

产品成本构成比率的计算公式：

$$直接材料成本比率=\frac{直接材料成本}{产品成本}\times100\%$$

$$直接人工成本比率=\frac{直接人工成本}{产品成本}\times100\%$$

$$制造费用比率=\frac{制造费用}{产品成本}\times100\%$$

3. 动态比率分析法

动态比率分析法，是一种将连续几个时期几个同类经济指标进行对比得出比率，通过动态对比分析该项指标增减速度和发展方向的分析方法。动态对比可以分析评价成本、费用的变化趋势。根据计算时采用的基期数值不同，动态比率有定基比率分析和环比比率分析两种。

$$定基比率=\frac{比较期数值}{固定基期数值}\times100\%$$

$$环比比率=\frac{比较期数值}{前一期数值}\times100\%$$

知识拓展

比率分析法的局限性：第一，比率分析法利用的都是历史资料，不能作为判断未来经济状况的可靠依据；第二，当不同企业对一些会计事项采用不同的会计处理方法时，比率的可比性就会受到影响；第三，比率分析法仅能发现指标的实际数和标准数的差异，无法查明指标变动的具体原因及其对指标的影响程度。这一局限性只有因素分析法才能解决。

（三）因素分析法

因素分析法，就是将某一综合指标分解为若干相互联系的因素，采用一定的计算方法，以确定各因素变动对该项经济指标的影响方向和影响程度的一种分析方法。在成本分析中，连环替代法以及连环替代法的简化形式差额计算法就属于因素分析法，下面分别进行介绍。

1. 连环替代法

连环替代法，是将某一综合指标分解为若干相互联系的因素，顺次用各项因素的实际数替换基数，然后计算分析各项因素影响程度的一种分析方法。运用此方法可以解决对比分析法和比率分析法不能解决的问题，即可以测算各因素的影响程度，其分析程序如下：

（1）分析指标因素并确定因素的排列顺序。将影响某项经济指标完成情况的因素，按其内在依存关系，分解其构成因素，并按一定的顺序排列这些因素。

(2) 逐次替代因素。按顺序逐次将各因素由基期数(计划数)替换成报告期数(实际数),有几个因素就需要替换几次,直到所有因素全部变为报告期数(实际数)为止。

(3) 确定影响结果。每个因素替换以后的结果,与前一次的计算结果相比较,两者之差即为某个因素变动对综合指标的影响数额。

(4) 汇总影响结果。将已计算出来的各因素的影响额汇总相加,其代数和应等于综合指标报告期(实际数)与基期(计划数)的总差异。

社会生活中有许多指标体系能表达为经济方程式,例如:

总成本＝产量×单位成本

根据公式,我们都可以逐一分析各个因素对总指标的影响程度。

假设:经济指标 N 由 A、B 两个因素乘积构成,则

分析模型为:$A \times B = N$

基期: $A_0 \times B_0 = N_0$ ❶

第一次替换: $A_1 \times B_0 = N_1$ ❷

第二次替换: $A_1 \times B_1 = N_2$ ❸

❷－❶:$N_1 - N_0 = D_A$ D_A 即 A 因素变化影响综合指标的结果;

❸－❷:$N_2 - N_1 = D_B$ D_B 即 B 因素变化影响综合指标的结果;

合计: $D = D_A + D_B =$ ❸ － ❶ $= A_1 \times B_1 - A_0 \times B_0$ D 即 A、B 两因素变化对综合指标的影响。

案例 9－5 长江股份有限公司利用 A 材料加工成甲产品,单位产品 A 材料计划消耗量为 10 千克,实际为 9.5 千克;A 材料计划单价为 20 元,实际为 22 元;单位产品 A 材料消耗计划成本为 200 元(10×20),实际成本为 209 元(9.5×22)。要求:运用连环替代法分析单位产品材料消耗量和材料单价两个因素对甲产品材料成本的影响。

计算过程如下:

单位产品材料成本＝单位产品消耗量×单价

单位产品材料计划成本＝单位产品计划消耗量×计划单价＝10×20＝200

单位产品材料实际成本＝单位产品实际消耗量×实际单价＝9.5×22＝209

单位产品材料实际成本与计划成本总差异＝209－200＝＋9(元)

单位产品材料计划成本＝10×20＝200(元) ❶

第一次替换:9.5×20＝190(元) ❷

第二次替换:9.5×22＝209(元) ❸

单位产品材料消耗量减少对甲产品材料成本的影响额为:

❷－❶＝190－200＝－10(元)

材料价格上涨对甲产品材料成本的影响额为:

❸－❷＝209－190＝＋19(元)

两因素共同作用对甲产品材料成本的影响额为:

209－200＝－10＋19＝＋9(元)

以上分析可以看出,单位甲产品的材料成本实际比计划高出了 9 元,一方面是由于材料耗用量减少使甲产品的材料成本节约了 10 元,另一方面是由于价格上涨,使甲产品的材料成本提高了 19 元所致。而对于材料单价超支的原因,还应进一步分析。

上述计算数据可以用成本分析表的形式集中反映，A材料成本分析表如表9-8所示。

表9-8 A材料成本分析表

产品：甲产品 2024年12月

项目	计划	实际	差异	差异分析	
				单耗影响	单价影响
单位产品A材料成本/元	200	209	9	−10	19
单位产品材料消耗量/千克	10	9.5	0.5		
单位材料价格/元	20	22	2		

2. 差额计算法

差额计算法，是连环替代法的简化形式，它是根据各因素本期实际数值与标准数值（本期计划数值或前期实际数值）的差额，直接计算各因素变动对经济指标影响程度的方法。它不是一种独立的分析方法，而是采用数学提取公因数的原理简化计算程序得来的，其遵循的原则和注意的问题与因素分析法相同，计算结果也完全一致。

A因素变动的影响：$D_A=(A_1-A_0)\times B_0$

B因素变动的影响：$D_B=A_1\times(B_1-B_0)$

两因素的影响合计：$D=A_1\times B_1-A_0\times B_0=D_A+D_B$

案例9-6 沿用案例9-5的资料，运用差额计算法的分析计算过程如下：

（1）单位产品材料实际成本与计划成本总差异：

实际与计划差异＝单位产品实际成本－单位产品计划成本

＝9.5×22－10×20＝209－200＝＋9（元）

（2）由于材料消耗量变化对单位产品成本的影响额为：

（9.5－10）×20＝－10（元）

（3）由于材料单价变化对单位产品成本的影响额为：

9.5×（22－20）＝19（元）

以上结果表明，两种方法的计算结果相同，但采用差额计算法显然要比第一种方法简化多了。因此，在实际工作中，普遍采用这种方法。

小知识

不管是采用连环替代法还是差额计算法，都必须按一定顺序替代各因素，即：先数量指标，后质量指标；先实物量指标，后价值量指标；先主要指标，后次要指标。否则，计算结果就不准确。

二、产品生产成本表的分析

产品生产成本表的分析，主要是将全部产品的实际总成本同计划总成本进行对比，以分析全部产品成本计划的完成情况；对可比产品，还要分析可比产品成本降低目标的完成情况。

(一) 产品成本计划完成情况的分析

知识详解：成本分析运用

1. 按产品品种分析成本计划的完成情况

按产品品种分析全部产品成本的计划完成情况，一般是以实际总成本与按实际产量计算的计划总成本相比较。这样，可剔除产量等因素的影响，单纯考察成本水平的升降情况。计算公式如下：

$$\begin{aligned}\text{总成本降低额} &= \text{按实际产量计算的计划总成本} - \text{实际总成本}\\ &= \sum(\text{计划单位成本} \times \text{实际产量}) - \sum(\text{实际单位成本} \times \text{实际产量})\\ &= \sum \text{实际产量} \times (\text{计划单位成本} - \text{实际单位成本})\end{aligned}$$

$$\text{总成本降低率} = \frac{\text{总成本降低额}}{\sum(\text{计划单位成本} \times \text{实际产量})} \times 100\%$$

案例 9-7 长江股份有限公司生产甲、乙、丙、丁四种产品，其中甲、乙产品为可比产品，丙、丁产品为不可比产品，该企业 2024 年 12 月产品成本计划完成情况分析表如表 9-9 所示。

表 9-9 产品成本计划完成情况分析表

产品名称	计划总成本/元	实际总成本/元	降低额/元	降低率/%
	(1)	(2)	(3)=(1)-(2)	(4)=(3)/(1)
可比产品：	2 930 000	2 955 000	-25 000	-0.85
甲产品	2 000 000	2 040 000	-40 000	-2.00
乙产品	930 000	915 000	15 000	1.61
不可比产品：	70 000	65 900	4 100	5.86
丙产品	30 000	29 400	600	2.00
丁产品	40 000	36 500	3 500	8.75
全部产品	3 000 000	3 020 900	-20 900	-0.70

从表 9-9 中，我们可以看出：总成本超支额为 20 900 元，超支率为 0.70%，可见全部产品成本计划尚未完成。从产品品种上看，各产品成本计划完成情况很不均衡。其中可比产品超支了 25 000 元，超支率为 0.85%；不可比产品比计划降低了 4 100 元，降低率为 5.86%。可比产品中乙产品和不可比产品都完成了计划，但可比产品中甲产品却发生了超支，这说明企业在成本管理中还存在一定问题，应结合其他方面的资料进一步分析甲产品超支的具体原因，是成本计划制定不合实际，还是管理不善等原因引起成本超支，根据具体原因加强成本管理。

2. 按成本项目分析成本计划的完成情况

通过上述分析，可以看到可比产品、不可比产品成本的计划完成情况。但究竟是哪些成本项目超支，哪些成本项目节约，还需要再根据有关成本计划和成本核算资料，分别进行成本项目分析，确定每个成本项目的降低额和降低率，以便寻找降低产品成本的途径。

案例 9-8 续案例 9-7，现根据有关成本计划和成本核算资料，按产品成本项目编制成本分析表，产品成本项目分析表如表 9-10 所示。

表 9-10　产品成本项目分析表

成本项目	计划总成本/元	实际总成本/元	降低额/元	降低率/%	各项目的降低额占计划总成本的百分比/%
	(1)	(2)	(3)=(1)-(2)	(4)=(3)/(1)	(5)=(3)/∑(1)
直接材料	1 880 000	1 870 000	10 000	0.53	0.33
直接人工	260 000	268 000	-8 000	-3.08	-0.27
制造费用	860 000	882 900	-22 900	-2.66	-0.76
总成本	3 000 000	3 020 900	-20 900	-0.70	-0.70

从表 9-10 中产品成本项目的分析来看：该企业产品的总成本计划没有完成，在三个成本项目中，只有直接材料费降低了 10 000 元，但由于直接人工和制造费用分别超支了 8 000 元和 22 900 元，导致总成本超支了 20 900 元，超支率为 0.70%。这说明直接人工和制造费用项目还存在某些问题，应了解是由主观因素还是客观因素所致，然后根据具体原因再作进一步的分析。

（二）可比产品成本降低情况的分析

1. 可比产品成本降低情况的总括分析

企业在制定成本计划时，一般对可比产品不但制定了计划成本，还制定了成本降低任务，即计划成本降低额和降低率。可比产品成本降低情况的分析，是将实际的执行情况与计划的降低任务相比较，分析其实际的降低情况，以评价可比产品成本降低任务的完成情况。

$$可比产品计划降低额=\sum\left[计划产量\times\left(\begin{matrix}上年实际\\单位成本\end{matrix}-\begin{matrix}本年计划\\单位成本\end{matrix}\right)\right]$$

$$可比产品计划降低率=\frac{可比产品计划降低额}{\sum(计划产量\times上年实际单位成本)}\times100\%$$

$$可比产品实际降低额=\sum\left[实际产量\times\left(\begin{matrix}上年实际\\单位成本\end{matrix}-\begin{matrix}本年实际\\单位成本\end{matrix}\right)\right]$$

$$可比产品实际降低率=\frac{可比产品实际降低额}{\sum(实际产量\times上年实际单位成本)}\times100\%$$

案例 9-9 长江股份有限公司可比产品成本降低任务和实际执行情况如表 9-11 和表 9-12 所示。

表 9-11 可比产品计划成本表

编制单位：长江股份有限公司　　2024 年 12 月

产品名称	计划产量/台	单位成本		总成本		成本降低指标	
		上年实际/元	本年计划/元	按上年实际单位成本计算/元	按本年计划单位成本计算/元	降低额/元	降低率/%
A	5 000	320	317	1 600 000	1 585 000	15 000	0.94
B	3 000	150	148	450 000	444 000	6 000	1.33
合计	—	—	—	2 050 000	2 029 000	21 000	1.02

表 9-12 可比产品实际成本表

编制单位：长江股份有限公司　　2024 年 12 月

产品名称	实际产量/台	单位成本		总成本		实际执行情况	
		上年实际/元	本年实际/元	按上年实际单位成本计算/元	按本年实际单位成本计算/元	降低额/元	降低率/%
A	5 100	320	320.50	1 632 000	1 634 550	−2 550	−0.16
B	3 050	150	142.50	457 500	434 625	22 875	5.00
合计	—	—	—	2 089 500	2 069 175	20 325	0.97

根据表 9-11 和表 9-12 的资料可编制可比产品成本降低任务的完成情况及分析表，如表 9-13 所示。

表 9-13 可比产品成本降低任务的完成情况及分析表

产品名称	计量单位	降低额/元			降低率/%		
		实际	计划	实际比计划	实际	计划	实际比计划
A	台	−2 550	15 000	−17 550	−0.16	0.94	−1.10
B	台	22 875	6 000	16 875	5.00	1.33	3.67
合计	—	20 325	21 000	−675	0.97	1.02	−0.05

从表 9-13 可以看出，该企业全部可比产品实际降低额比计划降低额少降低 675 元，实际降低率比计划降低率少降低 0.05%，说明可比产品成本降低任务没有完成。由于影响可比产品成本升降的因素是比较复杂的，为了全面正确地评价可比产品成本降低任务的完成情况，需要对影响可比产品成本降低任务完成的各因素作进一步分析。

2. 影响可比产品成本降低任务完成情况的因素分析

影响可比产品成本降低任务完成情况的因素包括产品产量、产品品种结构和产品单位成本等三个方面。具体分析如下：

(1) 产品产量变动的影响。由于可比产品成本降低任务是根据各种可比产品计划产量计算的，而实际完成的成本降低额和降低率又是根据各种可比产品的实际产量计算的。因此，在其他因素不变的情况下，产品产量的增减会引起成本降低额发生同比例的增减，但不会影响成本降低率的变动。

产品产量变动对成本降低额的影响，可按下列公式计算：

$$\text{产品产量变动对成本降低额的影响}=\left[\sum\left(\text{实际产量}\times\text{上年实际单位成本}\right)-\sum\left(\text{计划产量}\times\text{上年实际单位成本}\right)\right]\times\text{计划降低率}$$

根据表 9-11 和表 9-12 资料，可计算产量变动的影响如下：

产品产量变动对成本降低额的影响＝(2 089 500－2 050 000)×1.02%＝402.9(元)

(2) 产品品种结构变动的影响。产品品种结构是指各种产品在全部产品中所占的比重。由于各种可比产品成本降低率一般不相等，所以当产品品种结构发生变化时，就会发生降低额和降低率同时发生变动的情况。如果实际产量中成本降低率高的产品比重提高，就会使全部可比产品成本降低额和降低率增长，反之，则减小。

产品品种结构变动对成本降低额和降低率的影响，可按下列公式计算：

$$\text{品种结构变动对成本降低额的影响}=\sum\left(\text{实际产量}\times\text{上年实际单位成本}\right)-\sum\left(\text{实际产量}\times\text{本年计划单位成本}\right)-\sum\left(\text{实际产量}\times\text{上年实际单位成本}\right)\times\text{计划降低率}$$

$$\text{品种结构变动对成本降低率的影响}=\frac{\text{品种结构变动对成本降低额的影响}}{\sum(\text{实际产量}\times\text{上年实际单位成本})}\times 100\%$$

根据表 9-11 和表 9-12 资料：

品种结构变动对成本降低额的影响为：

2 089 500－(5 100×317＋3 050×148)－2 089 500×1.02%＝87.10(元)

品种结构变动对成本降低率的影响为：

87.1÷2 089 500×100%＝0.004 2%

(3) 产品单位成本变动的影响。可比产品计划降低额和实际降低额都是以上年单位成本为基础进行对比的。因此，可比产品成本降低任务的完成程度，实际上是各种产品单位成本发生变化的结果。即当本年实际单位成本较计划单位成本降低或升高时，就会引起可比产品成本降低额和降低率的变动。

产品单位成本变动对成本降低额和降低率的影响，可按下列公式计算：

$$\text{单位产品成本变动对成本降低额的影响}=\sum(\text{实际产量}\times\text{计划单位成本})-\sum(\text{实际产量}\times\text{实际单位成本})$$

$$\text{单位产品成本变动对成本降低率的影响}=\frac{\text{单位产品成本变动对成本降低额的影响}}{\sum(\text{实际产量}\times\text{上年实际单位成本})}$$

根据表 9-11 和表 9-12 资料：

产品单位成本变动对成本降低额的影响＝(5 100×317＋3 050×148)－2 069 175
＝－1 075(元)

产品单位成本变动对成本降低率的影响＝－1 075÷2 089 500×100%＝－0.051 4%

综合各种因素对可比产品成本降低计划完成情况的影响程度，如表 9-14 所示。

表 9-14 各因素对可比产品成本降低计划完成情况影响程度汇总表

因　素	降低额/元	降低率/%
产品产量	402.90	
产品品种结构	87.10	0.004 2
单位产品成本	－1 075.00	－0.051 4
成本降低计划完成情况	－675.00	－0.050 0

三、产品单位成本表的分析

根据企业编制的产品单位成本表提供的资料，进行主要产品单位成本分析。在工业企业里，由于产品的种类繁多，不可能对所有产品的单位成本一一进行分析，通常是选择一种或几种主要产品进行单位成本的分析。所谓主要产品通常是指在总成本中所占比重较大，或升降幅度较大的产品。对主要产品单位成本的分析，一般是先分析各产品单位成本实际比历史先进水平，比计划，比上年的升降情况；然后，进一步按成本项目比较其成本变动情况，查明造成单位成本升降的原因。

(一) 主要产品单位成本的一般分析

对主要产品单位成本的一般分析，是将主要产品的本期实际单位成本与计划、上年、历史先进水平等进行比较，分析其升降情况。根据表 9-3 中有关数据，编制丙产品单位成本分析表，如表 9-15 所示。

表 9-15 产品单位成本分析表

产品名称：丙产品　　2024 年 12 月　　单位：元

成本项目	历史先进水平	上年平均实际单位成本	计划单位成本	本年平均实际单位成本	降低(＋)或超支(－)		
					同历史先进水平比	同上年比	同计划比
直接材料	100	108	103	105	－5	3	－2
直接人工	60	64	62	61	－1	3	1
制造费用	50	57	58	56	－6	1	2
制造成本	210	229	223	222	－12	7	1

从表 9－15 中可以看到：丙产品单位成本比历史先进水平超支了 5 元，比上年降低了 3 元，比计划超支了 2 元，同时还可以看到各成本项目比历史先进水平、计划、上年的升降情况。但这些都只是表面现象，要知道真正升降的原因，就需按每个成本项目分析其升降的原因。

（二）主要产品单位成本的项目分析

1. 直接材料项目的分析

直接材料项目变动的分析，首先应将直接材料的实际数与计划数进行对比，确定其变动情况，然后分析其变动的原因。一般来讲，单位产品的直接材料成本受两个因素的影响：直接材料的消耗量和材料价格。采用连环替代法，便可分析出各因素的影响数。

$$\text{材料消耗量变动的影响}=\sum(\text{实际单位消耗量}-\text{计划单位消耗量})\times\text{材料计划单价}$$

$$\text{材料单价变动的影响}=\sum(\text{材料实际单价}-\text{材料计划单价})\times\text{单位产品实际材料耗用量}$$

需要说明的是，企业在此基础上，应进一步查明单位产品实际材料耗用量和材料单价变动的具体原因，以研究降低成本的具体途径。

影响单位产品实际材料耗用量的因素很多，主要有：产品结构的变化；生产工艺方法的改变；材料质量的变化。此外，材料综合利用情况的好坏、废品数量的增减变化、生产工人的技术和操作水平、加工搬运过程中的损坏等因素，都会影响材料的消耗量。

影响材料价格变动的因素也很多，主要是材料买售的变化。该因素的变动一般由外界因素所致，对企业来讲，应针对市场情况的变化采取相应措施。此外，还有采购费用的变化。该因素变化，可能是由采购地点、运输方式的改变等因素引起的。分析时，要针对性地分析其变化的原因。

2. 直接人工项目的分析

直接人工费用，反映劳动组织是否合理，工时利用是否充分和劳动生产率的高低等。因此，单位产品人工费用的变动，主要受劳动生产率和工资水平的影响。

$$\text{单位产品工时耗用量变动的影响}=\sum\left(\text{实际单位工时耗用量}-\text{计划单位工时耗用量}\right)\times\text{计划平均小时工资率}$$

$$\text{平均小时工资率变动的影响}=\sum\left(\text{实际平均小时工资率}-\text{计划平均小时工资率}\right)\times\text{实际单位工时耗用量}$$

3. 制造费用项目的分析

单位产品制造费用的变动，主要受单位产品工时消耗量和小时费用分配率的影响。其分析公式如下：

$$\text{单位产品工时耗用量变动的影响}=\sum\left(\text{实际单位工时耗用量}-\text{计划单位工时耗用量}\right)\times\text{计划小时平均费用率}$$

$$\text{平均小时费用率变动的影响}=\sum\left(\text{实际平均小时费用率}-\text{计划平均小时费用率}\right)\times\text{实际单位工时耗用量}$$

案例9－10 长江股份有限公司丁产品单位成本有关资料如表9－16所示。

表9－16 丁产品单位成本有关资料

成本项目	计划单位成本			实际单位成本		
	数 量	单价/元	金额/元	数 量	单价/元	金额/元
直接材料	5千克	10	50	5.1千克	10.2	52.02
直接人工	6小时	3	18	5.6小时	3	16.8
制造费用	6小时	2.6	15.6	5.6小时	2.55	14.28

要求：根据以上资料，分析各成本项目变动对产品单位成本的影响。

(1) 直接材料项目分析：

直接材料差异额＝52.02－50＝2.02(元)

材料消耗量变动的影响＝(5.1－5)×10＝1(元)

材料单价变动的影响＝(10.2－10)×5.1＝1.02(元)

两因素共同影响＝1＋1.02＝2.02(元)

(2) 直接人工项目分析：

直接人工差异额＝16.8－18＝－1.20(元)

单位产品工时耗用量变动的影响＝(5.6－6)×3＝－1.20(元)

平均小时工资率变动的影响＝(3－3)×5.6＝0(元)

两因素共同影响＝－1.2＋0＝－1.20(元)

(3) 制造费用项目分析：

制造费用差异额＝14.28－15.6＝－1.32(元)

单位产品工时耗用量变动的影响＝(5.6－6)×2.6＝－1.04(元)

平均小时费用分配率变动的影响＝(2.55－2.6)×5.6＝－0.28(元)

两因素共同影响＝－1.04＋(－0.28)＝－1.32(元)

四、制造费用明细表的分析

在分析制造费用明细表时，成本会计工作者所采用的方法主要有对比分析法和构成比率分析法。采用对比分析法时，可以将本期制造费用的实际数与上年同期实际数、本期计划数相比较，分析实际数与上年同期实际数之间的差异，反映费用计划的执行情况。采用构成比率分析法时，可以计算某项费用占全部费用的比重，并可与上年同期实际、本期计划构成比率比较，分析差异的原因，采取相应的措施。

五、期间费用明细表的分析

在分析期间费用明细表时，成本会计工作者所采用的方法与其分析制造费用明细表的方法基本相同。要注意超支或节约差异存在的原因，应联系实际情况进行分析，不能把超支或节约差异简单地看成是合理或不合理的。

成本分析的重心要放在特定责任中心的可控成本上，明确成本责任，促使其增强成本意识，积极采取有效措施，消除不利因素的影响，不断降低可控成本。企业要对生产经营活动中的各项耗费进行限制和监督，及时发现偏差，采取纠正措施，使各项生产经营耗费被控制在规定的范围内，保证成本目标的实现。

拓展阅读

华为成本管理

华为是全球领先的信息通信技术（ICT）企业。公司在全球170多个国家和地区拥有大约19万名员工，全年销售额超过1.1万亿元人民币。作为一家跨国企业，成本管理对华为的生存和发展至关重要。

1. 成本管理策略

首先，华为制定了明晰的成本管理策略，目标是通过有效控制成本，提高利润率。华为公司采用了“性价比总成本”（Total Cost of Ownership，TCO）的管理思想，通过熵增原理，采用微观的数据分析，逐层优化企业成本。

2. 成本控制

华为采用多种手段进行成本控制，例如采用创新的解决方案、改善供应链条，把供应商的贡献转化成企业的利润。此外，华为也在研发和产品制造过程中不断推进智能化，采用制造自动化、高效能集成、人机协同等方式来降低制造成本。

3. 成本分析

华为将成本分析作为成本管理的重要手段。华为利用先进的计算方法和软件工具，对所有成本进行了全面和深入的分析。对于成本的分析，华为采用了ABC成本法，根据不同的活动成本和每个产品的需求，有效控制企业的成本投入。

4. 成本优化

最后，华为注重成本优化的实施。华为认为，通过提高产品的性能和可靠性，不仅可以降低客户的TCO，而且可以提高客户对华为产品的满意度。因此，华为持续地进行技术创新和产品优化，以提高产品的性能和可靠性，在客户满意度的基础上，降低企业TCO和成本。

综上所述，华为公司采用“性价比总成本”的管理思想，通过多种方式进行成本控制、成本分析和成本优化，有效控制并降低企业的成本，从而实现更高的利润率。基于此，华为公司能够保持持续的创新，不断提高产品的质量和性能，为客户创造更多的价值。

项目小结

本项目的内容结构如图9-1所示。

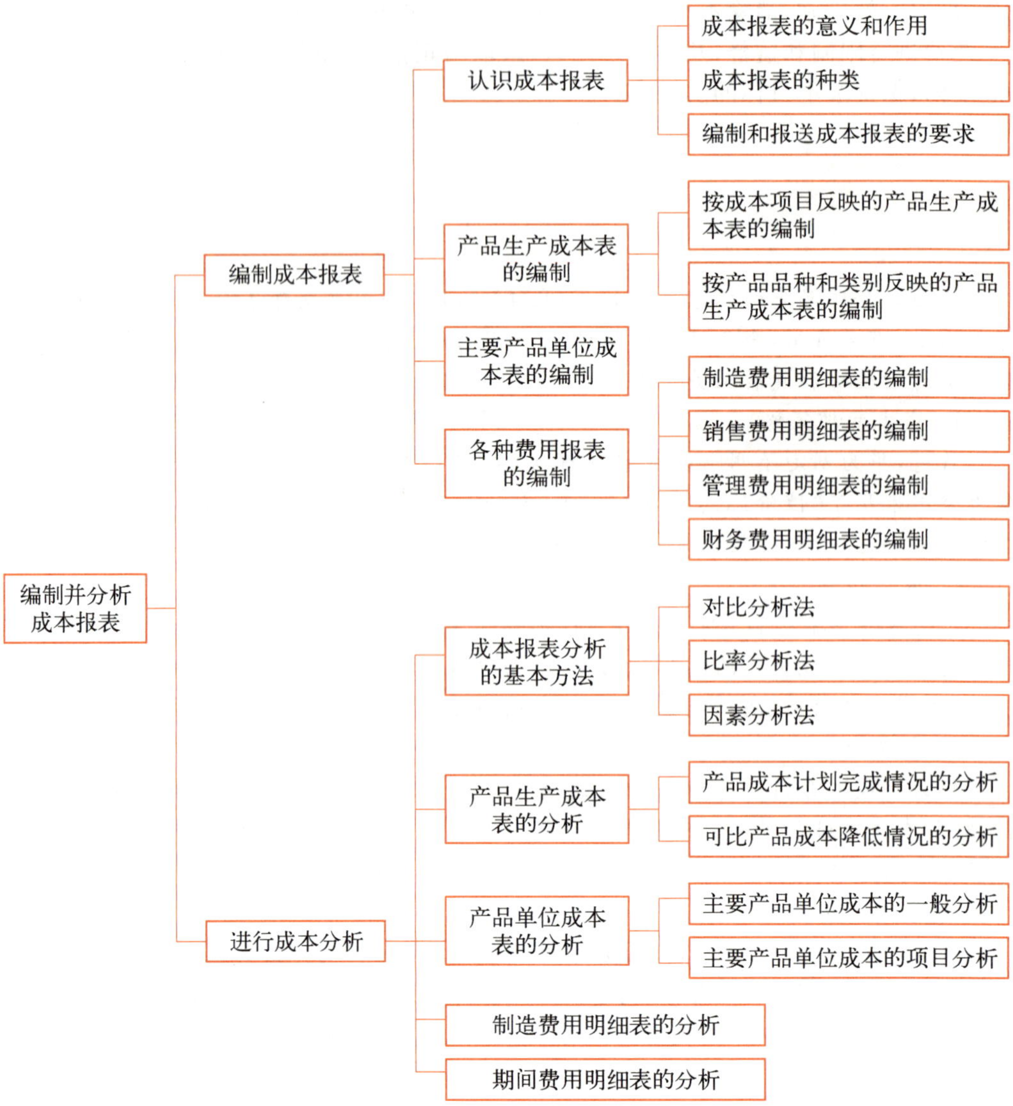

项目九在线测试

图 9－1 项目九内容结构图

项目训练

一、简答题

1. 成本报表的种类有哪些？
2. 期间费用明细表有哪几种？
3. 什么是比率分析法？比率分析法主要有哪几种？
4. 成本分析的方法主要有哪些？

二、单项选择题

1. 编制产品生产成本表应（ ）。

A. 可比、不可比产品要合并填列
B. 可比、不可比产品要分别填列
C. 可比、不可比产品既可分别填列也可合并填列
D. 不需要划分可比、不可比产品

2. 企业成本报表是(　　)。
A. 对内报送的报表
B. 对外报送的报表
C. 由有关部门规定哪些成本报表对外报送
D. 由内部管理部门规定哪些成本报表对外报送

3. 成本报表的种类、格式和编制方法由(　　)。
A. 国家规定　　B. 企业自行确定
C. 企业主管部门统一规定　　D. 企业主管部门和企业共同制定

4. 对可比产品成本降低率不产生影响的因素是(　　)。
A. 产品品种结构　　B. 产品产量
C. 产品总成本　　D. 产品单位成本

5. 采用因素分析法,可以揭示(　　)。
A. 产生差异的原因
B. 实际数与计划数之间的差异
C. 产生差异的因素和各因素的影响程度
D. 产生差异的因素和各因素的变动原因

三、多项选择题

1. 主要成本报表有(　　)。
A. 产品生产成本表　　B. 主要产品单位成本表
C. 制造费用明细表　　D. 财务状况变动表

2. 成本报表分析的方法主要有(　　)。
A. 构成比率分析　　B. 对比分析法　　C. 相关比率分析　　D. 因素分析法

3. 企业成本报表的编制要求有(　　)。
A. 数字准确　　B. 内容完整　　C. 报送及时　　D. 账表相符

4. 下列指标中,属于相关比率的是(　　)。
A. 产值成本率　　B. 成本利润率
C. 销售收入成本率　　D. 直接人工费用比率

5. 影响可比产品成本降低率的因素有(　　)。
A. 产品产量　　B. 产品单位成本
C. 产品价格　　D. 产品品种结构

四、判断题(在题后括号中正确的打“√”,错误的打“×”)

1. 成本报表编制的格式、内容,国家均未作统一规定。(　　)
2. 成本报表属于对内报表,主要是满足企业内部经营管理的需要。(　　)
3. 在使用因素分析法时,改变各因素的排列顺序不会影响计算结果。(　　)
4. 因素分析法是以各因素的实际数替换基数,替换后实际数不保留。(　　)
5. 成本报表的分析属于事中分析。(　　)

五、业务分析题

1. 假定A企业生产甲产品，甲产品直接材料费用表如表9－17所示。

表9－17 甲产品直接材料费用表

项目	产品数量/件	材料单耗/千克	材料单价/元	材料费用/元
定额	200	50	30	
实际	210	48	32	

要求：

(1) 分别计算定额耗用和实际耗用的材料费用，并对比两者之间存在的差异。

(2) 采用因素分析法分析各因素变动对总差异的影响程度。

2. 某企业12月的产品成本、产量资料如表9－18所示。

表9－18 产品成本、产量资料

产品名称	实际产量		单位成本		总成本	
	本月实际/件	本年累计/件	上年实际/元	本年计划/元	本月实际/元	本年累计/元
可比产品：						
其中：甲产品	21	220	1 400	1 360	28 770	310 300
乙产品	46	530	850	810	36 800	426 650
不可比产品：						
其中：丙产品	12	150	—	500	5 096	64 350
丁产品	18	210	—	250	4 056	46 410

要求：根据上述资料，编制按产品品种设置的产品生产成本表，如表9－19所示。

表9－19 产品生产成本表

产品名称	实际产量/件		单位成本/元				本月总成本/元			本年累计总成本/元		
	本月	本年累计	上年实际平均	本年计划	本月实际	本年累计实际平均	按上年实际平均单位成本计算	按本年计划单位成本计算	本月实际	按上年实际平均单位成本计算	按本年计划单位成本计算	本年实际
	1	2	3	4	5＝9/1	6＝12/2	7＝1×3	8＝1×4	9	10＝2×3	11＝2×4	12
可比产品：	—	—	—	—	—	—						
其中：												
甲												
乙												

续 表

产品名称	实际产量/件		单位成本/元				本月总成本/元			本年累计总成本/元		
	本月	本年累计	上年实际平均	本年计划	本月实际	本年累计实际平均	按上年实际平均单位成本计算	按本年计划单位成本计算	本月实际	按上年实际平均单位成本计算	按本年计划单位成本计算	本年实际
	1	2	3	4	5=9/1	6=12/2	7=1×3	8=1×4	9	10=2×3	11=2×4	12
不可比产品：	—	—	—	—	—	—	—					
其中：												
丙			—				—			—		
丁			—				—			—		
合　计							—					

3. 假定A企业某年度可比产品成本降低计划及其实际完成情况如表9－20、表9－21所示。

表9－20　可比产品成本降低计划

品　名	计划产量/件	单位成本/元		总成本/元		降低额/元	降低率/%
		上年	计划	按上年	按计划		
甲产品	200	400	380	80 000	76 000	4 000	5
乙产品	200	300	270	60 000	54 000	6 000	10
合　计	—	—	—	140 000	130 000	10 000	7.14

表9－21　实际完成情况

品　名	实际产量/件	实际单位成本/元	实际总成本/元
甲产品	240	370	88 800
乙产品	180	250	45 000
合　计	—	—	133 800

要求：

(1) 计算可比产品成本实际降低指标。

(2) 确定可比产品成本计划完成情况。

(3) 确定各因素变动对可比产品成本计划降低任务的影响。

(4) 作出简要评价。

主要参考文献

1. 杨秀梅，张军. 成本计算与管理[M]. 北京：北京理工大学出版社，2017.
2. 舒文存，谷小城. 成本计算与管理[M]. 3版. 北京：高等教育出版社，2023.
3. 程坚，钭志斌. 成本计算与管理学习指导、习题与项目实训[M]. 5版. 北京：高等教育出版社，2023.
4. 蒋小芸. 成本核算与管理[M]. 4版. 北京：高等教育出版社，2022.
5. 罗平实，杨秀梅，王颖. 成本计算与管理[M]. 北京：高等教育出版社，2021.
6. 中国注册会计师协会. CPA 财务成本管理[M]. 北京：中国财政经济出版社，2024.

高等教育出版社

教学资源服务指南

仅限教师索取

感谢您使用本书。为方便教学，我社为教师提供资源下载、样书申请等服务，如贵校已选用本书，您只要关注微信公众号“高职财经教学研究”，或加入下列教师交流QQ群即可免费获得相关服务。

“高职财经教学研究”公众号

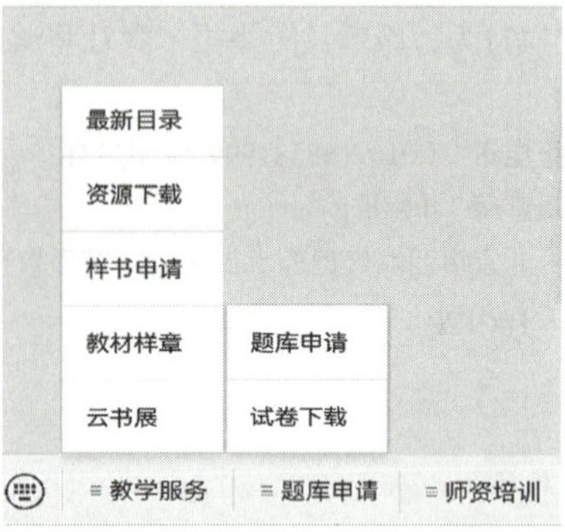

资源下载：点击“**教学服务**”—“**资源下载**”，或直接在浏览器中输入网址（http://101.35.126.6/），注册登录后可搜索相应的资源并下载。（建议用电脑浏览器操作）

样书申请：点击“**教学服务**”—“**样书申请**”，填写相关信息即可申请样书。

样章下载：点击“**教学服务**”—“**教材样章**”，即可下载在供教材的前言、目录和样章。

题库申请：点击“**题库申请**”，填写相关信息即可申请题库或下载试卷。

师资培训：点击“**师资培训**”，获取最新会议信息、直播回放和往期师资培训视频。

联系方式

会计QQ3群：473802328　　会计QQ2群：370279388　　会计QQ1群：554729666

（以上3个会计QQ群，加入任何一个即可获取教学服务，请勿重复加入）

联系电话：（021）56961310　　电子邮箱：3076198581@qq.com

在线试题库及组卷系统

我们研发有十余门课程试题库：“基础会计”“财务会计”“成本计算与管理”“财务管理”“管理会计”“税务会计”“税法”“税收筹划”“审计基础与实务”“财务报表分析”“EXCEL在财务中的应用”“大数据基础与实务”“会计信息系统应用”“政府会计”“内部控制与风险管理”等，平均每个题库近3000题，知识点全覆盖，题型丰富，可自动组卷与批改。如贵校选用了高教社沪版相关课程教材，我们可免费提供给教师每个题库生成的各6套试卷及答案（Word格式难中易三档，索取方式见上述“题库申请”），教师也可与我们联系咨询更多试题库详情。